青海省学前教育发展研究

◎ 祁乐瑛 著

QINGHAISHENG XUEQIANJIAOYU FAZHAN YANJIU

中央民族大学出版社
China Minzu University Press

图书在版编目（CIP）数据

青海省学前教育发展研究 / 祁乐瑛著. —北京：中央民族大学出版社，2023. 11

ISBN 978-7-5660-2261-5

Ⅰ. ①青… Ⅱ. ①祁… Ⅲ. ①学前教育—发展—研究—青海 Ⅳ. ①G619. 2

中国国家版本馆 CIP 数据核字（2023）第 232773 号

青海省学前教育发展研究

著　　者	祁乐瑛
责任编辑	舒　松
封面设计	布拉格
出版发行	中央民族大学出版社
	北京市海淀区中关村南大街 27 号　邮编：100081
	电　话：(010)68472815(发行部)　传真：(010)68932751(发行部)
	(010)68932218(总编室)　(010)68932447(办公室)
经 销 者	全国各地新华书店
印 刷 厂	北京鑫宇图源印刷科技有限公司
开　　本	787×1092　1/16　印张：18
字　　数	280 千字
版　　次	2023 年 11 月第 1 版　2023 年 11 月第 1 次印刷
书　　号	ISBN 978-7-5660-2261-5
定　　价	90. 00 元

目　录

第一章 青海省学前教育发展的背景

第一节 青海省学前教育的政策

学前教育是国民教育体系的重要组成部分，是社会公益事业，是个体终身学习的开端。办好学前教育是党的十九大做出的重大决策部署。实现幼有所育，是党和政府为老百姓办实事的重大民生工程。关系着我国亿万儿童的健康成长，关系着社会的和谐稳定，关系着党和国家事业的未来。

学前教育是根据一定的培养目标，对幼儿进行有计划的教育。主要任务是使儿童身心协调发展，为接受小学教育做准备。实施学前教育的机构有托儿所、幼儿园、附设在小学的学前班等，年限1—3年不等。

一、我国学前教育的政策

（一）学前教育政策的概念

学前教育政策是实现学前教育培养目标，贯彻落实学前教育的基本方针。2010年，国务院发布了《关于当前发展学前教育的若干意见》《国家中长期教育改革和发展规划纲要（2010—2020年）》，以法律条文保障学前教育的发展。

学前教育政策指一个政党和国家为实现一定历史时期的学前教育发展目标和任务，依据党和国家在一定历史时期的基本任务、基本方针而制定的关于学前教育的行动准则（袁振国，1996）。[①]

包括国家所制定和颁发的有关学前教育的方针、纲要、条例、规程、细则、纪要、决定、法律、通知、规划、规定、意见、办法等各种文件（姚国辉，2008）。是国家管理学前教育的手段，是为完成学前教育任务，实现学前教育目标而做出的规定。党的十一届三中全会以后，随着人民生活水平的提高，优生优育观念的加强，我国出台了一系列学前教育政策文件，推动我国学前教育事业发展。

（二）我国学前教育政策发展阶段

1. 1978—1988年的重建阶段

我国主要的学前教育政策在1978年以后出台。1979年7月，全国托幼工作会议召开，1979年10月11日，中共中央国务院转发《全国托幼工作会议纪要》指出："加强对婴幼儿的保健和教育工作，培养体魄健壮、品德良好和智力发达的下一代，是关系到国家和民族前途的根本大计"。1979年11月8日，由国务院托幼工作领导小组提出印发了《城市幼儿园工作条例（试行草案）》。

1980年6月6日，卫生部（现国家卫生和计划委员会）妇幼卫生局公布《三岁前小儿教养大纲（草案）》。1980年10月4日，教育部印发《幼儿师范学校教学计划试行草案》。1980年10月15日，卫生部、教育部颁发《托儿所、幼儿园卫生保健制度草案》。

1981年10月31日，《中华人民共和国教育部幼儿园教育纲要试行草案》颁布。1986年6月10日，国家教委颁布《进一步办好幼儿学前班的意见》。1986年10月14日，国家教委出台了《关于幼儿园教师考核的补充意见》。

1983年9月21日，教育部提出《关于发展农村幼儿教育的几点意见》。1985年5月，教育部对1980年颁发的《幼儿师范学校教学计划试行草案》进行修订。1985年12月7日，卫生部（现国家卫生和计划委员会）印发《托儿所、幼儿园卫生保健制度》。

---

① 袁振国. 教育政策学［M］. 南京：江苏教育出版社，1996：2.

1986年5月，国家教委颁发《小学教师职务试行条例》，对幼儿园教师的职责、任职条件、考核和评审做出了详细的规定。1986年6月10日，《国家教委关于进一步办好幼儿学前班的意见》公布。1986年10月14日，国家教委提出《关于幼儿园教师考核的补充意见》。

1987年3月9日，劳动人事部、教育部颁发《全日制、寄宿制幼儿园编制标准试行》。1987年9月3日，城乡建设环境保护部、国家教育委员会发布《托儿所、幼儿园建筑设计规范》。

1988年7月14日，国家教委、建设部颁发《城市幼儿园建筑面积定额试行》。1988年8月15日，国家教委、国家计委、财政部、人事部、劳动部（现国家卫生和计划委员会）、建设部、卫生部、物价局等联合提出《关于加强幼儿教育工作的意见》。1988年10月24日，国家教委发布《社会力量办学教学管理暂行规定》，对社会力量办幼儿园进行规范。1988年10月25日，国家教委提出《关于进一步办好职业高中幼师专业的意见》。

2. 1989—1996年的规范阶段

从1989年至1996年的八年时间里，是学前教师政策取得较大发展的时期。在1989年，我国颁发了学前教育史上两个重要的法规，即6月5日颁布的《幼儿园工作规程（试行）》和9月11日颁布的《幼儿园管理条例》。

1991年6月17日，国家教委发布《关于改进和加强学前班管理的意见》。1991年6月21日，国家教委办公厅发出《关于加强幼儿园安全工作的通知》。1991年9月4日，《中华人民共和国未成年人保护法》出台。

1992年2月，国务院公布《九十年代中国儿童发展规划纲要》。1992年5月15日，国家教委办公厅提出《关于在幼儿园加强爱家乡、爱祖国教育的意见》。1992年12月，国家教委颁发《幼儿园玩教具配备目录》。

1993年2月13日，中共中央、国务院印发《中国教育改革和发展纲要》。1993年10月31日，《中华人民共和国教师法》颁布。

1994年7月3日，《国务院关于中国教育改革和发展纲要的实施意见》包含幼儿教育的相关内容。

1994年10月27日，《中华人民共和国母婴保健法》出台。1994年12月1日，卫生部、国家教委颁发《托儿所、幼儿园卫生保健管理办法》。

1995年1月26日，国家教委发布《中外合作办学的暂行规定》，对于中外合作办幼儿园的设置、运行及监督等做出规定。1995年1月27日，国家教委发布《三年制中等幼儿师范学校教学方案试行》。1995年3月18日，《中华人民共和国教育法》颁布实施。1995年9月19日，国家教委、国家计委、民政部、建设部、国家经贸委、全国总工会、全国妇联联合发出《关于企业办幼儿园的若干意见》。

1995年9月，国家教委、计委、民政部等部门颁布《关于企业办幼儿园的若干意见》。

1996年1月25日，国家教委发出《关于开展幼儿园园长岗位培训工作的意见》。1996年1月26日，国家教委颁发《全国幼儿园园长任职资格、职责和岗位要求（试行）》。1996年3月9日，国家教委颁发的《幼儿园工作规程》，1996年6月1日起施行。1996年6月24日，国家教委关于正式实施《幼儿园工作规程》。

3. 1997—2003年的改革阶段

1997年7月17日，国家教委印发《全国幼儿教育事业"九五"发展目标实施意见》。1998年12月24日，教育部发布《面向世纪教育振兴行动计划》，提出"跨世纪素质教育工程""跨世纪园丁工程"等多项教育规划。2001年，国务院颁布《中国儿童发展纲要（2001—2010）》。2001年，国家颁布实施的《幼儿园教育指导纲要（试行）》颁布实施后，全国开始学习新《纲要》的活动，各地也出台了相应的指导文件。

2003年1月27日，教育部、国家计委、民政部、财政部等部门联合发出《关于幼儿教育改革与发展的指导意见》。2003年9月1日，《中华人民共和国民办教育促进法》开始施行，对民办学前教育进行了进一步的规定和规范。

4. 2004年至今的发展阶段

2005年3月14日，教育部发出《关于规范小学和幼儿园教师培养工作的通知》，要求保障幼儿园教师的培养质量。2006年9月1日，教育部、公安部、司法部、建设部等部门联合制定的《中小学幼儿员安全管理办法》开始施行。2007年，教育部等部门先后发出《关于加强农村中小学生幼儿上下学乘车安全工作的通知》《关于加强民办学前教育机构管理工作的通知》《关于做好2007年秋冬季中小学幼儿园安全工作的预警通知》。

2008年1月4日，教育部关于印发《教育部2008年工作要点》明确要求："重视学前教育，努力发展农村学前教育。"2010年，国务院审议并通过的《国家中长期教育改革和发展规划纲要（2010—2020年）》，同年，国务院颁布的《关于当前发展学前教育的若干意见》。2010年9月6日，国家教育部颁布《托儿所幼儿园卫生保健管理办法》。2010年11月21日，国务院颁布《关于当前发展学前教育的若干意见》（国发〔2010〕41号）。

2011年，国务院《关于当前发展学前教育的若干意见》针对三年行动计划做出指导。2011年3月1日，21世纪教育研究院与社会科学文献出版社联合发布了《教育蓝皮书：中国教育发展报告（2011）》，蓝皮书开展了专项调研《全国中小学"大班额"调查》。教育部等七部门关于2011年治理教育乱收费、规范教育收费工作的实施意见，制定幼儿园收费管理办法，加强对幼儿园收费行为的监管。2011年12月31日，印发了《幼儿园收费管理暂行办法》。

2012年3月，教育部颁布《托儿所幼儿园卫生保健工作规范》。2012年5月9日，卫生部（现国家卫生和计划委员会）出台关于印发《托儿所幼儿园卫生保健工作规范》的通知。2012年5月24日，发布《3—6岁儿童学习与发展指南》（征求意见稿）。2012年10月9日，教育部发出关于印发《3—6岁儿童学习与发展指南》的通知。2012年12月13日，发布《关于加强幼儿园教师队伍建设的意见》，明确提出，要严格准入，幼儿园教师须取得相应教师资格证书。

2013年3月21日，教育部《幼儿园工作规程（修订稿）》（征求意见稿）公开征求意见。2014年，教育部、国家发展改革委、财政部联合印发的《关于实施第二期学前教育三年行动计划的意见》中提出，要扩大城乡公办园和普惠性民办园的覆盖面。

2015年7月1日，为规范和加强中央财政支持学前教育发展资金管理，提高资金使用效益，扩大学前教育资源，提高幼儿资助水平，根据国家有关规定，财政部、教育部制定了《中央财政支持学前教育发展资金管理办法》。2015年12月27日，第十二届全国人民代表大会常务委员会第十八次会议《关于修改〈中华人民共和国教育法〉的决定》第二次修正）

出台。

2016年3月1日，施行2016年新版《幼儿园工作规程》。2017年9月11日，教育部办公厅印发《教育部等四部门关于实施第三期学前教育行动计划的意见》。江苏、宁夏、青海等地都明确要求根据教育发展、财力状况、办园成本、物价水平，适时提高公办园生均公用经费拨款标准。

2018年2月，党中央、国务院印发《全面深化新时代教师队伍建设改革的意见》(中发〔2018〕4号)，强调要全面提高幼儿园教师质量，建设一支高素质专业化的教师队伍，培养热爱学前教育事业，幼儿为本、才艺兼备、擅长保育和教育的高水平幼儿园教师。

2019年，中央财政支持学前教育发展专项资金增至168.5亿元。2020年9月7日，教育部发出关于《中华人民共和国学前教育法草案（征求意见稿)》公开征求意见的公告。

2021年3月30日，教育部发布《关于大力推进幼儿园与小学科学衔接的指导意见》。为深入学习贯彻习近平总书记关于国家通用语言文字教育“要从娃娃抓起”的指示精神。2021年7月21日，教育部办公厅发布关于《实施学前儿童普通话教育“童语同音”计划》的通知，在“十四五”时期实施学前儿童普通话教育“童语同音”计划。2021年9月8日，国务院印发《中国妇女发展纲要（2021—2030年)》和《中国儿童发展纲要（2021—2030年)》。

2021年10月23日，中华人民共和国第十三届全国人民代表大会常务委员会第三十一次会议通过《中华人民共和国家庭教育促进法》，自2022年1月1日起施行。规定家庭教育指导机构、中小学校、幼儿园、婴幼儿照护服务机构、早期教育服务机构违反规定，不履行或者不正确履行家庭教育指导服务职责的，由主管部门责令限期改正；情节严重的，对直接负责的主管人员和其他直接责任人员依法予以处分。

2021年12月9日，教育部等九部门印发《“十四五”学前教育发展提升行动计划》和《“十四五”县域普通高中发展提升行动计划》，进一步提高学前教育普及普惠水平。

2022年2月11日，教育部基础教育司2022年工作要点提出，以习近平新时代中国特色社会主义思想为指导，认真贯彻中央关于基础教育的重大决策，进一步加强党对中小学（幼儿园）的全面领导，坚持稳中求进的工作总基调。2022 年 1 月 18 日通过《幼儿园保育教育质量评估指南》，加快建立健全教育评价制度，促进学前教育高质量发展。

2023 年 6 月 2 日，国务院总理李强主持召开国务院常务会议，讨论并原则通过《中华人民共和国学前教育法（草案）》。决定将草案提请全国人大常委会审议。会议指出，学前教育是终身教育的起点，是重要的社会公益事业，关系亿万儿童健康成长，强化法治保障十分重要。要统筹当前和长远，根据新型城镇化进程和学龄人口变动趋势，科学规划学前教育资源配置，既有效满足需求，也避免造成资源浪费。要加强财政投入保障，提高对学前教育投入比重，加大对农村地区、民族地区倾斜力度，增加学前学位供给，促进学前教育事业普及普惠、安全优质发展。

（三）我国学前教育的重要政策

1979 年 11 月，教育部颁发了《城市幼儿园工作条例（试行草案）》，共 6 章 30 条。内容包括总则，卫生保健和体育锻炼，游戏和作业，思想品德教育，教养员、保育员和其他工作人员，组织编制及设备。规定幼儿园必须贯彻保育和教育结合的原则和勤俭办园的方针；各地应办好一批示范幼儿园。

2001 年 7 月 2 日，为贯彻《中华人民共和国教育法》《幼儿园管理条例》和《幼儿园工作规程》，指导幼儿园深入实施素质教育，教育部颁发了《幼儿园教育指导纲要（试行）》。指出幼儿园的教育内容是全面的、启蒙性的，可以相对划分为健康、语言、社会、科学、艺术五个领域，也可作其他不同的划分。各领域的内容相互渗透，从不同的角度促进幼儿情感、态度、能力、知识、技能等方面的发展。

2010 年 7 月 29 日《国家中长期教育改革和发展规划纲要（2010—2020 年）》（以下简称《规划纲要》）正式全文发布。这是中国进入 21 世纪之后的第一个教育规划，是指导全国教育改革和发展的纲领性文件。主要内容包括：推进素质教育改革试点、义务教育均衡发展改革试点、职业教育办学模式改革试点、终身教育体制机制建设试点、拔尖创新人才培养改革试点、考试招生制度改革试点、现代大学制度改革试点、深化办学体制改革试点、地方教育投入保障机制改革试点、省级政府教育统筹综合改革试点10个方面。《规划纲要》提出，到2020年，普及学前一年教育，毛入园率达到95%。基本普及学前两年教育，有条件的地区普及学前三年教育。把发展学前教育纳入城镇、社会主义新农村建设规划。建立政府主导、社会参与、公办民办并举的办园体制。大力发展公办幼儿园，积极扶持民办幼儿园。加大政府投入，完善成本合理分担机制，对家庭经济困难幼儿入园给予补助。

2021年12月9日，为深入贯彻党的十九届五中全会精神，进一步提高学前教育普及普惠水平，加强县域普通高中建设，推进基础教育高质量发展研究制定的计划。教育部、国家发展改革委、公安部、财政部、人力资源社会保障部、自然资源部、住房和城乡建设部、税务总局、医疗保障局印发实施了《“十四五”学前教育发展提升行动计划》。

强化督导问责。扎实推进县域学前教育普及普惠发展督导评估工作，压实政府责任，完善督导问责机制。将推进学前教育普及普惠、深化体制机制改革、提升保育和教育质量、完善投入保障政策等情况，纳入对省级人民政府履行教育职责评价和县域学前教育普及普惠督导评估认定重要内容，发生较大社会影响的安全责任事故、重大案事件和师德师风问题的县（市、区）2年内不得申报学前教育普及普惠督导评估认定。各省（区、市）将行动计划目标任务和政策措施落实情况纳入市县政府工作的绩效考核，促进学前教育普及普惠安全优质发展。

二、青海省学前教育的政策

（一）《青海省中长期教育改革和发展规划纲要（2010—2020年）》

在《国家中长期教育改革和发展规划纲要（2010—2020年）》基础上青海省出台了《青海省中长期教育改革和发展规划纲要（2010—2020年）》（〔2010〕17号）。提出学前教育对幼儿身心健康、习惯养成、智力发展具有重要意义。把学前教育纳入城镇和新农村新牧区建设规划，加快普及学前教育。鼓励民间举办、公办民助、民办公助，充分调动包括机关事业单位在内的社会各方面力量办学前教育。采用政府购买服务形式支持民办学前教育发展。建立政府主导、社会参与、公办民办并举的办园体制。城市办好一批公办骨干和示范性幼儿园，大力发展社会力量办园。重点发展农牧区学前教育，提高农牧区学前教育普及程度。农牧区学前教育以财政投入和公办为主，鼓励和支持社会力量举办。充分利用布局调整的富余校舍和师资发展学前教育。

到2015年，每县建设1至2所标准化幼儿园；每个乡镇建设1所以上中心幼儿园，形成以县级标准幼儿园为骨干和示范，以乡镇中心幼儿园、小学附设学前班和村级办园为主体的农牧区学前教育格局。

加强幼儿师资队伍建设，制定幼儿园教职工编制标准，核定公办幼儿园教师编制，实行幼儿教师资格制度和持证上岗制度，拓宽合格幼儿园教师培养、培训和补充渠道。制定我省的学前教育办园标准和收费标准。建立健全幼儿园督导评估制度，完善幼儿园内部管理办法和评价标准，规范办学行为，遵循幼儿身心发展特点和规律，加强教育教学指导，防止和克服“小学化”倾向，不断提高办园质量。从学前教育阶段重视教育问题。

（二）《青海省“十四五”公共服务规划》

为贯彻落实党中央、国务院和青海省委、青海省政府关于保障和改善民生的总体部署，推动公共服务高质量发展，2022年3月23日，青海省人民政府办公厅印发实施了《青海省“十四五”公共服务规划》。这是依据《青海省国民经济和社会发展第十四个五年规划和二〇三五年远景目标纲要》，结合《国家“十四五”公共服务规划》编制的规划，规划期为2021—2025年。

《青海省“十四五”公共服务规划》提出学前教育网络基本完善，因地制宜、系统规划建设托育、学前教育、养老、医疗等普惠性公共服务设施。推进学前教育普及普惠发展，增加学前教育资源供给。启动实施学前教育发展提升行动计划，大力发展公办园，鼓励和支持社会力量办园，扩大普惠性学前教育资源，优化学前教育布局与办园结构，提升县域学前教育普及普惠水平和公办幼儿园在园幼儿比例。严格落实城市（镇）新建和改造小区配套幼儿园建设要求，加大农牧区幼儿园建设力度。因地制宜探索建立集团化办园体制，形成县城示范园、乡镇中心园、大村独立园、小村联合园、巡回支教点（流动幼儿园）相衔接的学前教育资源供给体系。

完善学前教育保障机制。持续加大学前教育教学岗位补助支持力度，提高幼儿园教师资格学历标准，全面推行教师资格考试与定期注册制度。完善保育和教育人员待遇和社会保险保障机制，建立薪酬逐年增长机制。强化幼儿园教职工配备、收费行为、安全防护、卫生保健、保育和教育质量、经费使用以及财务管理等方面的动态监管。核定幼儿园办园成本，适当提高公办园收费标准并建立动态调整机制。引导和支持民办园提供普惠优质服务，加强民办园成本核查和收费监管，杜绝过度逐利行为。

提升幼儿园保育和教育质量。落实《3—6岁儿童学习与发展指南》《幼儿园教育指导纲要》，坚持以游戏为基本活动，推动幼儿园课程游戏化、生活化，坚决防止幼儿园小学化倾向。充分发挥示范园辐射带动作用，促进城乡优质学前教育资源共享。建立完善幼儿园保育和教育质量评估标准，加强办园行为督导评估。全面整治无证园，建立健全无证园治理工作长效机制，加强源头管理，严格准入制度。规范学前教育招生行为，优化招生工作流程。

（三）《青海省儿童发展规划》（2021—2030年）

《青海省儿童发展规划》（2021—2030年）提出推进学前教育普及普惠发展，推动实施学前教育行动计划。落实以县级为主的学前教育管理体制，完善多部门分工负责、齐抓共管的工作机制。健全财政经费投入长效机制，不断加大对学前教育的投入力度，合理确定办园成本分担机制，扩大学前教育资源，将学前教育纳入学生资助补助体系。优化幼儿园布局规划，大力发展公办园，积极扶持普惠性民办园，重点发展农牧区学前教育。规范小区配套幼儿园建设使用，鼓励有条件的企事业单位、街道、村举办普惠性幼儿园。加强幼儿园管理，严格幼儿园准入制度，强化动态监管，完善年检制度。提高保育和教育质量，防止和纠正“小学化”倾向。加强师资队伍建设。

（四）《青海省“十四五”巩固拓展脱贫攻坚成果同乡村振兴有效衔接规划》

提出巩固提升“十三五”脱贫攻坚成果，健全完善控辍保学工作机制，确保除身体原因不具备学习条件外，脱贫家庭义务教育阶段适龄儿童不要失学、辍学。进一步完善从学前教育到高等教育全学段的学生资助体系，全面实现家庭经济困难学生精准资助、应助尽助。继续实施农村义务教育学生营养改善计划，确保农牧区学校全覆盖。

巩固提升教育服务水平。大力发展脱贫地区教育。优化义务教育学校布局结构，加强幼儿园及中小学校教育项目建设，持续改善农牧区基础教育办学条件，保障义务教育适龄儿童就近入学。依法依规健全控辍保学长效机制，实行常态化控辍保学。加快发展普惠性学前教育和普通高中教育，实施学前教育薄弱县振兴行动计划和普通高中发展提升计划。继续实施农牧区义务教育阶段学校教师特设岗位计划、乡村教师生活补助政策、公费师范生定向培养，落实好中小学幼儿园教师国家级和省级培训计划、职业院校教师素质提高计划。开展学校语言文字工作达标建设，实施“童语同音”计划，提升教师国家通用语言文字教育教学能力。

（五）《青海省扶助残疾人规定》

为维护残疾人的合法权益，保障残疾人平等充分地参与社会生活，共享社会物质文化成果，2012 年 1 月 12 日，青海省人民政府令第 89 号公布《青海省扶助残疾人规定》。鼓励有条件的地区设立康复训练机构，开展零至三周岁残疾儿童早期干预、早期教育和康复训练。普通幼儿园应当创造条件，接收轻度残疾幼儿入校（园）接受学前教育。

第二节　青海省学前教育发展的环境

学前教育发展的环境主要指幼儿园的环境。幼儿园按照办学模式分为教育部门办幼儿园、民办幼儿园、集体办幼儿园和其他部门办幼儿园。

教育部门办幼儿园是直属教育局管理的幼儿园。教育部门办幼儿园包括各级教育行政部门、公办大中小学举办的附属幼儿园、学前班、幼儿班等。

民办幼儿园指经有关主管部门批准，由公民个人、非国有民办企业、社会团体及其他社会组织等利用非国家财政性教育经费举办的幼儿园（学前班、幼儿班等）。

集体办幼儿园指城市街道办事处、居民委员会，农村乡镇、村民委员会利用集体所有的资产，例如：校舍、师资、经费等，辅以财政专项补贴所举办的学前班、幼儿班等幼儿机构。

其他部门办幼儿园指政府及有关部门、国有企事业单位、其他部门办军队、妇联、工会、共青团等群众团体，利用国有资产，例如：房屋、土地、设备，或国家财政性经费举办的学前班、幼儿班等幼儿机构。

一、我国学前教育发展的环境

环境对教育具有重要的影响作用。《幼儿园工作规程》指出："环境是重要的教育资源，应通过创设并有效地利用环境促进幼儿的发展。"教育的基本任务是让幼儿在适宜的环境中得到自然的发展，教师的职责在于为幼儿提供适宜的环境。教育是由复杂的互动的关系所构成，也只有环境中各个元素的参与，才是许多互动关系实现的决定性关键。在促进幼儿早期教育方面，最有效的做法是创造良好的环境。环境是教育的一个组成部分，环境具有教育的内涵。学前教育环境包括教育机构环境和家庭环境两个范围。

（一）教育机构环境

幼儿园作为主要的学前教育机构，物质环境、师资力量和制度环境对幼儿的成长具有一定的影响。

1. 物质环境

幼儿园的物质环境是指幼儿在学习、活动以及日常生活中所需要的物质基础。幼儿园物质环境是幼儿教育赖以生存的媒介和源泉。幼儿的成长过程中，幼儿园所创设的物质环境与幼儿相互互动，使得幼儿的感知能力得到发展、智力得到开发，在儿童的身心发展中有着不可替代的重要作用。

幼儿园物质环境创设在幼儿园的教育中有重要作用。好的幼儿物质环境的创设有助于提高幼儿的认知水平。幼儿的认知是在与周围环境相互作用时得到发展，一个好的创设环境能够在一定程度上规范幼儿的行为习惯，是有效提升幼儿教育效率的关键。

创设良好的幼儿园物质环境有益于幼儿的身心健康发展，为幼儿的进一步发展打下基础，促进幼儿目标的实现。幼儿园所创设的物质环境是为教师教授知识，幼儿学习知识提供的环境基础。幼儿园所创设的环境必须是安全的、卫生的。幼儿园在创设物质环境时，需要注意日常环境中存在的潜在的安全隐患，提高应对突发事件的能力，保证教学过程中幼儿的安全。物质环境与社会共同搭建一个良好的大环境才能发挥良好物质环境所带来的教育功能。

2. 师资力量

根据《幼儿园教职工配备标准（暂行）》规定，全日制幼儿园的教职工与幼儿比例需达到 1∶5 至 1∶7 的标准，但是存在城乡分布不均、男女比例不均、专业化程度较低的现象。2020 年，全国幼儿园专任教师总数为 291.34 万人，教职工总数达 519.82 万人。2020 年，我国幼儿园在园人数达 4818 万人，按 1∶7 标准配备师资，至少需教职工 688 万人，目前，我国学前教育师资规模仍未达到这一标准。2020 年，我国幼儿园教职工中女性教职工达 480.25 万人，占全国幼儿园教职工总数的 92.39%。

教育部 2021 年 8 月公布的数据，全国幼儿园园长和专任教师总数为 322.18 万人。从城乡分布来看，城区幼儿园园长与专任教师共有 155.95 万人，占全国的比重为 48.40%；镇区幼儿园园长与专任教师共有 112.60 万人，占全国的比重为 34.95%；乡村幼儿园园长与专任教师数量最少，共有 53.64 万人，占全国幼儿园教职工数的 16.65%，不足五分之一。

2022 年 4 月 26 日，教育部召开“教育这十年”“1+1”系列发布会首次发布会，指出 2021 年全国幼儿园园长和专任教师总数超 350 万人，比 10 年前增加 200 万人。财政投入力度持续加大，2020 年，全国财政性学前教育经费为 2532 亿元，比 2011 年的 416 亿元增长 5 倍，财政性教育经费占比从 2011 年的 2.2%提高到 2020 年的 5.9%。中央财政支持学前教育发展专项资金十年累计投入超过 1700 亿元，有效拉动了地方财政投入的快速增长，为学前教育发展提供了有力保障。

成本分担机制基本建立，各省份均出台了公办园生均公用经费标准或生均财政拨款标准、普惠性民办园补助标准，并根据事业发展需要不断完善标准；同时综合考虑经济发展水平、群众承受能力和办园成本等因素，动态调整公办幼儿园收费标准，确定普惠性民办幼儿园最高收费限价，有效保障幼儿园正常运行。资助制度不断完善，2012—2021 年各级财政累计投入 752 亿元，共资助家庭经济困难幼儿 6232 万人次，有效保障了家庭经济困难儿童、孤儿和残疾儿童公平享有学前教育的权利。

科学保育和教育理念深入人心，以“游戏点亮快乐童年”“幼小协同科学衔接”等为主题，每年开展“全国学前教育宣传月”活动，面向全社会持续传播科学保育和教育理念和方法。专业指导持续加强，教育部先后印发《幼儿园教育指导纲要》《3—6 岁儿童学习与发展指南》《关于大力推进幼儿园与小学科学衔接的指导意见》《幼儿园保育教育质量评估指南》等一系列文件，建立了比较完善的指导体系，为科学保育和教育提供强有力的专业引领。保育和教育实践深化改革，深入开展“小学化”专项治理，积极推进“幼小衔接”攻坚行动，大力推广以“安吉游戏”为代表的典型经验，不断完善学前教研体系，建立一批幼儿园保育教育改革实验区，发挥示范引领作用，推动“以游戏为基本活动”有效落实，有力促进幼儿身心健康成长。

教师培养规模不断扩大，2021 年，全国开设学前教育专业的本专科高校有 1095 所，毕业生达到 26. 5 万人，分别比 2011 年增加 591 所、23. 1 万人，分别增长 1. 2 倍、6. 7 倍，为持续补充幼儿园师资提供了有力支撑。教师配备基本达标，2021 年，全国幼儿园园长和专任教师总数超过 350 万人，比 2011 年增加 200 万人，增长了 1. 3 倍，生师比从 2011 年的 26：1 下降到 2021 年的 15：1，基本达到了“两教一保”的配备标准，师资短缺问题得到有效解决。教师素质明显提高，学历结构进一步优化，2021 年专科以上学历的园长及专任教师占比达到 87. 8%，比 2011 年提高了 24 个百分点。连续实施幼儿园教师“国培计划”，2012—2020 年累计投入 43 亿元，培训幼儿园教师超过 243 万人次，教师专业水平明显提升。

学前教育科学化、专业化、规范化水平不断提高。管理制度基本健全，先后修订出台《幼儿园工作规程》《幼儿园建设标准》《幼儿园收费管理暂行办法》《幼儿园园长专业标准》《幼儿园教师专业标准》等规范性文件，为提高幼儿园的办园水平发挥了重要作用。督导评估深入实施，印发《幼儿园办园行为督导评估办法》《县域学前教育普及普惠督导评估办法》，全面实施了办园行为督导评估和县域普及普惠认定工作，建立了督导问责机制，有效促进了学前教育事业发展。学前教育立法稳步推进，在全面总结十年来学前教育改革发展情况的基础上，起草了学前教育法草案，推动学前教育走上法治化轨道。

3. 制度环境

1990年，我国就实施了《幼儿园管理条例》（以下简称《条例》），《条例》明确规定了国家对幼儿园的基本要求和管理的基本原则。《条例》明确了举办幼儿园的基本条件和审批程序，让幼儿园的举办更加系统化、规范化；明确提出幼儿园应建立卫生保健制度和安全防护制度，确保每一位幼儿在安全等问题上得到保证。《条例》还指出，在幼儿园的每一位教职工都应该各司其职，确保自己完成自己应做的工作，保证幼儿园合理、高效的运行。《条例》的发布促进了中国幼教事业的健康发展和管理工作的科学化，推动了中国幼儿教育的法制化进程。让幼儿园的管理更加规范，保证了全国的幼儿园管理制度化的进行。

2021年1月21日，教育部办公厅发布《关于做好2021年中小学幼儿园安全管理工作的通知》（教基厅函〔2021〕4号）指出，健全校园安全管理制度，加强对教职员工和临聘人员教育管理，及时化解矛盾纠纷。严格落实门卫值守和内部巡查制度，禁止无关人员和爆炸物、管制刀具等危险物品进入校园，严防暴力恐怖事件发生。加强校园周边综合治理，明确具体的区域性学校安全风险清单，全面了解掌握校园周边特殊人群信息动向，及时发布安全提示，确保校园周边环境安全、稳定、有序。

落实校车安全管理要求，严格落实《校车安全管理条例》规定，依法实施校车使用许可，规范发展专用校车，坚决清理不符合国家校车标准但仍作为校车使用的载客汽车，明确退出期限，彻底淘汰在用的非专用校车。要督促学校和校车服务提供者严格落实校车安全管理制度，加强对驾乘人员管理，坚决杜绝超员、超速、不按审核路线行驶等违法违规行为，坚决避免把幼儿遗忘在车内致死现象。

开展欺凌防治行动，要定期开展预防欺凌专题教育，引导孩子掌握防范欺凌的基本知识和技能，增强自我保护意识和能力。关爱留守儿童、进城务工人员子女、单亲家庭子女。深化网络环境专项治理，各地要会同宣传、新闻出版、网信、市场监管等部门，进一步加大网络环境治理力度，及时发现清理网络低俗有害信息，整治不良网络社交行为，切实消除不良出版物、影视节目、网络游戏的侵蚀影响。

加强安全教育工作，广泛开展预防溺水、火灾、禁毒、性侵害、食物中毒、网络沉迷、交通事故、自然灾害等方面的安全教育。推动家长落实监护责任，统筹家长委员会、家长学校、家长会、家访、家长开放日、家长接待日、致家长一封信等各种家校沟通渠道，提醒家长切实履行好看管监护责任，准确掌握离校期间孩子动向，关注孩子人际交往和情绪表现，严防出现监管真空。

（二）家庭环境

家庭是幼儿生命的摇篮，是人出生后接受教育的第一场所。幼儿家庭教育是三到六岁幼儿在家庭成员间相互实施的一种教育。制约幼儿家庭教育的主要因素有：家庭教育环境、家长对子女的态度、家长教育观念、家长教育方法、家庭社会背景，特别是家长的社会生活经历和思想文化素质。

在我国的学前教育中，存在着幼儿园小学化的现象。而这种现象的出现，主要是由市场需求所导致的。大多数父母对幼儿园评价就是以孩子们是否学到东西作为标准。教育方式不够民主。大多数家长并不能使用正确的观念教育孩子。在实际生活中，父母并没有给予孩子们较多的自主选择机会，如果孩子们的选择不是父母所希望的，父母就会以强制的态度替孩子做主。家长需要重视孩子的全面发展，在日常的行为习惯当中，帮助孩子塑造完整的人格，重视孩子情感态度、独立人格以及语言能力的培养，让孩子快乐成长。

二、青海省学前教育发展的环境

（一）学前教育机构环境

幼儿园的环境会成为学前教育效果的一个重要因素。截至2020年，青海省学前教育的毛入园利率为91.83%，截至2022年年底，青海省学前教育毛入园率达到92.32%，较2012年提高23.23个百分点。青海教育项目建设、资金投入重点向贫困地区倾斜，建立覆盖各学段的15年教育资助体系，实施控辍保学动态清零，各级各类学生不能因家庭经济困难而失辍学，促进教育公平。

1. 物质环境

青海连续十年实施学前教育行动计划，落实了一系列学前教育重大项目，学前教育经历了“从小到大”的发展阶段。截至2021年，全省累计投入学前教育项目建设资金44.4亿元，新建、改扩建幼儿园1095所，新增学位3.2万余个，建设园舍面积154.5万平方米。2021年全省幼儿园数达到1881所，比2011年增加901所，增长了92%，6个市（州）31个县共设立巡回支教点727个，有力保障了适龄儿童入园需求。学前教育毛入园率持续快速提高，2021年全省幼儿园在园幼儿数达到227985人，比2011年增加93963人。

2021年，青海普惠性幼儿园达到1856所，占幼儿园总量的98.67%。其中公办园1488所，比2011年增长了147%，充分发挥了公办园兜底线、保基本、平抑收费、引领方向的重要作用，有效保障了绝大多数儿童享受普惠性学前教育。青海省学前教育科学健康发展，办园行为逐步规范，科学保育和教育理念深入人心。全省开展了“安吉游戏”、幼小衔接保育和教育改革试点，建立了比较完善的专业指导体系和督导机制，为科学保育和教育提供了强有力的专业引领，有力促进了幼儿身心健康成长。

广大适龄幼儿享有公平接受学前教育的机会，为提高国民素质、建设教育强省奠定了坚实基础。进入新时代，青海将以深入落实“十四五”时期学前教育发展提升行动实施方案为重要抓手，深化学前教育改革，进一步提高普及普惠水平，提升科学保育和教育水平，推动学前教育高质量发展。

随着互联网的发展，可以大幅度提高青海省偏远地区幼儿园的教育环境。互联网可以实现幼儿园之间的资源共享。青海省偏远地区的幼儿园比较老旧，信息闭塞，无法获取最新的、优质的教育资源信息，没有办法给予幼儿足够的教育环境。因此，建立幼儿园间的网络资源共享平台可以让落后地区的幼儿园管理者阅览其他幼儿园的教育研究内容、课程设计、理念设置、优质课、教学教案、幼儿园管理方法等等，学习比较好的幼儿园的管理方法等，提高自己的教学水平，促使落后地区学前教育不断向前发展。

2. 师资力量

从 2010 年到 2020 年，青海省幼儿园专任教师由 4051 人增加至 12256 人。专任教师与幼儿比自 2014 年的 1∶26 持续上升至 1∶18，在补足学前教师数量方面，青海省做了很多工作。截至 2021 年，青海幼儿园专任教师达到 12784 人，比 2011 年增加 8733 人，是 2011 年的 3.2 倍，基本达到了“两教一保”的配备标准。学前教育经费投入机制不断完善，十年累计投入支持学前教育发展专项资金 57.4 亿元，为学前教育发展提供了有力保障。2021 年全省财政性学前教育经费为 14.61 亿元，比 2011 年的 3.53 亿元增长 4.14 倍。累计投入 11.1 亿元，共资助幼儿近 92 万人次，有效保障了适龄儿童公平享有学前教育的权利。

在城乡区域或者贫穷地区，幼儿园教师数量匮乏，师幼比例不合理。有的师幼比在 1∶21.3，甚至到达 1∶51 的状态，远远超过教育部 2013 年颁布的《幼儿园教职工配备标准（暂行)》所规定的 1∶7 到 1∶9。师幼比是影响幼儿园教育质量和幼儿发展的重要因素，也是评价幼儿园办园质量的关键指标。师幼比过大意味着班额的增大。班额过大给教师的管理和教学带来困难，影响教育质量，存在安全与健康隐患。

青海省有些地区幼儿教师来源复杂，专业结构不够合理。有大部分的教师来自非学前专业，还有部分教师是由小学转岗而来。只有少部分的教师具备学前专业教师资格，大部分的教师不具备学前专业教师资格。在合格教师中，部分为小学、中学转岗教师。

职前培养和职后培训相对不足，教师专业成长空间有限。随着全省乡村学前教育的快速发展，学前师资培养的范围与规模也在不断扩大。目前，青海省的四所高校均设有学前教育专业，各州、县职业学校也普遍开设学前教育专业，招生规模逐年扩大，但仍不能满足大量幼儿教师的招聘需求。其原因：一方面是因为幼儿园的建设速度过快，教师需求量大；一方面也是由于幼儿教师普遍缺少编制、招聘教师工资收入过低，导致很多学前教育专业毕业生不愿意去幼儿园工作，尤其是去条件较为艰苦的乡村幼儿园。

对于幼儿教师的岗位培训，近年来青海省投入了大量人力物力，着力加强相关培训工作，每年都有大量的国家培训、省培训、送教下乡、远程培训、线上教学等培训项目，培训人数也逐年增加。但培训仍然存在一定的问题。岗前培训较为缺乏，在职培训机制仍不完善，培训缺乏系统性和针对性，重点不突出，培训内容单一，培训形式不够灵活等，使得培训效果不能令人满意。

3. 制度环境

根据国家公布的制度，青海省颁布了相应的制度。明确规定了幼儿园关于举办、审批以及目标等内容，还明确地指出了对于外来务工的子女和残疾幼儿参加幼儿园的权利，保证了每个幼儿都应该受到应有的学前教育。青海省各部门认真贯彻落实省委省政府工作部署，以“广覆盖、保基本、有质量”为目标，持续健全学前教育服务体系，“十四五”规划以来，依托教育强国推进工程，累计争取中央预算内投资 4.07 亿元，支持群众需求旺盛、学位缺口较大、优质资源匮乏、普惠园覆盖率偏低的地区，实施 178 个公办幼儿园基础设施建设，重点完善幼儿活动用房、服务用房及室外游戏场地，配备玩教具和室内外活动器材，有效改善设施条件，着力解决资源不足、配置不均、质量不高等短板弱项，助力全省学前教育资源扩容增量。

（二）家庭环境

青海省的地理环境复杂，每个地区的家庭环境有很大的差别。西宁市作为青海省的省会，是青海省经济最发达的地方。西宁市的家庭经济以及物质环境情况高于其他地区，西宁市的家庭提供给幼儿的环境比其他地区好。在青海省偏远的农牧区，幼儿的家庭教育环境比较差，农牧区幼儿家庭教育缺乏有效的外部支持。互联网提高了青海省偏远地区的家庭教育环境，“互联网+”时代使得互联网与教育进行深度融合。微信在农牧区幼儿家庭教育有指导作用，开展家庭教育讲座、亲子活动平台，提高家庭教育功能，营造良好家庭教育环境，助力青海省学前教育事业。

第二章　青海省学前教育的发展历史

学前教育是国民教育体系的重要组成部分，是实现人的全面发展、终身发展的基础工程，也是最重要的公益事业。“人生百年，立于幼学”，学前教育既是一个人终身学习的开端，也是个体在成长道路上的最为关键的“引路人”。学前教育事业的发展不仅是为了构建社会主义和谐社会，更是为建设人力资源强国奠定基础，学前教育事业的大力发展是青海省教育事业科学发展的重要任务，也是作为建设富裕文明和谐新青海的重点民生工程。

第一节　青海省学前教育普及的历史

学前教育是幼小衔接的教育，对幼儿期智力和社会性发展有很大的影响。青海省的学前教育在一些农牧区的普及程度不高。

一、青海省学前教育普及情况

1929 年，青海省曾“蒙番小学”设有幼稚班。1938 年，在国立湟川中学附设幼稚园，是现在西宁市第一幼儿园的前身，地址在西宁市宏觉寺街，是青海省内第一个独立设置的幼稚园，后更名为“青青幼稚园”。1947 年，青海回教教育促进会在西宁东关水北门外，设立“芳惠幼稚园”。1949 年 9 月，将“青青幼稚园”更名为“西宁市第一幼儿园”，而“芳惠幼稚园”更名为“西宁市第二幼儿园”。1950 年，成立青海省军区幼儿园。1951 年，成立青海省保育院。1958 年，西宁市第二幼儿园撤销。1980 年 4 月，在全省教育工作会议后，许多厂矿企事业单位和街道办事处、居民委员会新建幼儿园。1979 年，玉树藏族自治州建成第一个托儿所。1981 年，果洛藏族自治州新建幼儿园。农业区各县不仅兴办幼儿园还大力发展学前班。湟中县的 409 所小学中，每校都有 1 个学前班。循化撒拉族自治县有学前班 20 个。1983 年，青海省妇联新建一所具有示范性的“六一”幼儿园。

2010 年，学前教育三年毛入园率仅仅只有 60.4%。为保障省内广大幼儿能够接受基本的、有质量保证的学前教育，在 2011 年青海省实施了第一个学前教育三年行动计划（2011—2013 年）。

2011 年 1 月 28 日，在青海省召开的全省学前教育座谈会上，提出将利用三年时间解决农村牧区大部分儿童入园问题，基本普及学前一年教育。2010 年青海省新增幼儿园 133 所，全省幼儿园总数达 599 所，在园幼儿 111950 人。为了满足适龄幼儿的入园需求，青海省及时制定了《实施学前教育推进工程试点项目工作方案》，并在农牧区选择确定了湟中县、化隆县、刚察县、共和县、乌兰县 5 个具有一定代表性的县作为试点地区，建设 46 个乡镇幼儿园。项目启动后，2011 年 8 月投入使用。

青海省政府在 2011 年安排财政预算 3000 万元资金，专门用于学前教育的发展，并按国家要求，编制实施学前教育三年行动计划，充分利用中小学布局调整后闲置富裕校舍，经维修改造后开办幼儿园，解决“入园难”问题，统筹考虑乡镇中心幼儿园和县城标准化幼儿园建设；通过政府购买服务、减免租金、对普惠性和收费较低的民办幼儿园给予适当补助等措施，鼓励和引导社会力量举办学前教育；把学前教育经费纳入各级财政预算，使学前教育经费在同级教育经费支出中占有合理比例。

2011 年 11 月 7 日，为贯彻落实国务院《关于当前发展学前教育的若干意见》，推动学前教育健康快速发展，青海省人民政府以青政〔2011〕76 号《关于印发青海省发展学前教育实施意见》，以增强对发展学前教育的重要性和紧迫性的认识，采用多形式多渠道扩大学前教育的资源，同时也进一步加大了财政对学前教育发展的支持，更好地实施学前教育三年行动计划。

近年来，青海省坚持以习近平新时代中国特色社会主义思想为指导，全面贯彻党的十九大和全国全省教育大会精神，基于“办好学前教育、实现幼有所育”的目标，依托三期学前教育行动计划的实施，使幼儿园办学条件不断改善，教师队伍建设得到强化，学前教育资源总量不断扩大，普惠性学前教育资源供给不断增强，政策保障体系和投入机制不断完善，治理能力和监管能力进一步加强，基本构建了大村独立办园、小村联合办园或附设幼儿班，不具备条件地区设立巡回支教点的学前教育格局。

为保证学前教育的发展，青海省相继出台《关于进一步加快学前教育发展的意见》《青海省第三期学前教育行动计划实施意见》《贯彻落实〈中共中央国务院关于学前教育深化改革规范发展的若干意见〉的实施方案》等文件，围绕扩大资源总量、健全保障机制、加强教师队伍、强化监督管理、促进规范发展、提升保育和教育质量等方面建立了健全的政策保障体系。

为解决“入园难”“入园贵”的问题，省内按照目标导向和保障机制相结合的原则，不断扩大对学前教育普惠性资源的供给，仅仅在“十三五”期间，投入建设资金累计 22.38 亿元，幼儿园新建 337 个，增加学位 38971 个，省内幼儿园数量从 2015 年的 1525 所增加到 2020 年的 1824 所；在园幼儿从 18.42 万人增加到 22.71 万人，学前教育三年毛入园率也由 2020 年的 80.74%提高到 91.83%，增加了 11.09 个百分点。同时，普惠性民办幼儿园认定和城镇小区配套幼儿园治理工作也在积极推进，到目前，省内有民办幼儿园 510 所，其中普惠性民办园 482 所，在园幼儿 82932 人，全省普惠性资源覆盖率达到 97.69%。

为不断完善学前保障体系，青海省在学前一年资助政策覆盖全省所有幼儿园的基础上，从 2016 年起，实施学前三年教育资助政策，按每年幼儿生人均 1200 元进行补助的标准建立了学前教育生均公用经费补助标准，青海省六州所有在园幼儿和西宁、海东两市贫困家庭在园幼儿享受资助政策。从 2016 年到 2020 年，省内下达学前三年补助资金累计 7.579 亿元，惠及在园幼儿累计 76.1165 万人。2021 年，省财政厅、教育厅印发《关于建立学前教育生均公用经费拨款制度的通知》，明确了公办幼儿园生均公用经费标准、支出范围和资金来源，健全了学前教育保障机制。

为强化教师队伍建设。针对学前师资不足的问题，2015 年始，青海省内实施政府购买学前教育服务试点工作。2015 年以来，投入省级补助资金累计 6.97 亿元，购买保育和教育岗位 9.29 万个。学前教育的师生比从 2013 年的 1：35.7 降低到 2020 年的 1：17.43，很大程度上缓解了学前教育专任教师不足、流动性大的问题。同时，加大教师培训力度，2014 年以来，连续培训 2 万多人次，年培训保持在 3000 人次以上，学前师资队伍整体素质明显提升。

为进一步加强幼儿园管理，提升办园质量，省内不断强化源头监管，严格幼儿园准入制度，实行公办幼儿园年度考核、民办幼儿园登记注册和年检制度。积极开展幼儿园等级评定和省级示范园评估认定工作。到目前为止，已认定评估了省级示范幼儿园 38 所，这为推进区域学前教育发展中发挥了示范引领作用。同时，积极开展“小学化”、无证幼儿园等专项治理，进一步规范办园行为，提高科学保育和教育水平。

党的十九大把教育放在优先发展的战略地位，明确提出要“办好学前教育”“幼有所育、学有所教”。幼有所育，就是对 0—6 岁儿童的养育、抚育，既是保育，也是教育，关系到儿童的身心健康发展，早期的养育状况将对儿童终身发展产生重要的影响。

2019 年 5 月，国办印发《关于促进 3 岁以下婴幼儿照护服务发展的指导意见》提出，到 2020 年，初步建立婴幼儿照护服务的政策法规体系，建立一批有示范效应的婴幼儿照护服务机构。到 2025 年，基本健全婴幼儿照护服务的政策法规体系和标准规范体系，基本形成多元化、多样化、覆盖城乡的婴幼儿照护服务体系。国务院总理在 2019 年全国两会上做政府工作报告时指出，婴幼儿照护事关千家万户。要针对实施全面两孩政策后的新情况，加快发展多种形式的婴幼儿照护服务，支持社会力量兴办托育服务机构，加强儿童安全保障。

到 2020 年，青海省基础教育发生了格局性变化。省教育系统筹集 30 多亿元资金改善办学条件，其中学前儿童人均校舍面积增幅达到 1%，省内学前教育毛入园率超过全国平均水平，青海省 45 个县（市、区）中已有 32 个实现了学前教育全面普惠。

二、青海省学前教育政策

（一）青海省教育事业“十一五”发展规划——学前教育

教育是一个国家和民族最根本的事业，是人民群众未来幸福生活的基础。“十一五”时期，即从2006年开始到2010年止，是青海省经济和社会发展的关键时期，也是教育改革和发展的重要战略机遇期。为了确保教育事业在新的起点上实现全面、健康、协调发展，特制订教育事业“十一五”发展规划。“十一五”期间，青海省委、省政府坚持把优先发展教育、提高人口素质纳入全面建设小康社会和构建和谐青海的重要目标，按照“全面推进、突出重点、抓住关键、重在落实”的原则，着力实施新世纪素质教育、农牧区“两基”攻坚、薄弱学校改造、教育信息化建设、职业教育与培训、高等教育发展与创新、教师素质提升、资助贫困生“八项工程”，着力解决实施素质教育、促进教育公平、调整布局结构和改善办学条件等方面的突出问题，有力促进了全省教育工作持续健康发展。

青海省“十一五”学前教育发展目标完成情况主要有：学前教育毛入园率从2005年的25%增长到2010年的60.4%，绝对增长率为35.4%，年均增长率为7.08%。适龄儿童入园（班）总数从2005年的8.26万人增长到2010年的11.20万人，绝对增长2.94万人，年均增长0.59万人。西宁市、格尔木市市区，西宁市、海东市所辖各县县镇，各州州府所在地县镇基本普及学前三年幼儿教育。农牧区基本普及学前一年教育。

（二）青海省教育事业“十二五”发展规划——学前教育

2011年，省教育厅协同省发改委联合向教育部、国家发展和改革委员会报送《青海省农村学前教育推进工程建设规划（2011年—2015年）》。根据规划，到2015年，青海省将形成县有示范性幼儿园、乡镇有中心幼儿园、村级有小型幼儿园、小学附设学前班和巡回教学点的学前教育网络。“十二五”期间，省内建设、改造幼儿园1913所，其中县级幼儿园占61所，乡镇幼儿园占422所（小学附设学前班45个），村级幼儿园1430所（小学附设学前班710个，巡回点175个）。规划总投资20.82亿元，其中申请国家农村学前教育推进工程建设资金 8.65 亿元，申请国家财政支持学前教育发展建设资金 7.59 亿元。其余部分通过地方各级财政预算安排、发达地区对口支援、吸引社会资金、举办部门（单位）投资等渠道解决。国家安排省内农村学前教育推进工程试点项目 7000 万元。通过这些工程的实施，到 2015 年，全省学前教育机构将达到 2095 个，学前教育在园（班）人数达到 19.3 万人，全省幼儿入园率达到 85%；幼儿园园舍面积达到 148 万平方米，生均园舍达到 7.5 平方米，基本满足农村幼儿入园（班）需求。

“十二五”时期，是青海省教育改革和发展的重要战略机遇期，也是青海省教育推进跨越发展、绿色发展、和谐发展、统筹发展和全面建设小康社会的关键时期。根据青海省委十一届九次全委会精神和《青海省国民经济和社会发展第十二个五年规划纲要》《青海省中长期教育改革和发展规划纲要（2010—2020)》(青发〔2010〕17 号)、《青海省 2010—2020 年教育重点工程实施方案》(青政办〔2010〕215 号)、《青海省教育体制改革试点工作方案》(青政办〔2010〕214 号）的总体思路，按照“科教兴青”“人才强省”的发展定位，以“四个发展”为指导，以创新发展模式、增强发展活力、提高发展质量为目标，在认真总结“十一五”时期全省教育改革和发展经验的基础上，确定教育发展的“时间表”和“路线图”，研究制定“十二五”全省教育改革和发展规划。规划的制定和实施，对于增强发展信心，勇敢迎接挑战，大力发展全省教育事业，全面提高教育水平，切实加强人力资源开发，推动全省经济社会等各项事业全面、协调发展具有重大现实意义。

教育是民族振兴、社会进步的基石，也是提高国民素质，促进个体全面发展的途径。在“十二五”期间，学前教育的普及程度大幅提高，2011 年全市顺利通过“两基”国检。在 2015 年学前一年、学前三年毛入学率相比 2010 年分别提高 22.3%、21.1%，学前三年毛入学率已提前五年完成 2020 年国定目标，超出国家教育事业发展目标 31.1%。学前教育事业的快速发展，促进了《西宁市“十二五”教育发展规划》各项目标任务的圆满完成，全市主要发展指标也达到了国内教育发达地区平均水平，社会对西宁教育的满意度进入全国省会城市和计划单列城市第 6 名。

自“十二五”规划以来，青海省各个地区通过扩大办学资源、创新办园模式、实施资助政策、加强教师培训等措施，提高了学前教育普及程度。截至2015年年底，青海省在园幼儿由2010年的11万人增加到18万人，增长65%，学前三年毛入园率由2010年的60.4%增加到80.74%。同时，青海省依据人口分布和流动趋势等情况，将幼儿园的建设归入城乡公共服务设施配套建设规划，并向民族地区、农牧区和贫困地区及困难群体进行倾斜。除此之外，实施奖补政策，采用查漏补缺的办法，补配公办园保育和教育设备，对民办园进行补助，奖补接收进城务工人员随迁子女入园的幼儿园，改善了全省各类幼儿园的办园条件。农牧区学前教育发展较快，全省城区、镇区和乡村幼儿园中，乡村幼儿园近千所，占全省幼儿园总数的65.5%。

（三）青海省教育事业“十三五”发展规划——学前教育

“十三五”期间，学前三年毛入园率2016年达到102%，2017年达到103%，2018年达到103.8%，2019年达到104.5%，2020年达到105%，为保证2020年前全省15年免费教育全覆盖，为达到在2020年学前三年教育毛入园率达105%以上，学前教育保育和教育人员配备、办园条件达到省级办园标准。青海省大力推进学前教育普及普惠。强化全市各级政府对学前教育的统筹职能，建立政府主导、社会参与、公办民办并举的办园体制，大力发展普惠性幼儿园，扶持民办幼儿园。以幼儿方便就近入园为原则，统筹规划，科学布局，通过新建、改扩建、利用闲置校舍、“走教点”改造，严格落实城市（镇）新建和改造小区配套幼儿园建设要求，鼓励支持企事业单位和集体办园等方式，扩大学前教育资源供给，力补学前教育发展短板。加强农村幼儿园建设，每个乡镇至少办1所达市级一类幼儿园标准的公办中心幼儿园，村级幼儿园都要建成合格园，实现人口聚集乡、村学前教育资源全覆盖。支持普惠性民办教育发展，采取政府购买服务等措施，建立普惠性幼儿园经费补偿长效机制。严格执行幼儿教师资格标准，建立农村“走教点”幼儿老师政府购买服务制度，完善幼儿园设置、管理、督导和评估机制。全面落实《3—6岁儿童学习与发展指南》，遵循教育规律和幼儿身心发展规律，普及科学保育和教育方法，以游戏为主，保育和教育结合，寓教于乐，促进幼儿健康快乐成长，防止和纠正学前教育“小学化”倾向。密切幼儿园与家庭的保育和教育合作，提供多样化的学前教育指导与服务。推进托幼一体化建设，鼓励优质公办园依托社区资源，进行科学规范的早教试点，初步形成家庭、幼儿园和社区相结合的早期教育服务中心。

青海省在学前教育事业上以扩资源、增普惠、强队伍、提质量、抓规范、促改革为主要任务，并结合学前教育发展的实际，构建了覆盖城乡、布局合理、普及普惠、适应需求、就近方便的市、县区、乡镇、村四级学前教育网络，“入园难”“入园贵”等问题得到有效缓解，学前事业迎来空前的繁荣发展。

（四）青海省教育事业“十四五”发展规划——学前教育

2019年，全省学前教育毛入园率达到90.69%，“十三五”规划目标提前实现。“十四五”规划推动学前教育高质量发展，学前教育普及普惠发展，多渠道增加普惠性资源，实施第四期学前教育行动计划。坚持省、市（州）统筹，以县（市、区、行委）为主的学前教育管理体制，大力发展公办园，鼓励和支持社会力量办园，不断扩大普惠性学前教育资源。

结合城镇化需求加大城镇公办园建设力度，优化学前教育布局与办园结构，全面提升县域学前教育普及普惠水平和公办幼儿园在园幼儿比例。严格落实城市（镇）新建和改造小区配套幼儿园建设要求，巩固治理成果，加大农牧区幼儿园建设力度，重点提高学前教育发展薄弱地区普及水平。改善西宁市、海东市等人口密集地区办园条件，因地制宜探索建立集团化办园体制，形成县城示范园、乡镇中心园、大村独立园、小村联合园、巡回支教点（季节班、流动幼儿园）相衔接的学前教育资源供给体系。

规范学前教育办园行为。进一步强化对幼儿园教职工配备、收费行为、安全防护、卫生保健、保育和教育质量、经费使用以及财务管理等方面的动态监管，严格落实年检制度。核定幼儿园办园成本，提高公办园收费标准，并建立动态调整机制，引导和支持民办园提供普惠优质服务，加强对民办园的成本核查和收费监管，杜绝过度逐利行为。全面整治无证园，建立健全无证园治理工作长效机制，加强源头管理，严格准入制度。

规范学前教育招生行为，优化招生工作流程。

在“十四五”规划中指出要“学有所教”，加大西宁市、海东市办学支持力度，合理有序扩大城镇学校学位供给，加强教学点规范设置与管理。加强师资队伍建设。优化教师资源配置，畅通城乡教师双向交流渠道。继续实施国培省培计划、教师教育信息技术应用能力提升工程，完善教师交流轮岗制度，落实艰苦边远地区津贴。保障进城务工人员随迁子女平等接受教育权利。

完善学前教育保障机制。持续加大学前教育教学岗位补助支持力度，提高幼儿园教师资格学历标准，全面推行教师资格考试与定期注册制度。完善保育和教育人员待遇和社会保险保障机制，建立薪酬逐年增长机制。强化幼儿园教职工配备、收费行为、安全防护、卫生保健、保育和教育质量、经费使用以及财务管理等方面的动态监管。核定幼儿园办园成本，适当提高公办园收费标准并建立动态调整机制。引导和支持民办园提供普惠优质服务，加强民办园成本核查和收费监管，杜绝过度逐利行为。

提升幼儿园保育和教育质量。落实《3—6 岁儿童学习与发展指南》《幼儿园教育指导纲要》，坚持以游戏为基本活动，推动幼儿园课程游戏化、生活化，坚决防止幼儿园小学化倾向。充分发挥示范园辐射带动作用，促进城乡优质学前教育资源共享。建立完善幼儿园保育和教育质量评估标准，加强办园行为督导评估。全面整治无证园，建立健全无证园治理工作长效机制，加强源头管理，严格准入制度。规范学前教育招生行为，优化招生工作流程。

到 2035 年，基本实现教育现代化，各项主要指标达到全国平均水平，打造具有青海优势和特色的现代教育体系，为青海与全国同步基本实现社会主义现代化发挥关键支撑作用。到 2025 年学前教育毛入园率西宁市达到 99%，海东市达到 92. 5%，海北藏族自治州达到 96%，黄南藏族自治州达到 96%，海南藏族自治州达到 98. 5%，果洛藏族自治州达到 90%，玉树藏族自治州达到 90%，海西蒙古族藏族自治州达到 99%。

（五）《青海省县域学前教育普及普惠督导评估工作实施方案》

为贯彻落实省委办公厅省政府办公厅《青海省贯彻落实〈中共中央国

务院关于学前教育深化改革规范发展的若干意见〉的实施方案》（青办字〔2019〕118号）精神，不断提高全省学前教育普及普惠水平，根据教育部《县域学前教育普及普惠督导评估办法》（教督〔2020〕1号）要求，结合青海省实际情况，2020年6月24日，青海省人民政府教育督导委员会印发《青海省县域学前教育普及普惠督导评估工作实施方案》（以下简称《方案》）。

《方案》以习近平新时代中国特色社会主义思想为指导，全面贯彻党的十九大精神和党的教育方针，认真落实立德树人根本任务，遵循学前教育规律，牢牢把握学前教育正确发展方向，完善学前教育体制机制，健全学前教育政策保障体系，推进学前教育普及普惠安全优质发展，满足人民群众对幼有所育的美好期盼，为培养德智体美劳全面发展的社会主义建设者和接班人奠定坚实基础。

《方案》的工作目标是通过推进县域学前教育普及普惠，努力构建覆盖城乡、均衡发展、体制顺畅、充满活力的学前教育公共服务体系，增加普惠性学前教育资源，提高学前教育普及率。从2022年起，结合规划目标，在县（区）级自评、市（州）级核查的基础上，由省人民政府教育督导委员会办公室组织开展对各地县域学前教育普及普惠工作省级督导评估，对县域学前教育普及普惠工作成绩突出、各项指标达到国家要求的县，按程序申报国家验收，力争2030年前全面实现县域学前教育普及普惠督导评估工作目标。

第二节　青海省幼儿园建设的历史

1987年青海省三毛幼儿园建立，这是由国家投资筹办的省级一级一类幼儿园，占地面积17亩，建有集教育保育和教育、师资培训、教学科研为一体的有6000平方米的三层保育和教育楼。幼儿活动场地3674平方米，绿化园地1000平方米。师资力量雄厚，教学设备完善，设计管理规范，符合国家教委“幼儿园建筑面积定额”的标准。2004年被青海省直属机关精神文明建设指导委员会评为2002—2004年度省直机关文明单位。2005 年被省教委评为省级示范幼儿园；被共青团青海省委授予“青年文明号”；被西宁市卫生局评为食品卫生等级 A 级单位。2006 年被青海省城镇妇女“巾帼建功”领导小组授予全省“巾帼建功文明示范岗”；被中华全国总工会评为“女职工建功立业标兵岗”；该园党支部被中共青海省委评为“先进基层党组织”；被中共青海省直属机关工委评为“先进基层党组织”。2007 年被中华全国妇女联合会，全国妇女“巾帼建功”活动领导小组评为“巾帼文明岗”；幼儿园党支部多次被省妇联机关党委评为先进党支部。

青海省六一幼儿园创办于 1984 年 10 月，隶属青海省妇女联合会，为公益二类事业单位，是一所集保育教育、师资培训、教学科研为一体的省级示范幼儿园。幼儿园以“尊重教育”为办园理念，以培养喜爱运动、文明有礼、善思乐学、勇于创造的新时代儿童；培养德高身正、勤学勤思、专业精湛、务实创新的新时代教师为目标，为儿童一生的幸福奠基。幼儿园不断深化“一园多址”的管理模式，探索“示范引领、联合办园、管理输出”的思路，创新示范引领工作方式，形成了集团化办园的新格局，充分发挥省级示范幼儿园的引领作用。青海省六一幼儿园总园和分园两园，总园占地面积 5600 平方米，15 个教学班；城东宁信院分园 2002 年 3 月开园，占地面积 1160 平方米；城北国际村分园 2017 年 9 月开园，占地面积 2858 平方米。三园教职工共 168 人，其中总园 97 人，专任教师 60 人，(其中总园占 34 个，总园和分园总计高级职称 5 人，中级职称 30 人)。青海省基础教育领域“昆仑英才 · 教学名师”1 名，西宁市城西区名园长工作室 1 个，城西区名师工作室 2 个。

青海省不断加大对学前教育的投入。如在平安区实施的“山村幼儿园计划”让适龄的幼儿全部得以上学；在天峻县，草原上的孩子进入“免费幼儿园”；在海南州，幼儿家长说：“娃娃在幼儿园里长大，我很放心。”

为更好地建设青海省城镇校区配套幼儿园，2019 年省住房和城乡建设厅会同省委编办、省发改委、省教育厅、省民政厅、省财政厅、省自然资源厅联合印发《青海省城镇小区配套幼儿园建设管理办法》（以下简称《办法》），立足于省内实际情况，从城镇小区配套幼儿园的规划、建设、移交、使用、监管等方面提出 21 条具体措施。

在《办法》中明确提到，配套幼儿园应当由当地政府统筹安排，优先建立公办园，像条件不具备的可以委托办成普惠性民办园，但是不得办成营利性民办园。《办法》中还规定，编办、发展改革、教育、民政、财政、自然资源部门要按照职责分工，负责做好配套幼儿园建设管理相关工作，确保配套幼儿园与首期建设的居住小区同步规划、同步设计、同步建设、同步验收、同步交付使用。教育部门要会同发展改革、自然资源等部门，依据国土空间规划，参照幼儿园建设标准，结合城镇发展、人口增长和学前教育发展实际，科学编制住宅小区配套幼儿园布局规划。自然资源部门应将城镇小区配套幼儿园布局规划纳入县市级国土空间规划及详细规划，保证幼儿园的规模、数量与城市发展和人口增长相适应。

针对配套幼儿园建成后的收尾工作，《办法》明确指出，配套幼儿园建成后，建设单位应及时组织竣工验收，竣工验收不合格的，在整改完成前不得投入使用。因建设单位原因未达到配套幼儿园建设要求的，有关部门应责成建设单位尽快补建到位，对拒不执行的，应及时将有关单位的不良信用记录纳入全省信用信息共享平台（青海），并在信用中国（青海）网站公示，实施联合惩戒。各地要根据本《办法》，出台配套幼儿园建设和管理的实施办法，对规划、建设、移交、举办、管理、使用、收费、回收、补建等作出具体规定。自2019年以来，按照国务院和青海省部署组织开展城镇小区配套幼儿园专项治理工作，依据“政府主导、部门联动、属地负责、分类施策、依法整治”的原则，不断扩大城镇普惠性学前教育资源。截至2019年年底，全省共有1816所幼儿园，其中民办幼儿园有546所，普惠性民办园达到428所；共有在园幼儿214919名，其中196682名在普惠性幼儿园就读，普惠性幼儿园覆盖率达到91.51%，相比2016年提高了38.5个百分点。普惠性学前教育资源不断扩大，幼儿园办园条件明显得到改善，全省“入园难”“入园贵”问题基本得以解决。

自2018年开始，青海省幼儿园将启动标准化建设，1月30日实施的《关于进一步加快学前教育发展的意见》中明确指出，到2020年，全省幼儿园办学条件要基本达到省级标准。随着省委省政府对学前教育发展的高度重视，伴随一系列政策措施的发布，学前教育办学资源逐步扩大普及程度进一步的提高，青海省学前教育“入园难”的问题得到极大缓解，学前教育的发展也呈现出蓬勃发展的良好态势。省内在当时仍然存在办学资源短缺、教师队伍建设滞后、保育和教育质量参差不齐的问题，尤其是幼师数量短缺、待遇不高、职业吸引力不足等问题，但是省内针对存在的问题进一步完善了学前教育普惠健康发展的体制机制，突出标准化建设、教师队伍建设和规范化管理，以进一步提升全省学前教育发展水平，不断满足人民群众对接受良好学前教育的需求，由此实现“幼有所育”目标。

到 2020 年，全省幼儿园办学条件基本达到省级标准，学前教育教师配备机制和工资待遇保障机制初步建立，幼儿园规范化管理水平显著提高，办园行为进一步规范，覆盖城乡、布局合理、适应需求、就近的县乡村三级学前教育网络进一步完善，全省学前教育三年毛入园率达 85%以上，其中西宁市、海西蒙古族藏族自治州达到 105%，海南藏族自治州、海北藏族自治州达到 93%，海东市达到 85%以上，玉树藏族自治州、果洛藏族自治州、黄南藏族自治州达到 70%以上。

为了更好地满足幼儿接受学前教育需求，在办园时按照幼儿园一般不超过 360 人的标准办园规模，科学规划，合理布局，完善以独立设置幼儿园为主、中小学附设幼儿园（班）为辅、巡回支教点为补充的学前教育办学格局。此外，为了着力加强民族地区幼儿园建设，省教育厅加大了公办幼儿园发展的力度，将学前教育基础设施建设项目向农牧区、城乡接合部公办幼儿园倾斜，将重点放在建设村级幼儿园，并采用“大村独立办园、小村联合办园”的方式。同时，为扩大学前教育办学资源，省教育厅中小学布局调整后的富余教育资源和其他富余公共教育资源优先用于举办公办幼儿园。

为落实城镇小区配建幼儿园，省级教育部门牵头会同住建等部门制定《城镇小区配套幼儿园建设管理办法》。老旧城区、棚户区改造和新城区建设要结合实际按需配建幼儿园。新建小区配套幼儿园要与小区同步规划、同步建设、同步交付使用，未按规定安排配套幼儿园建设的小区规划不予审批。对不具备配套幼儿园建设条件的城镇住宅小区，开发商要上缴幼儿园建设费，由当地政府统筹用于配建幼儿园和学前教育设施建设。城镇小区配套幼儿园作为公共教育资源由当地政府统筹安排，举办公办幼儿园或委托办成普惠性民办幼儿园。各级政府要开展城镇小区配套幼儿园专项整治，对未按规定建设或移交、没有办成公办或普惠性民办幼儿园的要全面整改，2018 年年底前整改到位。

在幼儿园标准化建设方面，依据不同年龄儿童的保育、教育需求，对幼儿园生活类和教学类设施设备、玩教具及图书设置相应标准，制定《青海省幼儿园基本建设标准》《青海省幼儿园设施设备配备标准》，设置幼儿园建设规模、建设项目选址、规划布局、建筑面积等标准。

对于学前教育的发展，到 2021 年，青海省三毛幼儿园和六一幼儿园这两大园充分发挥了省级示范幼儿园引领辐射带动的作用，积极推动了集团化举办幼儿园、开展了城乡教育联盟形式，帮助民办幼儿园更新教育教学方法、提升教育教学质量，有效促进了城乡学前教育均衡发展。两大幼儿园以“名园长、名师工作室”为依托，积极开展教研活动，组织教职工积极参加各项职业技能竞赛，在职业技能大赛的带动下，教师的教学能力有了很大的提升。

建构家园联动中心站，通过“线上+线下”召开家委会、家长会、家访活动等，为家长提供家庭教育指导服务，引导家长树立正确的教育观和成才观。开展线上亲子课堂、家园“图书漂流”活动，有效提升家园共育质量。同时，贯彻落实“以游戏为幼儿园基本活动”的教育理念，开展游戏实践教学，增设小太阳机器人教室、创意美劳室、改造玩沙玩泥区等自然开放的活动环境，打造“红色文化教育”课程体系，开展“红色精神薪火相传”“保护三江源　我们在行动”“民族团结一家亲”等主题教育活动，促进养成幼儿的良好品德。

两大园与 14 所民办园开展教育联盟，搭建交流共享、互学互通的平台，为全省骨干教师开展分层分类培训 400 余人次，为学前教育专业学生提供实习见习岗位 232 人次，完成“走园”教育教学任务 35 次，组织开展研修培训 127 场次，受众教师达 2600 人次，带动区域幼教成长，不断推进学前教育优质均衡发展。

第三节 青海省学前教育师资建设的历史

一、师德建设

青海省位于我国西部地区青藏高原东北部，以畜牧业为主。由于其特殊的地理位置和欠发达的经济情况导致学前教育事业进展并不顺利。在早前，我国学前教育教师资格制度本身不完善，对学前教育缺乏明确具体的教师资格和考核标准，这致使无证上岗的教师规避教育管理人员的审查，甚至出现教师在不同幼儿园之间游走的“流动怪象”。

由于学前教育教师面临的是幼儿这批特殊的儿童，使得教师感觉工作压力大，教学任务繁重，加之缺乏正规有效的培训，经济待遇和社会地位不高，使得教师很难维持应有的专业发展动机。近年来，青海省政府高度重视教师队伍的建设，将教师置于教育事业更加突出的战略位置，优先谋划、优先保障、优先满足。使得青海省教师队伍整体素质大幅提升。

树人必先立德，以德立身、以德立学、以德施教。为进一步深入强化“育人为本，德育为先，全面发展”的教育理念，根据《关于全面深化新时代教师队伍建设改革的实施意见》等重要文件，规范教师从教行为，增强教师育人本领，全面落实新时代幼儿园职业行为准则，建立“师德失范行为”每年两次通报警示制度。并在全省各级各类学校教师中积极开展师德师风专题教育，引导广大教师坚定信念，培养高尚师德。

在教育中，教师从来不只是知识的传授和智慧的启迪者，更多是德行的培养和品格的培育者。在深入推动师德师风建设的同时，提升教师的专业素质能力也是迫在眉睫，为此青海省加大了对师范类院校支持的力度，并实施教师教育振兴行动计划，以全面提高学前教育教师的质量。与此同时，也创新实施了“国培计划”“省培计划”等教师培训工作。在“国培计划”“省培计划”的大力实施下，全省各级各类中小学幼儿园教师，尤其是农牧区、贫困地区教师教育教学综合素质得到大幅提升。越来越多教师正在将全部精力和满腔真情献给教育事业，培养德智体美劳全面发展的社会主义建设者和接班人贡献智慧和力量。

二、师资建设

教育部在《关于加强幼儿园教师队伍建设的意见》中明确规定："幼儿园要严格准入，教师需取得相应的教师资格证书，具有其他学段的教师资格证书的教师要到幼儿园工作，应在上岗前接受教育部门组织的学前教育专业培训。"

针对幼儿教师持证率较低的情况，到2013年为止，西宁市幼儿园园长持证率仅仅只有33.3%，保育和教育人员持证率只有67.4%。目前，西宁市幼儿教师的持证率还是比较低的，实行幼儿教师资格准入制后可提高幼儿教师的素养。从2014年起西宁市逐步实行幼儿教师资格准入制，幼儿教师"持证上岗"。严格执行幼儿教师资格认定制度，幼儿园园长、专任教师、保育员、保健人员等均应取得岗位任职资格。

幼儿教师"持证上岗"不仅是要杜绝社会上频繁出现的幼儿园虐童等事件的发生，更是要提高幼儿教师的水平，整体提升幼儿教师的专业素质。以前担任幼儿园教师具有初中文化水平就可以，学前教育教学水平低下。"现在需要中专以上学历才能够取得幼儿教师资格证，并且还需要一系列的培训和考试"。

为严把师资入口关，青海省教育厅统筹教师招录工作，改革笔试科目，2021年将笔试科目中的《综合应用能力》调整为《教师综合素质》，修订《学科专业素质》《教师综合素质》考试大纲，使考试内容更符合教师岗位的知识技能要求；同时提高专业科目分值占比，由原来占比60%的笔试成绩和占比40%的面试成绩调整为各占50%。

三、教师队伍建设

"下不去、留不住、教不好"是曾经对青海省广大乡村教师工作状态的写照。建立一支素质过硬、稳定性高的乡村教师队伍，这不仅是党中央关心的问题，也是社会关注、群众关切的问题。建立国家省市县乡村教师荣誉制度，实施给予优秀教师在省内享受国有旅游景区（点）半价优惠及公共场所开辟绿色通道。优化政策实行本科毕业生基层任教学费奖补政策，鼓励引导优秀人才到基层任教。积极争取国家支持，“十三五”时期以来，建成近1万套农村学校教师周转房。

教育大计，教师为本，在青海省西宁市“十三五”教育改革和发展规划中指出，对于教师的要求应当遵循教育发展和教师成长的规律，作为教师，“有理想信念、有道德情操、有扎实学识、有仁爱之心”的“四有”是教师要求，教师工作的出发点和落脚点就是促进学生健康。强调要加强和改进师德师风建设，加强和改进校长教师管理，提升教师队伍专业能力，激发广大教师教书育人的积极性和创造性。

教师是传播知识、传播思想、传播真理的工作，是塑造灵魂、塑造生命、塑造人的工作，理应受到尊敬。要在全社会弘扬尊师重教的良好风尚，就要把师德工作摆在教师队伍建设的突出位置。为引导教师教书育人、敬业爱生、遵纪守法、为人师表，在教师职前培养、准入，职后培训和管理各环节将师德融入。为引导广大教师自尊自律自强，做学生敬仰爱戴的品行之师、学问之师，做社会主义道德的示范者、诚信风尚的引领者、公平正义的维护者。在探索新形势下师德建设的特点和规律的基础上，健全完善教育、宣传、监督、考核与奖惩相结合的师德建设工作长效机制，建立师德档案，健全教师职业行为准则和学校、教师、家长、学生、社会“五位一体”的师德师风监督网络，健全教师职业道德评价、考核、奖惩制度，并将考评结果作为教师聘任、绩效考核、职称评聘、评优奖励、教师资格注册的主要内容，实行师德一票否决制。

为加强和改进校长教师管理，决定建立城乡义务教育教职工编制统筹配置机制和跨区域调整机制，以逐步解决教师编制少的问题，探索教师有效补充方式，实行教职工编制城乡、区域统筹和动态管理，盘活编制总量，建立教师临时周转编制专户。

积极打造一支教科研能力强、研究水平高、省内外有一定影响力、符合现代教育发展要求的教研队伍。提倡广大教师要关爱学生、严谨笃学、淡泊名利、自尊自律、以人格魅力和学识魅力教育感染学生，做学生锤炼品格的引路人，做学生学习知识的引路人，做学生创新思维的引路人，做学生奉献祖国的引路人。

有好教师才有好教育，一支稳定且专业的教师团队，可以推动学前教育事业更好更快的发展，这是青海省学前教育的共识。学前教育的快速扩充和普及率的不断提高，幼儿教师编制短缺、数量不足、稳定性差等问题也逐渐凸显。

针对这些问题，青海省通过政府购买服务的方式来解决。首先，2019年青海省政府花费1.24亿元购买学前教育保育和教育岗位，购买保育和教育岗位共13691个，这一方式青海省已经推行了5年，已实现区县全覆盖。其次，青海省按照“县级实施，省级奖补”的原则，县（区）教育部门按照购买程序，编制购买计划，省级按照每个岗位每月700元给予奖补。从2019年开始，每个岗位每月又增加了50元。同时，落实购买资金，公开相关信息，签订购买合同，组织实施并对项目实施进行全过程督导检查。据西宁市城中区龙源幼儿园园长说：“政府购买保育和教育服务，有效缓解了我园师资不足、教师待遇不高和队伍不稳的问题，教师动力足了，也能更好地助力学前教育的发展。”

在事业单位编制容量有限的条件下，作为经济发展相对较好的区县，祁连县政府先行先试，成立以主管教育的副县长为组长的幼儿教师招聘工作领导小组，以人均年收入不低于当地平均工资为目标，先后分三批招聘同工同酬编外幼儿教师151名。“虽然是编外编制，但跟在编教师享受同等岗位工资，同样足额足项缴纳‘五险一金’，我很有职业幸福感。”祁连县八宝镇第一幼儿园教师10月份的工资是6000多元。

为提升幼儿园园长、专任教师、保育员的专业素养，青海省制定了幼儿教师队伍培训规划，建立了国家、省、州、县（区）学前教育四级培训体系，通过“走出去”“请进来”“送教、跟岗”等方式，有计划、分层次开展园长、骨干教师培训和农村幼师全员培训，一些好的政策还在向幼师倾斜。

西宁市城北区实施了幼儿教师学历达标提升计划，通过政府负担学费的方式，支持和鼓励幼儿教师按照专业对口的原则参加学历提升学习，已有301名教师通过学习提升了学历。多种举措并举的情况下，青海省学前教育教师队伍增“量”提“质”，相比2014年，教职工增加了1.05万人，专任教师增加了6226人，师生比由1∶28.43提高到1∶17.75，学前教师学历水平、持证人数逐年提升。

政府把标准化建设作为促进均衡发展的重要抓手，统一配备保育和教育设施，全县统一运用“6+2”（语言室、动作室、思维室、科学室、综合室、传统文化室+营养室、寝室）功能模块活动场所，进行标准化课程教学，加之政府统一招聘和定期培训教师队伍，基本保证了县域内学前教育的均衡发展。

州县幼儿园有了很大的差异。例如：兴海县采取了“帮扶结对”和“送教下乡”等形式组织开展支教活动，实现城乡幼儿园教育资源共享。2019年6月，在兴海县召开全省学前教育现场观摩会，以在省内推广“兴海经验”。同年10月，又从省内32所省级示范园中筛选7所，从帮助薄弱幼儿园明确办园定位、建立健全幼儿园管理制度、提高科学保育和教育水平、建设幼儿园师资队伍四个方面，以“1+1”或“1+×”模式，分别与海东市、海北藏族自治州、海南藏族自治州、黄南藏族自治州、玉树藏族自治州、果洛藏族自治州、海西蒙古族藏族自治州幼儿园一起开展集团化办园试点工作。

青海鼓励有条件的示范幼儿园以举办分园、承办新园、托管弱园、合作办园等多种形式，扩大区域内优质学前教育资源。大通县实施的学前教育集团化办园模式，形成了一园多址、品牌发展、特色发展的集团化办园格局，扩大了县城地区优质学前教育资源，带动了乡镇中心幼儿园科学发展。西宁市城中区乡村薄弱园与区域内优质园联起手来，公开选拔青年骨干教师兼任薄弱园园长助理，依托城市优质园和农村乡镇中心幼儿园，建立学习共同体，开展教育教学研究和保育和教育实践经验交流，加大了优质资源辐射力度。

第三章　青海省学前教育发展的重大事件

第一节　幼儿园教师的培养

为加强省内师范生公费教育管理，省教育厅与省委编办、省财政厅、省人力资源社会保障厅联合印发了《青海省师范生公费教育管理办法》。同时，从源头提升培养质量，着力解决农牧区教师结构性紧缺矛盾，大力培养小学全科及紧缺学科专业教师；根据各地紧缺学科教师的实际，重点围绕“三科”统编教材和适应高考改革需要，招生省内公费师范生（地方优师计划）并进行培养。

一、制定青海省幼儿园教师中高级职务资格评审条件

（一）青海省幼儿园教师中高级职务资格评审条件

为客观公正地评价幼儿园教师的教育教学水平和业绩，构建一支专业化、高素质的中小学教师队伍，结合省内幼儿园实际，制定了青海省幼儿园教师中高级职务资格评审条件。

从事幼儿园教育教学工作，应当具备《教师法》规定的合格学历，获取相应的教师资格证，对于符合教师专业技术职务任务资格资历、业绩成果等要求，可以申请认定或评审相应的教师专业技术职务资格。教师专业技术职务资格评审坚持公平、公正、择优推荐原则，按照省人事厅、教育厅《关于各类学校岗位设置结构比例控制标准的意见（试行）》（青人事

管字〔2007〕541号）要求设置高级、中级、初级专业技术岗位、并根据专业技术职务岗位需求情况择优推荐，以此保持教师队伍专业技术职务的合理结构。对于学前幼儿园教师来讲只有中级专业技术职务名称，即幼儿园高级教师。评审条件中的幼儿园教师是指青海省全省幼儿园教师，包含民办的幼儿园教师，按事业单位管理的各级教研、教育督导、电化教育、少年儿童校外教育机构及其他教育机构中具有教师资格的教育教学辅导人员。在评审条件中主要包括职业道德、学历、资历、岗位设置、考核等基本要求，其中资格审查由各级人事、教育行政部门负责；评审工作由各级人事行政部门批准设立的幼儿园教师专业技术职务评审委员会组织实施。

（二）资格资历

幼儿园教师必须拥护宪法，忠诚人民的教育事业，认真贯彻执行党和国家的教育方针，拥有良好的职业道德，遵纪守法，教书育人，为人师表，努力钻研业务，认真履行。贯彻实施素质教育，努力掌握并积极运用现代技术教育，完成学校规定的教学工作量，教学效果好。师德和教学水平考核在良好等次以上。每五年累计完成不少于240学时继续教育培训。对于年龄在45周岁以下的教师，在申报相应教师职务时必须有一年以上的基层（含本辖区薄弱学校）支（任）教经验，县级以上教育行政部门出具支（任）教证明。在乡以下学校连续任教20年以上，同等条件下可优先推荐申报。

申报教师职务须取得专业技术人员计算机应用能力考试合格证书，免试按青海省人事厅有关规定执行。乡以下（不含乡）学校教师暂不作要求，需出具县级教育行政部门证明。

对于专业技术职务认定，幼儿园教师需取得国家承认的全日制普通高校毕业证的毕业生，实行见习期满考核认定专业技术，其他非全日制学历，其初级职称由初级专业技术职务评审委员会评定。取得硕士学位的，见习一年期满，考核合格，可认定幼儿园高级教师专业技术职务资格。取得大学本科学历，见习一年期满，考核合格，可认定幼儿园一级教师专业技术职务资格。取得大学专科学历，见习一年期满，再从事教学工作2年，考核合格，可认定幼儿园一级教师专业技术职务资格。取得中等师范学历，见习一年期满，考核合格，可认定幼儿园二级教师专业技术职务资格。

对于专业技术职务晋升，幼儿园教师应具备《教师法》规定合格学历要求的，其任职年限包括任幼儿园一级教师 4 年，可申报幼儿园高级教师专业技术职务。

（三）业绩成果

幼儿园高级教师应具有较丰富的教学经验和必备的理论知识，努力钻研教材，研究教学规律，且具有相当的教研能力，教学方法得当。

二、“国培计划”

“中小学幼儿园教师国家级培训计划”，简称“国培计划”，自 2010 年开始在我国中西部地区全面落地实施。十几年来，青海省在省委、省政府的坚强引领下，在教育部的统筹规划下，省内教师培训坚持统一规划、分层分类实施，有力促进了“国培计划”在青海省各地区生根发芽，着实提高了教师队伍整体素养，为深化落实新时代教师队伍建设改革提供了坚实基础。

在“国培计划”开展十几年来，中央财政向青海省累计下达培训经费 3.26 亿元，除起步三年资金在 2000 万元以下，2013 年到现在青海省“国培计划”培训经费每一年度都在 3000 万元以上，其中有 5 年的经费在 4000 万元以上。在专项经费的大力支持下，青海省各区县中小学幼儿园教师，尤其是农牧区、贫困地区教师教育教学综合素质得到大幅提升。

“国培计划”的实施在数量和规模上开创了前所未有的教师培训新局面。十几年来支持省内培训中小学幼儿园教师、校园长超过 18 万人次。

随着信息时代的快速发展，教师教育教学的需求不断在变化，“国培计划”对教师培训方式方法也在不断创新。“国培计划”最开始的主要培训方式是置换脱产研修、短期集中培训和远程培训；在“国培计划”十年中期又增加了送教下乡培训、教师工作坊研修、访名校培训、跟岗研修、校园长“三段式”（集中培训+影子培训+返岗实践）等培训方式，全面丰富了教师培训方式方法，为切实提升教师教育教学能力提供多样的、扎实的基础。最近几年，省内又结合教师培训实施经验、针对主要存在的问题，举一反三、全面分析，在已有培训方式基础上，细化培训课程执行方式，逐步创新了跨年度、分阶段、递进式培训，专家讲座、示范观摩、案例分析、实践操作、实地考察、情景体验、成果展示、交流研讨、岗位实践、训后指导等多种方式，结合信息技术 2.0 背景下应运而生的同步、异步、混合式在线培训方式，做到了线下与线上相混合，理论与实践相结合，参训学习与返岗实践、训后指导相契合的针对性、实效性、可操作性更强的新时代教师培训模式。

青海省的“国培计划”紧随时代的脚步不断更新培训理念，不断在系统化、规范化、品牌化道路上下功夫。“国培计划”初始，省内中西部项目和幼师国培项目主要以乡村教师为重点，通过示范辐射作用，帮助区域内更多的中小学幼儿园教师、校园长解决教学中存在的实际问题，提高整体教育教学能力和专业水平。

自 2015 年开始，“国培计划”的重点放在了乡村教师队伍建设，采取以区县为单位、遴选项目县、重点支持的方式，扎实推进乡村中小学幼儿园教师和校园长培训，中西部项目和幼师国培项目重在采取多种混合式研修方式，提升全省各地区乡村中小学幼儿园教师和校园长教育教学专业化水平。

2019 年到现在，“国培计划”重点支持新时代教师队伍建设改革的决策部署，启动实施《青海省教师三年培训规划（2019—2021 年）》，坚持示范引领和强基固本并举，分别实施昆仑领航计划、骨干成长计划和能力提升计划，打造培训品牌，针对不同类型、不同层次、不同目标，有针对性地开展新时代“国培计划”，全面促进教师和校长专业发展，着力培养造就“四有”好教师，不断提升广大教师素质能力，努力建设高素质专业化创新型教师队伍。

在“国培计划”实施的十几年，青海省中小学幼儿园教师通过在“国培计划”中积极主动的学习、探究式的访学、浸润式的深造，在教育教学等各个方面得到了全面的提升。

教师教育教学水平得到有力提高。对不同阶段的教师安排参加不同类型的培训项目，有针对性地分层培训，在省内外高水平院校（机构）专家团队的理念引导和一线优秀教师、教研员的示范引领下，通过自身实践提升了教育教学能力，实现了从入职培训到青年提升，骨干成长到示范引领的前进。

教师综合素质得到大幅提升。“国培计划”课程指导标准融合师德修养、班级管理、专业发展三大模块，涵盖多样化的课程内容，真正丰富了教师的知识，增长了教师的能力，更新了教师的教学理念，切实提升了教师综合素质，为推动教育变革、提高教育质量，促进义务教育均衡发展、实现教育公平、基本实现教育现代化、建设教育强国提供了强力支撑保障。

教师教育视野得到很好开阔。遵循“国培计划”以人为本的原则，通过名校访学、优秀专家讲座、浸润式深造、学员之间的交流互动，教师既有理念上的洗礼，也有理论上的提高。既有知识上的积淀，也有教学技艺上的增长。实现了“专业引领、雪中送炭、转变理念、促进发展”的主要目标，职业生涯发展规划有了新的思考、新的目标，教师能以更宽广的视野去看待自己的教育教学工作，以更博大的情怀去走好自己的教学人生；更重要的是教师师德师风得到长足发展。

青海省教师培训坚持师德为先，实施融入渗透。把理想信念教育、师德师风教育、法制纪律教育作为教师培训的首要任务，实行“3+X”融入式培训，各类业务培训项目方案全部设置“思想政治”“师德师风”和“法制纪律”专题培训模块，筑牢教师师德底线，力争人人都是“四有”好老师，为加快提升学校党的建设和学校思想政治工作质量水平提供有力支撑。

三、“省培计划”

2014 年 4 月 22—23 日，青海省民族地区幼儿园园长培训班结束了第一阶段理论研修环节的学习，分别前往青海省委幼儿园、西宁市城西区第一幼儿园开始跟岗研修活动。通过实践观摩与研讨交流，参加培训的园长之间相互借鉴学习，相互交流探讨，并结合自身所在幼儿园的特点，打造出更符合幼儿身心发展规律的幼儿园课程和教育教学模式。

根据青海省教育厅关于全省教师培训规划相关要求，受省教育厅民族教育处委托，成人教育学院在 2015 年举办了青海省民族地区幼儿园园长、幼儿教师短期培训班。培训采取理论研修与实践观摩相结合的方式，对青海省民族地区幼儿园园长、幼儿教师进行有针对性的专业培训，使其在实施素质教育、促进学前教育发展等方面发挥示范引领作用，为民族地区学前教育的发展提供人才保障。

第二节　民办幼儿园的建立

党的十九大强调优先发展教育事业、办好人民满意的教育，首次提出实现“幼有所育”。青海省地处西北欠发达地区，缺少公办幼儿园，这使得社会力量办学的民办幼儿园成为学前教育的主体，然而民办的幼儿园师资、资金等无法得到保证，因而大多数幼儿园达不到教育部门审批的标准。学前教育质量满足不了社会不断增长的教育需求。

西宁市当前民办学前教育主要有两种，一种“贵族式”民办幼儿园，这类幼儿园资金充裕，经营者资金雄厚、教学设施完善、教师年轻且素质高、教学能力强，而且这类幼儿园一般采用双语教学模式，即汉语和英语同时教学，注重从小就让孩子赢在起跑线上，同时这类幼儿园收费较高，一学期费用在 9000-15000 元。这一类幼儿园收费高，相应的办学条件好，师资力量雄厚，教学质量高。另一种是普通民办幼儿园，这类幼儿园一般在城市偏僻地区，或者是在街道乡镇等地，硬件设施较差，教师参差不齐，但收费较低，且在民办幼儿园中占相当高的比例。这一类民办幼儿园数目较多，在民办园所占比例较高。这类幼儿园的老师基本上是专科毕业，有些是学幼师、有些是其他专业，相应的工资也比较低。

“入园难”“入园贵”成为学前教育事业前进的绊脚石，为了更好地解决存在的问题，省内坚持公办与民办幼儿园并举。2015 年，省教育厅和省发展改革委联合印发《青海省普惠性民办幼儿园认定管理办法》，普惠性幼儿园大力发展，学前教育发展的脚步大幅加快。

为建立扶持普惠性民办幼儿园发展的长效机制，合理配置学前教育资源，加快学前教育发展，扩大普惠性学前教育办学资源，有效解决“入园难”“入园贵”的问题，根据国家有关政策规定，省教育厅、省发改委结合省情实际制定出台了《青海省普惠性民办幼儿园认定管理办法》，该办法自2016年12月1日起实施，有效期至2021年11月30日。适用于省内普惠性民办幼儿园的申报、认定与管理工作。申请普惠性民办幼儿园资格必须同时具备相关条件。

经所在地县级教育行政部门审批，取得办学许可证，并依法进行民办非企业法人登记。办园条件达到《青海省幼儿园基本办园标准（试行)》。面向社会招生，办园一年以上且年检合格。办园经费由举办者筹措并能保证幼儿园的正常运转。保育和教育费和住宿费标准，由幼儿园按照相关规定，根据保育教育和住宿成本合理确定，并报所在地县级价格主管部门、教育行政部门备案后执行。其收费标准与本地区相应类别公办幼儿园收费标准大体相当。教职工原则上按照《青海省幼儿园教职工配备标准》配备，师生比合理，并依法落实工资待遇，办理社会保险。幼儿园重视专任教师专业培训，有选派教师参加培训的计划，确保五年内实现全员轮训。日常保育和教育能够遵循《幼儿园教育指导纲要（试行)》(教基〔2001〕20号)、《3—6岁儿童学习与发展指南》(教基〔2012〕4号)、《幼儿园工作规程》(教育部令第39号)，坚持以游戏为基本活动形式，无“小学化”倾向，得到家长和社会认可，满意度高、社会评价好。加强财务管理，健全内控制度。严格执行收费项目和标准，落实收费公示制度，无乱收费行为。幼儿园收费许可证、卫生保健合格证、消防安全合格证等证照齐全，管理制度健全，无安全隐患和违规办园行为，年度内无重大安全事故发生。

据了解普惠性民办幼儿园在审批办园、分类定级、教师培训、职称评审、资格认定、表彰奖励等方面与公办幼儿园享受同等政策，同时鼓励省内各地对辖区内普惠性民办幼儿园予以支持。普惠性民办幼儿园是指国家机构以外的社会组织或者个人，利用非国家财政性经费，面向社会举办服务百姓、行为规范、收费合理、质量较高的民办幼儿园。

为确保民办幼儿园转为普惠园后教育质量和办园水平不会降低，青海省加大了对民办幼儿园的监管，并且加大投入缓解民办幼儿园的压力。政府购买服务政策覆盖每所普惠性民办园。省财政按照每个岗位每年 9000 元的标准，为普惠性民办幼儿园专任教师给予政府购买服务补助资金。仅 2020 年为普惠性民办园投入政府购买省级资金 4800 余万元，购买保育和教育岗位 5000 余个，这在很大程度上为幼儿园减轻了工资开支压力。

教师培训覆盖每所民办幼儿园，省级教育厅每年投入资金 1000 余万元，用于公办、民办幼儿园园长、骨干教师以及保育员培训，年培训达到 3000 余人次。

落实民办幼儿园在园幼儿人均公用经费补助政策。省财政对六州所有在园幼儿生和在西宁市、海东市学前教育建档立卡贫困家庭的幼儿生按照每年年均 1200 元标准给予三年生均公用经费补助。对西宁市、海东市非建档立卡幼儿继续执行学前一年资助政策。仅在 2020 年，为民办幼儿园下达的经费补助资金达到 6000 余万元，极大程度上减轻了民办幼儿园日常办园的负担。

给予所有民办幼儿园特殊政策支持。在政府的大力支持下，民办幼儿园减轻了不少转普的压力。但是，要办好普惠园，并不是一件容易的事，我们一定不辜负政府的支持，在园所发展、教师成长、课程设置、保育和教育服务上继续保持高品质，将幼儿园办得有声有色，给孩子们提供优质的教育。

2022 年，一些幼儿园建成或投入使用，位于城东区曹三路的城东区第三幼儿园，总投资约 1600 万元，占地约 9 亩，总建筑面积约 3200 平方米，主要建设保育和教育楼一栋、大门及基础设施配套工程和设备购置。建成后可设 9 个教学班，共计幼儿 270 名。2021 年 6 月开工建设，目前已完成主体封顶。对于学前教育普惠优质工程，城东区始终如一地将教育工作作为经济建设和社会发展的支撑点，将学前教育事业作为一项基础性事业来抓，坚持学前教育的公益性和普惠性，以建立政府主导、社会参与、公办民办并举的多元化办园方式，进一步扩大以普惠性幼儿园资源为目标，不断健全制度，加大投入，优化管理。

城东区普惠性民办幼儿园 41 所，普惠性幼儿园覆盖率由 2018 年的 81.5%提高到 2021 年的 91%。在辖区内各幼儿园坚持以游戏化课程为载体，加大课程体系建设，2021 年 4 月，省级“安吉游戏”试点区落户东区，确定 2 所“省级试点园”、3 所“市级试点园”和 10 所“区级试点园”，初步实现“游戏=学习”的科学理念，让孩子在“真游戏”中有所收获。

在城中区，城中区保育院万科分园计划在 2022 年 9 月开始招生，该园位于西宁万科城，属于万科城小区配建幼儿园，占地面积 5250.99 平方米，建筑面积 3082.77 平方米，目前已移交城中区教育局。幼儿园预设 9 个教学班，可解决 270 个学位，该幼儿园的建成，标志着城中区又新增一所公办幼儿园。对于学前教育普惠优质工程，城中区在“十三五”期间，按区域、分步骤扩大公办学前教育资源，先后建成了覆盖城乡的西宁市城中区第一幼儿园、清水锦苑幼儿园，向社会提供近千个公办幼儿学位。落实小区配建，完善学前教育公共服务体系。辖区万科时代都会小区的配建公办幼儿园已开工建设，建成后将移交教育部门办成优质普惠公办园，切实满足群众就近入园需求。同时，聚焦发展难点，从“软件”上提高公办学前教育队伍实力。实施优质公办园集团化办学模式。推进部分农村幼儿园改制工作，保障城中区总寨镇农村地区幼儿公平接受优质公办学前教育，以现有农村民办幼儿园改制为途径，依托村集体现有场地和公办小学闲置校舍资源，确保全区适龄儿童接受基本的、有质量的公办学前教育。

在城西区，新建的城西区文苑幼儿园能容 15 个教学班，提供学位 450 个，城西区文苑幼儿园建设项目，总投资 8614 万元，建设年限为 2020 年至 2022 年。幼儿园占地 12 亩，总建筑面积 7316 平方米，地上 3 层，地下 1 层。对于学前教育普惠优质工程，城西区在近几年不断健全完善各项学前教育政策措施，结合区域实际，制定实施《城西区学前教育三年行动计划》，进一步明确公办、民办学前教育发展的具体目标、任务和措施。同时，出台《城西区政府购买学前教育服务考核评估办法》等相关政策，制定《城西区政府购买学前教育服务（保育和教育岗位）合同》《西宁市城西区学前教育机构教师备案信息表》，进一步强化政府监管措施，保证幼儿园规范化办园。全面落实幼儿园普惠工程。按照《青海省普惠性民办幼儿园认定管理办法》，按期完成普惠性民办园的认定，普惠性幼儿园在园幼儿比例明显提高。目前，全区实现幼儿园普惠全覆盖。

在城北区，城北区第二幼儿园一期现已完成单体主体工程，城北区第二幼儿园建设项目是利用原柴达木路小学闲置校区建设，占地 22.41 亩，投资 9737 万元，新建 12547 平方米园舍及相关配套附属设施。项目将分二期实施：一期建园舍 6744 平方米；二期建园舍 5803 平方米及相关配套附属设施。一期现已完成 7 栋单体主体工程。对于学前教育普惠优质工程，城北区持续优化学前教育布局。全区现有幼儿园 52 所，均为普惠性幼儿园，普惠率为 100%，为全区 13127 名幼儿提供普惠性学前教育服务。充分发挥省级示范园、市级示范园的示范引领作用，与农村幼儿园和城市薄弱幼儿园签订结对帮扶协议，开展结对帮扶活动。首先，通过入园调研、观摩活动、跟岗学习、交流研讨等形式，使薄弱园在各方面有一个质的飞跃。其次，加大教师队伍建设，严把教师入口关。教师、保育员持证上岗，每年举办“城北区幼儿园岗位能力提升培训”不断提升学前教育教师专业水平。健全各职能部门联动机制。定期与不定期相结合、普查与抽查相结合，加强幼儿园监管力度，促进幼儿园普及普惠、科学健康、安全优质发展，努力办人民满意的学前教育。

第三节 乡村幼儿园的建立

近年来，青海省学前教育办学资源显著扩大，学前教育三年的毛入园率由 2010 年的 60.40%提高到 2014 年的 77.07%，增长了 16.67 个百分点，初步形成以公办幼儿园为主体、公办和民办幼儿园共同发展的学前教育格局。

2015 年，青海省投资 5.1 亿元建设 251 所幼儿园，以确保在 3 年内省内每个乡镇都有独立建制的公办幼儿园，并努力构建覆盖城乡且布局合理的学前教育公共服务体系，使得适龄儿童“入园难”问题得到缓解。青海省将学前教育发展的重点放在农村，县（区）政府将学前教育的发展纳入新农村建设的规划中，依据“规模适度、安全就近”的原则，加快了乡镇中心幼儿园建设的步伐，并通过新建、改建、扩建等方式，在三年内确保每个乡镇建成独立建制的公办幼儿园，由此不断提高农村幼儿入园率。

2011年，为支持青海省农村牧区8个县的幼儿园建设，国家发改委向青海省下达7000万元的资金，主要用于青海省湟中、湟源、乐都、循化、海晏、刚察、兴海、贵南8个县的32所乡、村两级幼儿园生活、服务设施建设，以改善这些地方的办园条件，加快推进青海农村牧区学前教育发展。2010年，发展改革委在全国确定了10个试点省份，启动中西部农村学前教育推进工程，其中青海为试点省份之一。发展改革委向青海安排5500万元中央财政专项资金，用于青海省共和、化隆、刚察、乌兰、湟中5个县的乡、村两级幼儿园建设。

为改善贫困村办学条件，结合学前教育二期三年行动计划和义务教育全面改革项目建设，省教育厅采取分年度实施贫困村学前教育新建、改扩建和“走教点”、薄弱学校改造项目。

截至2018年，贫困地区幼儿园合格率达100%。为了扩大贫困家庭子女公平受教育机会，对于建档立卡的农村贫困家庭子女和城镇低保家庭、低收入水平家庭子女实施精准教育帮扶，确保贫困家庭学生不因贫困而失学，不让贫困地区的孩子输在起跑线上，阻断贫困代际传递。构建从幼儿园到大学“无缝衔接、全程覆盖、城乡一体”的资助体系，加大对1.4万名城乡贫困家庭学生的资助力度。从2016年开始，面向贫困家庭学生实施15年免费教育，到2020年，农村学前三年毛入学率达85%以上。

为拓展乡村教师职业发展空间，进一步调动乡村教师专业发展积极性，吸引和鼓励优秀教师到基层任教。省教育厅与省人力资源社会保障厅联合印发《关于建立乡村教师职称“定向评价、定向使用”制度的通知》，加大对长期在乡村从教的教师政策倾斜力度，完善评价标准。今年指导各地完成相关评审工作，全省共评审副高级教师399名，中级教师83名。

一、“一村一园：山村幼儿园计划”

2009年，为斩断贫困的代际传递，中国发展研究基金会汇聚爱心企业和各界爱心人士，选择我国部分深度贫困地区开展了儿童早期发展项目——“一村一园：山村幼儿园计划”。

青海省海东市乐都区成为第一个试点地区。在此基础上，2018年0—3

岁的“慧育中国：山村入户早教计划”在青海省海东市乐都区顺利实施。乐都区已成为国内为数不多的实现0—6岁儿童早期发展公共服务全覆盖的区县之一，探索出“学前进村，一村一园”“早教入户，免费家访”，营养包全覆盖的农村幼有所育的“乐都模式”，党的十九大所提的“幼有所育”的种子在青海这片高原上正在生根发芽。从2009到2019年，这一项目已经走过十年，这十年海东市乐都区学前三年毛入学率从2009年的48.2%提高到现在的98.6%，第一批受益学生已升至高中。

“一村一园”项目的开展不仅提升儿童认知与非认知能力，缩小了城乡儿童之间发展水平的差异，为农村儿童健康发展奠定了基础，对贫困家庭从根本上脱贫产生了深远的影响。基金会对最早开展试点的乐都区自2009年以来的8500名山村幼儿园项目儿童进行追踪调研，发现他们中约65%的儿童进入小学后，学习成绩稳定排位于全区同年级儿童的前40%，这一比例与县城幼儿园儿童相近，远好于没有上过幼儿园的村里的儿童（2783名儿童只有17%进入前40%）。

青海省海东市乐都区“一村一园”计划的发展主要分为三个阶段，第一阶段主要是从2009年9月开始到2010年7月止，这一阶段中国发展研究基金会在乐都区的81个村设置了81个非正规、非全日制的“早教点”，覆盖面达9个乡镇，并招募46名志愿者担任“走教点”教师，每个“走教点”开放半日，教师们轮流在“早教点”提供学前教育服务。“走教点”所覆盖的儿童每周至少可以接受两天的学前教育，教学活动开展所需条件则使用闲置校舍或其他公共基础设施，并配备适当的玩具。

第二阶段主要是从2010年9月开始到2015年止，这一阶段原先的“早教点”已经发展成为“山村幼儿园”。中国发展研究基金会协同当地政府共同建立了178所山村幼儿园，实现了乐都区农村幼儿园的全面覆盖，乐都区学前3年毛入园率达到98%以上。对于“山村幼儿园”，其特点在于对有10个以上适龄儿童的农村至少设立1所幼儿园，并至少配备1名志愿者教师，所设幼儿园每周需开展5天教学活动，且每天教学活动不少于6小时。

2012年之前，当地政府主要负责提供基础设施作为幼儿园场所，管理幼教志愿者，而基金会主要负责筹集资金以保障山村幼儿园正常运行，并为志愿者提供相关培训资源以保障山村幼儿园教师质量。

2012年9月之后，乐都区政府有关部门将山村幼儿园纳入乐都区学前教育服务体系，通过各级财政投入保障了山村幼儿园运行经费。基金会除对山村幼儿园提供部分经费支持和培训资源外，开始对山村幼儿园进行研究与评估，并在其他贫困地区进行推广此模式。

第三阶段主要是从2016年到现在，如今的山村幼儿园已成为乐都区学前教育体系不可或缺的部分，每年大约有2500名儿童在园，占乐都区3—6岁儿童的25%—30%。2016年，因考虑到项目需求及项目目标，山村幼儿园项目再次升级为“一村一园”计划。乐都区的成功经验不仅给予基金会信心推广，也为其他区域视作典范。

乐都区十几年来的试点实践证明了村一级学前教育受到了农村家庭的欢迎与支持。一方面，村一级学前教育体系直接节省了农村家庭的教育支出，是农村百姓实实在在得实惠的教育精准扶贫项目，各级政府及社会力量累计投入5800万元，为农村家庭节省了超过2亿元的相关支出，包括租房费用、学杂费及因租房产生的生活杂费等。另一方面，村一级学前教育体系切实解决了处境不利儿童的入学困难，特别是那些单亲家庭的孩子，山村幼儿园不仅为他们提供了充满欢声笑语的学习场所，幼教志愿者更给予了他们亲人般的关爱，很多志愿者教师已成为孩子们心目中的“妈妈”。

山村幼儿园帮助处境不利家庭重新燃起了生活的希望，很多处境不利家庭都是隔代抚养，祖辈甚至是太祖辈对孩子的抚养与教育几乎束手无策，看到孩子在山村幼儿园所产生的变化，老人们对孩子的未来充满期待与乐观，同时降低了外出务工父母对子女的养育焦虑，提升了他们的希望与工作动力。

村一级学前教育服务体系有助于儿童的健康、全面发展，山村幼儿园受益儿童发展水平显著好于乡镇幼儿园。国内外已有大量证据证明，心理特质对一个人乃至一个社会的影响远比其他因素更加深远。对山村幼儿园评估有力地证明了山村幼儿园对儿童的心理发展产生了长远影响，促进了儿童积极心理品质的发展，如心理弹性、亲社会性、利他社会价值取向等方面，这是一个非常积极的信号。

二、农牧区“走教点”建设

《教育规划纲要》提出发展学前教育各地应根据不同的社会经济和发展状况，选择和确定不同的发展思路，这样才能保证学前教育的健康发展。青海省地处高原，对于地广人稀的农牧区要根据当地的地理环境、社会文化和经济条件来寻求适合学前教育发展的路径。

为此，学前教育“走教点”在青海省农牧区得以实施。“走教点”是在一些山区，地域广阔，人群居住相对分散，有些地方方圆几十公里也才有十几个适龄儿童，在每次活动前各自然村的村委都会通知家长，按时将孩子送到“走教点”，交由专门的老师实施学前教育。“走教点”可以以固定的方式实施，也可以采取流动游戏大篷车的形式巡回开展教育活动。这种方式的教育有利于充分发挥教育设备教具以及师资力量，有效规避教育资源闲置和浪费。

类似固定方式的形式已经在青海省内实施，比如2009年，中国发展研究基金会在青海省乐都区进行了两年的“走教点”试验，利用农村教学的闲置教室，由走教老师从乡镇来到村里，为孩子们提供学前教育。

为更好地在农牧区实施学前教育，省财政厅在《青海省农牧区中小学布局调整后闲置校舍资产处置及利用意见》中指出，一方面，要充分利用富余校舍资源来建立“走教点”，但在利用之余要考虑到学前教育的特殊性和幼儿身心发展的特征，对校舍进行富有教育意义的改造。另一方面，在巡回教学中，应当考虑农牧区幼儿的实际情况，积极选择适合本地实际的活动内容，以实现学前教育“走教点”的有效性。

要保证“走教点”的教学质量，师资力量的建设应首当其冲，“走教点”一般都设立在偏远地区，环境艰苦，交通更是不便，工作条件差，在学前教育师资普遍不稳定的情况下，研究人员建议政府建立农牧区教师特殊津贴制，并根据农牧区人文自然条件，对在越是条件恶劣“走教点”工作的教师提供相对高的津贴，还可为反向流动幼儿教师建立补偿制度，积极鼓励发展水平较高的幼儿园教师向农牧区“走教点”流动，以吸收和稳定优秀的幼儿教师参与“走教点”教学，从而改善师资状况保证农牧区幼儿享受较好的学前教育，促进学前教育均衡发展。

青海省乐都区是一个地广人稀的国家级山区贫困区，境内分布着汉族、藏族、回族、土族等多个民族。在全县3050平方公里的土地上，有19个乡镇，其中5个处在“两山夹一谷”的河谷地带，其他14个乡镇都是海拔2500米以上的高寒山区。山区山大沟深，交通不便，人居分散，土地贫瘠。因政府财力有限、山区农村经济落后，14个山区乡镇的学前教育几乎是一片空白。

为了解决乐都区贫困边远山区的教育问题，针对人居分散、家庭经济收入有限的难题，2009年9月乐都县区与中国发展研究基金会合作实施了“贫困山区儿童早期教育发展项目”。按照“分地区、分层次、分阶段”的原则，采取不同措施，形成了县城地区创办示范幼儿园，大大提高了办学水平。河湟谷地按照“大村独设、小村联设，规模不同、就近入园”的思路，创办乡镇中心幼儿园和中心村幼儿园。南北两山以行政村为单位，把村校闲置校舍改建成幼儿园，兴办农村学前教育。

乐都区幼儿机构通过接纳转型的小学教师、兼职授课的教师，或者公开招聘走教志愿者教师的方式补充幼儿园教师队伍。从县级示范幼儿园选用优秀教师开展包干制度，通过包乡镇包片的方式，担任农村幼儿园、“走教点”的指导老师，定期下乡指导幼教工作。

乐都区通过幼儿园教师教学技能比赛、教学成果展示、连片观摩和交流等活动，促进学前教育工作。乐都区为每个“走教点”配备了必要的电教设备、桌椅、玩具和简单的生活设施，免费发放自编的乡土教材，循环使用。把3—5岁幼儿按5人以上、25人以内混合编班，由乡镇中心学校统筹安排教师以走教形式为幼儿提供每周4次，每次不少于4小时的教育服务。

走教方式的教育活动，促进了幼儿多项能力的综合发展，在中国发展研究基金会的评估测试中，乐都区“走教点”的幼儿在语言、认知、记忆、社会规则等领域取得了显著进步。来“走教点”学习的幼儿在学习生活中表现突出，会听、会说普通话，敢于自我展示，讲卫生、懂礼貌。走教活动赢得了幼儿家长的广泛认可。政府将补贴直接补给农村地区的村民，村民支付“走教点”教师的工资，激励幼儿园教师主动提供适合当地孩子的教育模式。

乐都区的“走教点”扩大到全省，对青海省农牧区的学前教育产生了启发，建立了农牧区巡回“走教点”。通过政府购买服务的方式，按照一定条件聘请巡回支教的志愿者，他们的生活补贴标准参照用人单位所在地事业单位新聘用工作人员试用期满后的工资标准，资金由省、州地市、县三级财政按比例负担，按社会经济发展水平适当增加。

2011 年，青海省 15 个县学前教育巡回走教工作正式启动，投入 1500 万元解决 15 个县农村牧区适龄儿童“入园”难问题。对奠定儿童学习基础、促进社会起点公平具有深远的意义。巡回走教模式是青海省乐都区在国务院教育发展基金会的支持下，在人口居住分散、交通不便、经济落后的偏远山区，利用中小学布局调整后闲置的校舍，每天由走教老师从乡镇来到村里，为孩子们巡回教育的教学方式解决了乐都区 3000 多名幼儿入园问题。

目前，青海省学前教育是各级各类教育中最为薄弱的环节，发展落后且不均衡。特别是牧业区地域辽阔，农业区山大沟深，学前教育资源不足，适龄儿童入园率低，与人民群众对学前教育的需求相比还存在很大差距。因此，在全省 15 个县推广乐都区的巡回走教模式，这 15 个县为：海东六县、西宁三县以及海晏县、门源回族自治县、共和县、贵德县、乌兰县、尖扎县，共开办巡回“走教点”899 个。省财政安排 1500 万元资金，专项资金主要用于校舍简单维修、粉刷、教学设施购置、管理、取暖、志愿者工资等。

每个巡回“走教点”按省委、省政府安排，将基本达到“五有一无”，就是达到有合格的教师、有基本够用的园舍、有适合幼儿的桌椅、有必要的玩教具和室外体育设施，有清洁的饮用水和安全、卫生的厕所，无危房。利用好农村学校布局调整的闲置校舍，改造成符合学前教育的要求、安全适用的校舍，严格招录志愿者。为巡回“走教点”配备玩具、教具、儿童读物和室内外设备设施。尊重幼儿成长规律，从实际出发，科学安排和选择教育内容与方法，以游戏为基本活动形式，根据儿童的实际发展水平和年龄特点，开展富有趣味性的教学活动。

2016 年，西宁市委、市政府将农村学前“走教点”改造列入“十大民生”实事项目，年内完成 103 个“走教点”的改造任务。全市 5614 名边远农村幼儿彻底告别了危旧校舍。各区县搭建了学前教育管理服务机构，通过配置人员、建立机制、建立档案、签订合同、提高待遇的方式，保障“走教点”教师的合理待遇和应有福利。农村学前“走教点”的改造完成，消除了农村地区学前教育资源匮乏的情况，为教育脱贫攻坚、全面建成小康社会做贡献。

第四章　青海省幼儿园教师队伍建设——幼儿园园长

习近平总书记强调："有高质量的教师，才会有高质量的教育。"为贯彻落实《中共中央国务院关于全面深化新时代教师队伍建设改革的意见》，教育部等八部门联合印发《新时代基础教育强师计划》，以期打造新时代高素质专业化创新型中小学教师队伍，推动基础教育现代化建设。

到2025年，建成一批国家师范教育基地，形成一批可复制可推广的教师队伍建设改革经验，进一步完善教师资格制度。严把教师入口关，全面推开教师资格考试和定期注册制度改革。教师必须取得相应教师资格，持教师资格证上岗任教。推进师范生免国家教师资格考试认定取得教师资格改革，开展教师教育院校师范类专业办学质量审核。继续做好教育类研究生、公费师范生和优师计划师范生免试认定改革工作，教师教育院校对师范生教育教学能力进行考核。严格教师资格申请人普通话水平要求，提高新任教师国家通用语言文字教育教学水平。

加强教师工资待遇保障。加大经费保障力度，切实解决拖欠义务教育教师工资和欠缴社会保险费、职业年金、住房公积金等问题，全面落实义务教育教师平均工资收入水平不低于当地公务员平均工资收入水平的要求，落实好公办幼儿园教师工资待遇政策，确保及时足额发放，民办幼儿园参照公办幼儿园合理确定教师工资收入水平。提高教龄津贴标准。各地要继续落实好乡村教师生活补助政策，着力提高乡村教师地位待遇，形成"学校越边远、条件越艰苦、从教时间越长、教师待遇越高"的格局。

为了加强幼儿园的管理，促进幼儿教育事业的发展，1989年颁布了

《幼儿园管理条例》，其中第九条提到，举办幼儿园应当具有符合下列条件的保育、幼儿教育、医务和其他工作人员：幼儿园园长、教师应当具有幼儿师范学校（包括职业学校幼儿教育专业）毕业程度，或者经教育行政部门考核合格。保健员应当具有高中毕业程度，并受过幼儿保健培训。保育员应当具有初中毕业程度，并受过幼儿保育职业培训。慢性传染病、精神病患者，不得在幼儿园工作。第二十三条提到，幼儿园园长负责幼儿园的工作。幼儿园园长由举办幼儿园的单位或个人聘任，并向幼儿园的登记注册机关备案。幼儿园的教师、医师、保健员、保育员和其他工作人员，由幼儿园园长聘任，也可由举办幼儿园的单位或个人聘任。

第一节　幼儿园园长任职资格

一、幼儿园园长任职资格制度

教育部出台的《关于大力推进农村义务教育教师队伍建设的意见》等六部有关教师建设的文件，涵盖了农村义务教师、幼儿园教师、职教教师、特教教师以及教师教育改革各方面。其中提出要建立幼儿园园长任职资格制度，制定幼儿园园长的专业标准。

在《关于加强幼儿园教师队伍建设的意见》中指出，国家将出台幼儿园教师配备标准，满足正常教育教学需求。采取派驻公办教师等方式对企事业单位办、集体办幼儿园和普惠性民办幼儿园进行扶持。全面实施幼儿园教师资格考试制度，幼儿园教师必须取得相应教师资格证书。具有其他学段教师资格证书的教师到幼儿园工作，应在上岗前接受教育部门组织的学前教育专业培训。

当前我国幼儿园主要施行园长负责制，幼儿园园长作为幼儿园发展的领导者和决策者，其专业素养直接影响幼儿园的发展方向和教育教学质量。园长素质的高低直接影响幼儿园的教育质量和育人水平。园长任职资格标准是园长素质的底线要求，园长任职资格制度是学前教育制度中的基本制度。在学前教育迅猛发展的背景下，提高园长的素质，改革园长任职资格制度成为进行“有质量的学前教育”的迫切要求。

我国政府部门逐渐认识到园长专业素养发展的重要性，2012 年国务院发布《关于加强幼儿园教师队伍建设的意见》中就已经提到“制定幼儿园园长专业标准”和“提升园长专业化水平”，2015 年教育部颁发的《幼儿园园长专业标准》中对园长的专业要求提出了明确具体的标准。

1996 年，中国建立了幼儿园园长持证上岗的任职资格制度。但 1996 年颁布的《全国幼儿园园长任职资格、职责和岗位要求（试行)》已经过去多年，应根据新时代的新要求及时更新有关任职要求，将《幼儿园园长专业标准》作为园长职前培训和园长资格证考试的重要依据，加快研究制定符合当前我国学前教育事业发展要求的园长任职资格制度。

《全国幼儿园园长任职资格、职责和岗位要求（试行)》是根据我国幼儿教育对幼儿园园长素质提出的要求、兼顾园长队伍现状而制定的；是选拔、任用、考核和培训幼儿园园长的基本依据、各地采取措施通过组织岗位培训和日常的政治业务学习及工作锻炼，使幼儿园园长努力达到《全国幼儿园园长任职资格、职责和岗位要求（试行)》的基本要求；同时做到按《全国幼儿园园长任职资格、职责和岗位要求（试行)》选拔、任用新的园长。

《全国幼儿园园长任职资格、职责和岗位要求（试行)》规定幼儿园园长任职资格条件是：拥护中国共产党的领导，热爱社会主义祖国，认真贯彻国家的教育方针，热爱幼儿教育事业。

示范性幼儿园和乡镇中心幼儿园园长应具备幼儿师范学校（含职业学校幼教专业）毕业及其以上学历，有五年以上幼儿教育工作经历，并具有小学、幼儿园高级教师职务。其他幼儿园园长应具备幼儿师范学校（含职业学校幼教专业）毕业及以上学历，或高中毕业并获得幼儿园教师专业考试合格证书，有一定幼儿教育工作经历，并具有小学、幼儿园一级教师职务。获得幼儿园园长岗位培训合格证书。身体健康，能胜任工作。

二、我国幼儿园园长任职资格现状

2019 年，教育部幼儿园园长培训中心以全国各地的参训幼儿园园长作为调查对象的结果如下：

（一）幼儿园园长任职资格条件

幼儿园园长学历情况。幼儿园园长90%以上为大专以上学历，73.5%是非全日制学历，7.8%学历不符合法定要求。幼儿园园长专业情况。57.1%为学前教育专业，28.6%为非学前教育的其他师范专业，14.3%为非师范专业。目前幼儿园园长中有42.9%没有接受过系统学前教育专业学习，超过七分之一甚至没有接受过系统师范专业学习。不排除部分幼儿园园长非最高学历阶段所学专业为学前教育或其他师范专业。幼儿园园长持有教师资格证情况。幼儿园园长中持有高等学校教师资格证的占0.9%，持有中小学校教师资格证的占22.9%，持有幼儿园教师资格证的占59.7%，没有教师资格证的占16.5%。幼儿园园长工作经历及管理经验情况不容乐观，不符合园长队伍的成长规律，也不能保障学前教育的质量。

（二）幼儿园园长任职资格培训实施

参训情况不容乐观，幼儿园园长任职资格培训管理，幼儿园园长任职培训的核心要素存在问题。课程设置缺乏实践性。培训机构开设理论课比例在70%至80%之间的占70.3%，培训机构开设理论课比例在13.3%的达90%以上。培训考核流于形式。评价考核作为培训过程的重要环节，具有水平认定、激励反思的功能。合理公正的考核关乎园长任职资格培训合格证书的权威性，是政府对幼儿园园长实行任职管理的重要环节。幼儿园园长任职资格培训的考核形式主要是出勤、撰写培训心得和平时作业，分别占总数的78.0%、78.0%和75.4%，采用撰写论文报告和考试（含笔试、面试）方式的较少，分别占52.0%和41.5%。

三、青海省幼儿园园长任职资格现状

（一）幼儿园园长学历情况

根据教育部2020年教育统计数据，我国幼儿园园长达30.838万人，数量众多，其中，本科及以上学历占42.6%，专科毕业占50.09%，高中毕业占6.72%，高中以下毕业占0.6%。青海省幼儿园教师达1.6234万人，其中，本科及以上学历占27.78%，专科毕业占57.04%，高中毕业占13.8%，高中以下毕业占1.37%。青海省幼儿园园长达1206人。

（二）幼儿园园长资格制度不完善

完善的园长资格制度应该包括园长资格考试制度、园长资格证书制度和持证上岗制度，其中最核心的是园长资格证书制度，是园长专业化的基本特征，也是园长专业化的必要条件。但是，还没有就园长资格证书制度提出明确要求，幼儿园园长不是都在考取了园长资格证后才能上岗，特别是在一些民办幼儿园，园长“无证上岗”或者明知需要考证而不去参加培训考试的现象依然存在。

（三）幼儿园园长任职资格培训不足

随着《幼儿园园长专业标准》的贯彻与落实，大批“国培计划”“省培计划”先后实施。但是，与园长培训的实际需求相比，培训研究、培训课程的资源开发明显不足。

四、完善幼儿园园长任职资格制度

（一）明确幼儿园园长任职资格的基本标准

明确最低学历要求。《全国幼儿园园长任职资格、职责和岗位要求（试行）》要求幼儿园园长需具备幼儿师范学校（含职业学校幼教专业）毕业及以上学历，这相对于发达国家明显偏低。

针对当前青海省学前教育发展实际，对于近10%学历不合格的幼儿园园长，不能只靠自然减员使其逐步退出，而应该充分借助信息技术手段使其学历达标，保证底线要求。

制定幼儿园园长学历要求标准。教育部网站最新数据显示，2020年北京市幼儿园园长本科及以上学历的占51.16%，大专学历的占44.46%。上海市幼儿园园长本科及以上学历占80.27%，大专学历占18.31%。青海省幼儿园园长本科及以上学历占27.78%，大专学历占50.04%。四川省幼儿园园长本科及以上学历占22.59%，大专学历占68.02%。北京、上海等发达地区幼儿园园长的学历以本科为主，青海、四川等西部省份幼儿园园长的学历以大专为主。对幼儿园园长学历可以因地因时动态调整，对发达省份和欠发达省份的城市幼儿园园长应逐步将学历提高到本科层次，发达省份和欠发达省份的乡村幼儿园园长学历要达到大专水平。

在完善学历层次的基础上，提出学历内涵指向要求。全美幼教协会对幼教机构管理者的资格要求是，“必须具备学士学位，并且在攻读学位过程中学习过9个学分与行政管理及领导力相关的特定课程，以及24个学分的儿童发展与教育、基础教育或幼儿特殊教育方面的课程”。我国香港地区要求，“所有新任园长均须持有幼儿教育学士学位”。需要因地因时调整园长的学历资格要求，还应判断其是否经历过学前教育和教育管理方面的专业训练。在不断提高园长任职资格学历标准的同时，注重园长学历与专业训练的内在一致性。

严格执行教师资格制度。在持证上岗方面，将任职资格作为选拔、任用园长的硬性条件之一，即任何参加有关园长的选拔、任用的人员都要具备园长任职资格证；若不将园长资格证作为选拔、任用园长的直接硬性条件，则候选人必须具备相关优秀的条件，且必须在通过聘任、任命后到考察期满正式任职的这段时间取得相关的园长任职资格证书。加强了对持证上岗的规范，给用人单位在选拔、任用园长时保留了一定的弹性空间。要求园长持有教师资格证是对园长职业专业性的要求，园长是幼儿园的核心与灵魂，其不仅要具有组织领导能力，以协调幼儿园内外部关系，还要具有“价值领导力”以确定幼儿园发展方向和战略规划。

要求园长持有教师资格证是对其幼儿教育专业性的内在要求。教师资格证可自上而下融通使用的规定，有相当一部分园长未持有幼儿园教师资格证。严格规定园长任职应持有的资格证的具体类别，才能更好地保证园长职业生涯发展的专业性。对当前持高校教师资格证、中小学教师资格证及无教师资格证的幼儿园园长，要根据其所受专业训练情况，进行有关儿童发展与教育等方面的专业知识补充，使其满足持证上岗的底线要求。

制定幼儿园园长工作经历与管理经验要求。新西兰、新加坡要求担任幼儿园园长至少需要两年的教学经验，我国香港要求具有5年的教学经验，美国要求至少需要具有3年以上的行政主管经验，对教学经验和管理经历的要求已成为国际上的典型做法。我国幼儿园园长队伍中有很大一部分园长只具有两年以内的教师工作经历，有不少幼儿园园长只具有两年以内的管理岗位经验。这是由于近些年来我国幼儿园数量激增，使得幼儿园园长岗位人才短缺，人才培养不足造成的。由于园长任命机构不清楚或不严格执行幼儿园园长任职资格标准。因此，明确幼儿园园长应具有2年以上幼儿园副职岗位任职经历或者3年以上幼儿园中层管理工作经历，明确青海省幼儿园园长任职资格要求。

（二）规范幼儿园园长任职资格培训

幼儿园园长任职资格培训是保障园长具备基本知识和技能。园长任职资格培训是园长专业化成长的必由之路和内在要求。园长任职资格培训能够满足幼儿发展的公共利益需要。在园长走上岗位之前对其进行必要的培训，是保障幼儿园发展的前提条件。

明确岗位培训的目的在于提升幼儿园园长队伍整体的素质能力和业务水平，因此，培训机会应按一定比例尽量面向全体，在地域范围上应尽量覆盖农村和城市，在职务范围上应尽量涉及正职和副职，可根据相应培训内容进行适当调整。完善的岗位培训方案应能够考虑到处于不同专业发展阶段园长的培训需要，针对不同阶段的园长提出有针对性、有层次性的岗位培训方案，以促进培训效益的最优化。

提升园长任职资格认定工作的规范性，建立更规范的资格认定制度，以改变目前大部分园长未达“先持证后上岗”的要求，园长资格认定形同虚设的现状。统一规范资格认定的流程，建立规范的园长资格认证制度，完善的园长资格制度应该包括：任职资格培训制度、资格证书考试制度、持证上岗制度，国家有关部门应对每个环节都应严格把关。

建立幼儿园园长任职资格培训的管理体系与运行机制。细化园长任职资格的顶层设计，将园长任职资格培训纳入学前教育督导体系。要保证园长任职资格培训的效力，遵守园长任职资格培训证书制度。完善幼儿园园长任职资格培训课程体系建设与实施，建立第三方评估机制。

第二节 幼儿园园长的主要职责

一、《全国幼儿园园长任职资格、职责和岗位要求（试行)》

幼儿园实行园长负责制，园长全面主持幼儿园工作，其主要职责是贯彻执行党和国家有关幼儿教育的方针、政策以及教育法规、规章，坚持正确的办园方向。负责教职工的政治思想工作、职业道德教育，组织文化、业务学习；维护教职工的正当权益，关心并逐步改善教职工的生活和工作条件。主持幼儿园的保育和教育工作。领导和组织安全保卫、卫生保健工作，贯彻有关的法规和规章，确保幼儿在园安全、卫生和健康；领导和组织教育工作，贯彻执行国家幼儿园课程标准，促进幼儿身心和谐发展。

领导和组织行政工作，包括工作人员的考核、任免和奖惩及园舍、设备和经费管理等。密切与家长和社区的联系，向家长和社区宣传正确的教育思想和科学育儿知识，争取家长和社区支持幼儿园工作。

二、《幼儿园园长专业标准》

幼儿园园长是幼儿园的核心领导者和决策者，幼儿园园长的专业能力、管理能力和领导能力直接影响着幼儿园的健康发展。在教育改革不断深化的背景下，国家越来越重视学前教育并提出了保证幼儿园教育质量的要求。教育部在2015年为了规范我国幼儿园园长的职业素养，颁布实施了《幼儿园园长专业标准》。

《幼儿园园长专业标准》是各级教育行政部门建设和管理幼儿园园长队伍的重要依据，适用于国家和社会力量举办的幼儿园正职、副职园长。幼儿园园长要将其作为自身专业发展的基本准则。制定自我专业发展规划，爱岗敬业，增强专业发展自觉性。主动参加园长培训和自主研修，不断提升专业发展水平，努力成为学前教育和幼儿园管理专家。幼儿园园长的专业职责包括以下方面。

规划幼儿园发展。具有专业理解与认识，坚持学前教育的公益性、普惠性，充分认识学前教育对幼儿身心健康、习惯养成、智力发展具有重要意义。重视幼儿园发展规划的制定和实施，凝聚教职工智慧，建立共同发展愿景，明确发展目标，形成办园合力。尊重幼儿教育规律，继承优良办园传统，立足幼儿园实际，因地制宜办好幼儿园。

具有专业知识与方法，掌握国家的教育方针和相关的法律法规，熟悉《幼儿园工作规程》《幼儿园教育指导纲要（试行）》《3—6岁儿童学习与发展指南》等学前教育的相关政策。了解国内外学前教育改革发展的基本趋势，学习优质幼儿园的成功经验。掌握幼儿园发展规划制定、实施与测评的理论、方法与技术。

具有专业能力与行为，把握幼儿园发展现状，分析幼儿园发展面临的问题和挑战，形成幼儿园发展思路。组织专家、教职工、家长、社区人士等多方力量参与制定幼儿园发展规划。依据发展规划指导教职工制订并落实学年、学期工作计划，提供人、财、物等条件支持。监测幼儿园发展规划实施过程与成效，根据实施情况修正幼儿园发展规划，调整工作计划，完善行动方案。

营造育人文化。具有专业理解与认识，把文化育人作为办园的重要内容与途径，促进幼儿体、智、德、美各方面的协调发展。重视幼儿园文化潜移默化的教育功能，将中华优秀传统文化融入幼儿园文化建设。将尊重和关爱师幼、体现人格尊严、感受和谐快乐作为幼儿园育人文化建设的核心，陶冶幼儿情操、启迪幼儿智慧。

具有专业知识与方法，具备一定的自然科学、人文社会科学知识，具有良好的品德和艺术修养。了解幼儿园文化建设的基本理论，掌握促进优秀文化融入幼儿园教育的方法和途径。掌握幼儿身心发展特点，理解和欣赏幼儿的特有表达方式。

具有专业能力与行为，营造体现办园理念的自然环境和人文环境，形成积极向上、宽容友善、充满爱心、健康活泼的园风园貌。营造陶冶教师和幼儿情操的育人氛围，向教师推荐优秀的精神文化作品和幼儿经典读物，防范不良文化的负面影响。根据幼儿身心发展特点和接受能力，将爱学习、爱劳动、爱祖国教育融入幼儿园一日生活和游戏活动之中。凝聚幼儿园文化建设力量，鼓励幼儿积极参与，发挥教师的主导作用，鼓励社会（社区）和家庭参与幼儿园文化建设。

领导保育教育。具有专业理解与认识，坚持保育和教育结合的基本原则，把幼儿的安全与健康放在首位，对幼儿发展有合理期望。珍视游戏和生活的独特价值，尊重和保护幼儿的好奇心和学习兴趣，重视幼儿良好的学习品质培养。将人际交往和社会适应作为幼儿良好社会性发展的重要内容。不得以任何形式提前教授小学内容，防止和克服幼儿园教育“小学化”倾向。尊重教师的保育教育经验和智慧，积极推进保育教育改革。

具有专业知识与方法，掌握国家关于幼儿不同年龄阶段的发展目标和幼儿园保育教育目标。熟悉幼儿园环境创设、幼儿园一日生活、游戏活动等教育活动组织与实施的知识和方法。了解国内外幼儿园保育教育的发展动态和改革经验，了解教育信息技术在幼儿园管理和保育教育活动中应用的一般原理和方法。

具有专业能力与行为，落实国家关于保育教育的相关规定，立足本园实际，组织制订并科学实施保育教育活动方案。具备较强的课程领导和管理能力，指导幼儿园教师根据每个幼儿的发展需要，制订个性化的教育方案，组织开展灵活多样的教育活动。建立园长深入班级指导保育教育活动制度，利用日常观察、观摩活动等方式，及时了解、评价保育教育状况并给予建设性反馈。领导和保障保育教育研究活动的开展，提升保育教育水平。

引导教师成长。具有专业理解与认识，尊重、信任、团结和赏识每一位保育和教育人员，促进保育和教育人员的团结合作。重视园长在教师专业发展过程中的引领作用，积极创设条件，激励教师的专业发展。具有明确的建立教师专业发展共同体的意识。

具有专业知识与方法，把握保育和教育人员的职业素养要求，明确幼儿园教师的权利和义务。熟悉幼儿园教师专业发展各阶段的规律和特点，掌握指导教师开展保育教育实践与研究的方法。掌握园本教研、合作学习等学习型组织建设的方法以及激励教师主动发展的策略。

具有专业能力与行为，了解教师专业发展的需求，鼓励支持教师积极参加在职能力提升培训，为教师创造并提供专业发展的条件和环境。建立健全教师专业发展激励和评价制度，构建教研训一体的机制，落实每位教师五年一周期不少于360学时的培训要求。培养优良的师德师风，落实教师职业道德规范要求和违反职业道德行为处理办法，引导支持教师坚定理想信念、提高道德情操、掌握扎实学识、秉持仁爱之心，不断提升教师的精神境界。增强保育和教育人员法治意识，严禁歧视、虐待、体罚和变相体罚等损害幼儿身心健康的行为。维护和保障教职工合法权益和待遇，关爱教职工身心健康，建立优教优酬的激励制度。

优化内部管理。具有专业理解与认识，坚持依法办园，自觉接受教职工、家长和社会的监督。崇尚以德治园，注重园长榜样示范、人格魅力、专业引领在管理中的积极作用。尊重幼儿园管理规律，实行科学管理与民主管理。

具有专业知识与方法，掌握国家对幼儿园管理的法律法规、政策要求和园长的职责定位。熟悉幼儿园管理的基本知识，了解国内外幼儿园管理的先进经验。掌握幼儿园园舍规划、卫生保健、安全保卫、教职工管理、财务资产等管理方法与实务。

具有专业能力与行为，形成幼儿园领导班子的凝聚力，认真听取党组织对幼儿园重大决策的意见，充分发挥党组织的政治核心作用。建立健全幼儿园管理的各项规章制度，严格落实教师、保育员、保健医、保安、厨师等岗位职责，提高幼儿园管理规范化、科学化水平。建立教职工大会或教职工代表会议制度，推行园务公开，尊重和保障教职工参与幼儿园管理的民主权利，具备条件的幼儿园可根据需要建立园务委员会。建立和完善幼儿园应急机制，制定相应预案，定期实施安全演练，指导教职工正确应对和妥善处置各类自然灾害、公共卫生、意外伤害等突发事件。

调适外部环境。具有专业理解与认识，充分认识家庭是幼儿园重要的合作伙伴，积极争取家长的理解、支持和主动参与，促进家园共育。重视利用自然环境和社会（社区）的教育资源，扩展幼儿生活和学习的空间。注重引导幼儿适当参与社会生活，丰富生活经验，发展社会性。

具有专业知识与方法，掌握幼儿园与家长、相关社会机构及部门有效沟通的策略与方法。熟悉社会（社区）教育资源的功能与特点。指导教师了解幼儿家庭教育的基本情况，掌握家园共育的知识与方法。

具有专业能力与行为，建立幼儿园对外合作与交流机制，开放办园，形成幼儿园与家庭、社会（社区）及园际间的良性互动。面向家庭和社会（社区）开展公益性科学育儿的指导和宣传，利用家长学校、家长会、家长开放日等形式，帮助家长了解幼儿园保育和教育情况。开展家庭教育指导，注重通过多种途径，转变家长教育观念，提高家长科学育儿能力。加强幼儿园与社会（社区）的联系，利用文化、交通、消防等部门的社会教育资源，丰富幼儿园的教育活动。引导家长委员会及社会有关人士参与幼儿园教育、管理工作，吸纳合理建议。

幼儿园园长要将本标准作为自身专业发展的基本准则。制定自我专业发展规划，爱岗敬业，增强专业发展自觉性。主动参加园长培训和自主研修，不断提升专业发展水平，努力成为学前教育和幼儿园管理专家。

第三节　幼儿园园长的岗位要求

《全国幼儿园园长任职资格、职责和岗位要求（试行）》，幼儿园园长的岗位要求包括：

基本思想品德要求。坚持党的基本路线，拥护党的十一届三中全会以来的方针政策。努力学习建设中国特色社会主义理论。热爱幼儿教育事业，热爱幼儿，尊重、依靠、团结教职工。实事求是，公正廉洁，严于律己，以身作则，作风民主。敬业守职，努力学习，积极进取，勇于改革创新。

岗位专业要求。正确领会和掌握国家的教育方针、政策和法规的基本精神，熟悉幼儿教育法规和规章，坚持依法办园。有一定的幼儿卫生、心理和教育的基本理论，了解和掌握幼儿身心发展和教育的基本规律，有正确的教育观念。正确掌握国家幼儿园课程的主要内容和基本精神，并能组织实施。有幼儿园科学管理的基本知识。

岗位能力要求。能根据党和国家的有关方针、政策和法规、规章，结合本园实际，制定本园发展规划和工作计划并组织实施。有管理和指导保育和教育工作的能力。能组织管理幼儿园卫生保健工作；指导教师制定适合幼儿发展水平的教育计划；正确评析保育教育工作；组织开展有效的教研工作，帮助保育和教育人员提高业务水平，改进保育和教育工作。有一定的组织协调能力。能调动教职工的积极性，善于依靠和动员家长、社区等各方面的力量参与和支持幼儿园建设。有一定的撰写文稿和口语表达能力。能拟定工作计划，撰写工作经验和研究报告，并指导教师撰写文稿。

第五章　青海省幼儿园教师队伍建设——幼儿园教师

关于幼儿园教师队伍建设。在师资培养政策方面，2018 年，教育部等五部门印发了《教师教育振兴行动计划（2018—2022 年）》（教师〔2018〕2 号）指出，将进一步办好一批幼儿师范高等专科学校和若干所幼儿师范学院。按照已经启动实施 20 个卓越幼儿园教师培养改革项目，推动各项目院校加强培养一批幼儿园教师。在安排支持地方高校改革发展资金并向中西部倾斜，各地学生资助奖补经费向民族院校倾斜。在师资培训政策方面，按照《关于做好 2018 年中小学幼儿园教师国家级培训计划组织实施工作的通知》（教师厅〔2018〕3 号），科学统筹项目区县覆盖范围，倾斜支持集中连片特困地区县和国家级贫困县教师培训，在“国培计划”和“省培计划”中继续指导青海进一步加强幼儿园教师培训。

幼儿园教育是基础教育的重要组成部分，是我国学校教育和终身教育的奠基阶段。《幼儿园教育指导纲要（试行）》（以下简称《纲要》）（教基〔2001〕20 号）提出，教育活动的组织与实施过程是教师创造性地开展工作的过程。教师要根据本《纲要》，从本地、本园的条件出发，结合本班幼儿的实际情况，制定切实可行的工作计划并灵活地执行。教师的态度和管理方式应有助于形成安全、温馨的心理环境；言行举止应成为幼儿学习的良好榜样。教师应成为幼儿学习活动的支持者、合作者、引导者。以关怀、接纳、尊重的态度与幼儿交往。耐心倾听，努力理解幼儿的想法与感受，支持、鼓励他们大胆探索与表达。善于发现幼儿感兴趣的事物、游戏和偶发事件中所蕴含的教育价值，把握时机，积极引导。关注幼儿在活动中的表现和反应，敏感地察觉他们的需要，及时以适当的方式应答，形成合作探究式的师生互动。尊重幼儿在发展水平、能力、经验、学习方式等方面的个体差异，因人施教，努力使每一个幼儿都能获得满足和成功。关注幼儿的特殊需要，包括各种发展潜能和不同发展障碍，与家庭密切配合，共同促进幼儿健康成长。要了解现有水平，更要关注其发展的速度、特点和倾向等。

第一节　幼儿园教师任职资格

幼儿园教师资格准入与职称、编制、待遇层面，2011 年，教育部启动实施教师资格考试和定期注册制度试点工作，着力探索建立“国标、省考、县聘、校用”教师准入和管理制度的重要内容。教育部在广泛征求意见基础上，颁布《关于开展中小学和幼儿园教师资格考试改革试点的指导意见》和《中小学教师资格定期注册试行办法》文件，并会同考试中心经过研究起草、修改完善和专家审定通过，印发了《中小学和幼儿园教师资格考试标准》，先期经过审定，选择浙江、湖北两省作为教师资格考试试点。

自 2012 年起，试点工作稳步推进，改革试点逐步扩大。2012 年，新增试点上海、广西、海南和河北。2013 年，新增试点山西、安徽、山东、贵州。2014 年，新增试点吉林、江苏、福建、四川和陕西。2015 年，新增试点北京、江西、河南、湖南、甘肃、青海、宁夏、天津、辽宁、黑龙江、广东、重庆和云南。试点期间，教育部于 2013 年印发了《中小学教师资格考试暂行办法》和《中小学教师资格定期注册暂行办法》，对改革中的经验和问题进行阶段性总结，详细阐述了中小学教师资格考试的重要意义、报考条件、考试内容与形式、考试实施、考试安全与违规处罚、组织管理等工作，以及教师资格定期注册的条件、程序等内容。

2015 年 7 月，教育部印发了《关于进一步扩大中小学教师资格考试与定期注册制度改革试点的通知》，标志着相关工作的全面铺开，28 个省（区、市）实施中小学教师资格考试与定期注册制度。幼儿园教师资格考试制度改革及幼儿园教师资格定期注册制度实施，严格把控了幼儿园教师队伍的入口关，不断提高了教师队伍的整体素质，是实现幼儿园教师专业发展重要制度支撑。

幼儿园教师专业标准的制定，对于促进和实现幼儿园教师专业发展具有关键示范作用和重要引领价值，其标志幼儿园教师专业发展从“计划导向”“标准导向”的转折推进。幼儿园教师资格认证制度改革和定期注册制度实施对于初期制度建立具有重要意义。幼儿教师国家级培训计划的开展，其有效回应了急速发展的学前教育事业对高质量幼儿园教师的强烈需求，而针对农村、西部及偏远地区实施的幼儿园教师支持计划以及巡回支教试点工作等，则契合了我国学前教育发展不均衡和整体城镇化发展进程。

一、我国幼儿教师职业准入标准

按照《中华人民共和国教师法》《教师资格条例》《〈教师资格条例〉实施办法》和各省制定的标准（教师资格认证改革试点省份除外），目前获得幼儿园教师资格证的要求可归纳为：具有中国居民身份证，具备幼儿师范学校毕业及其以上学历。思想品德好，无犯罪记录，思想品德鉴定合格。无传染病，无精神病史，体检合格。普通话一般达到二级乙等以上（民族地区和方言复杂地区适当降低标准）。幼儿师范院校毕业生，在校学习的教育学、心理学课程和教育实习成绩合格。非师范毕业生，参加幼儿教师资格培训合格，实习合格，参加国家教师资格考试合格，面试、试讲合格。

二、青海省幼儿园教师任职资格现状

根据教育部 2020 年教育统计数据，我国幼儿园教师达 322. 1806 万人，数量众多。其中，本科及以上学历占 28. 02%，专科毕业占 57. 73%，高中毕业占 12. 89%，高中以下毕业占 1. 36%。青海省幼儿园教师达 1. 6234 万人，其中，本科及以上学历占 27. 78%，专科毕业占 57. 04%，高中毕业占

13.8%，高中以下毕业1.37%。

随着我国教育事业的发展，对幼儿教师的学历要求有不断提高的发展趋势，城市幼儿教师学历基本在大专以上，一些城市幼儿园已经开始招收硕士毕业生。然而，青海省幼儿教师尤其是农村幼儿园教师的学历结构仍然偏低。目前，青海省幼儿教师的学历层次较低，和发达城市相比有很大的差距。甚至存在部分幼儿教师无教师资格证的情况。

（一）青海省中小学教师资格考试笔试报名通告中明确规定幼儿园教师要求

具有中华人民共和国国籍；遵守宪法和法律，热爱教育事业，具有良好的思想品德；符合申请认定教师资格的体检标准；符合《中华人民共和国教师法》规定的学历及相关要求。应达到国家语言文字工作委员会颁布的相应普通话水平等级标准。

（二）青海省公开招聘幼儿园教师笔试考试大纲

《学科专业素养》考试大纲。考试目标主要考查考生的学前教育专业素养、面向学前儿童的教学能力，即考生对学前教育专业知识、学前儿童教学知识的理解、掌握程度，以及综合运用所学知识分析、解决实际教学问题的能力。

考试要求：熟悉学前教育专业基础知识。掌握学前儿童的认知特点，熟悉学前教育课程与教学法，具有一定的教学实践和教研能力。具有从事学前教育工作所必须的基本教育教学技能，能运用学前教育基础理论、基本知识和方法分析和解决教学中的实际问题。

《教师综合素质》考试大纲。考试目标是以新时期合格幼儿园教师应具备的素质要求为依据，结合青海省幼儿园教育教学实际，充分体现新课程改革的基本精神。力求科学、公平、有效地测试应聘者掌握时事政治、教育法律法规、教师职业道德、学前教育学、学前心理学等方面基础知识、基本理论、基本方法的水平，以及分析、解决教育教学实际问题的能力。

考试范围主要涵盖时事政治、教育政策法规、幼儿园教师职业理念及职业道德规范、幼儿园教师文化素养、幼儿园教师基本能力五大模块。

三、完善幼儿园教师任职资格制度的建议

基于学前教育发展的需求，幼儿园教师缺编和补充受限等情况将成为制约和影响学前教育可持续发展的瓶颈，所面临的困难在短期内不可能得到根本性的解决。省级人民政府应坚持多渠道和多元化的师资培养培训原则，实施教师应急补充与补充长效机制并重，科学、有序地补充教师，稳定教师队伍，提升民族地区幼儿园教师的整体质量和专业化水平。

第二节　幼儿园教师的主要职责

一、《幼儿园教师专业标准》

（一）专业理念与师德

职业理解与认识。贯彻党和国家教育方针政策，遵守教育法律法规。理解幼儿保育和教育工作的意义，热爱学前教育事业，具有职业理想和敬业精神。认同幼儿园教师的专业性和独特性，注重自身专业发展。具有良好职业道德修养，为人师表。具有团队合作精神，积极开展协作与交流。

对幼儿的态度与行为。关爱幼儿，重视幼儿身心健康，将保护幼儿生命安全放在首位。尊重幼儿人格，维护幼儿合法权益，平等对待每一位幼儿。不讽刺、挖苦、歧视幼儿，不体罚或变相体罚幼儿。信任幼儿，尊重个体差异，主动了解和满足有益于幼儿身心发展的不同需求。重视生活对幼儿健康成长的重要价值，积极创造条件，让幼儿拥有快乐的幼儿园生活。

幼儿保育和教育的态度与行为。注重保育和教育结合，培育幼儿良好的意志品质，帮助幼儿养成良好的行为习惯。注重保护幼儿的好奇心，培养幼儿的想象力，发掘幼儿的兴趣爱好。重视环境和游戏对幼儿发展的独特作用，创设富有教育意义的环境氛围，将游戏作为幼儿的主要活动。重

视丰富幼儿多方面的直接经验，将探索、交往等实践活动作为幼儿最重要的学习方式。重视自身日常态度言行对幼儿发展的重要影响与作用。重视幼儿园、家庭和社区的合作，综合利用各种资源。

个人修养与行为。富有爱心、责任心、耐心和细心。乐观向上、热情开朗，有亲和力。善于自我调节情绪，保持平和心态。勤于学习，不断进取。衣着整洁得体，语言规范健康，举止文明礼貌。

（二）专业知识

具有幼儿发展知识。了解关于幼儿生存、发展和保护的有关法律法规及政策规定。掌握不同年龄幼儿身心发展特点、规律和促进幼儿全面发展的策略与方法。了解幼儿在发展水平、速度与优势领域等方面的个体差异，掌握对应的策略与方法。了解幼儿发展中容易出现的问题与适宜的对策。了解有特殊需要幼儿的身心发展特点及教育策略与方法。

具有幼儿保育和教育知识。熟悉幼儿园教育的目标、任务、内容、要求和基本原则。掌握幼儿园各领域教育的学科特点与基本知识。掌握幼儿园环境创设、一日生活安排、游戏与教育活动、保育和班级管理的知识与方法。熟知幼儿园的安全应急预案，掌握意外事故和危险情况下幼儿安全防护与救助的基本方法。掌握观察、谈话、记录等了解幼儿的基本方法和教育心理学的基本原理和方法。了解0—3岁婴幼儿保育和教育和幼小衔接的有关知识与基本方法。

具有通识性知识。具有一定的自然科学和人文社会科学知识。了解中国教育基本情况。具有相应的艺术欣赏与表现知识。具有一定的现代信息技术知识。

环境的创设与利用。建立良好的师幼关系，帮助幼儿建立良好的同伴关系，让幼儿感到温暖和愉悦。建立班级秩序与规则，营造良好的班级氛围，让幼儿感受到安全、舒适。创设有助于促进幼儿成长、学习、游戏的教育环境。合理利用资源，为幼儿提供和制作适合的玩教具和学习材料，引发和支持幼儿的主动活动。

（三）专业能力

一日生活的组织与保育。合理安排和组织一日生活的各个环节，将教育灵活地渗透到一日生活中。科学照料幼儿日常生活，指导和协助保育员做好班级常规保育和卫生工作。充分利用各种教育契机，对幼儿进行随机教育。有效保护幼儿，及时处理幼儿的常见事故，危险情况优先救护幼儿。

游戏活动的支持与引导。提供符合幼儿兴趣需要、年龄特点和发展目标的游戏条件。充分利用与合理设计游戏活动空间，提供丰富、适宜的游戏材料，支持、引发和促进幼儿的游戏。鼓励幼儿自主选择游戏内容、伙伴和材料，支持幼儿主动地、创造性地开展游戏，充分体验游戏的快乐和满足。引导幼儿在游戏活动中获得身体、认知、语言和社会性等多方面的发展。

教育活动的计划与实施。制定阶段性的教育活动计划和具体活动方案。在教育活动中观察幼儿，根据幼儿的表现和需要，调整活动，给予适宜的指导。在教育活动的设计和实施中体现趣味性、综合性和生活化，灵活运用各种组织形式和适宜的教育方式。提供更多的操作探索、交流合作、表达表现的机会，支持和促进幼儿主动学习。

激励与评价。关注幼儿日常表现，及时发现和赏识每个幼儿的点滴进步，注重激发和保护幼儿的积极性、自信心。有效运用观察、谈话、家园联系、作品分析等多种方法，客观地、全面地了解和评价幼儿。有效运用评价结果，指导下一步教育活动的开展。

沟通与合作。使用符合幼儿年龄特点的语言进行保育和教育工作。善于倾听，和蔼可亲，与幼儿进行有效沟通。与同事合作交流，分享经验和资源，共同发展。与家长进行有效沟通合作，共同促进幼儿发展。协助幼儿园与社区建立合作互助的良好关系。

反思与发展。主动收集分析相关信息，不断进行反思，改进保育和教育工作。针对保育和教育工作中的现实需要与问题，进行探索和研究。制定专业发展规划，积极参加专业培训，不断提高自身专业素质。

二、青海省幼儿教师专业发展现状

（一）农牧区幼儿教师专业素质

目前，构成农牧区幼儿教师的两大主体是转岗教师和临时聘用的教师，多数非幼师专业毕业，未经过幼教专业培训，缺少专业素质和基本技能，因此，只能运用灌输式的讲授作为教学方法，这是造成当前在农村幼儿教育小学化倾向严重的根源。农牧区幼儿教师不仅学前教育专业素养低，而且缺乏作为普通教师的一些基本素质，普通话不标准、钢笔字、粉笔字不规范现象也比较常见。

（二）专业精神和科研意识

许多幼儿教师对幼儿教育事业有着较高的工作热情，不畏困苦，默默奉献，但对学前教育目标和幼儿教师职业缺乏全面而正确的认识，有些农村幼儿教师认为自己只是“高级保姆”，尽职尽责地看好孩子，在孩子活动时保护好孩子的人身安全，适当地教教拼音、数字就可以了，对于幼儿教师的专业素质、工作职责及自身专业学习与发展并不重视，对教学科研更是茫然。许多教师还不知道课题是何物；参加过高层次、高水平学术会议的农村幼儿教师更是少之又少。

三、幼儿教师专业发展的建议

目前，我国幼儿园教师职前培养主要依赖于高校学前教育专业和幼儿师范类院校，这些学校在课程设计中大多缺失全纳教育能力培养的相关内容。在普及全纳教育的过程中也曾遇到过这一问题，把解决问题的关键聚焦在教师职前全纳教育能力的培养上。在全纳教育需求日益提高的今天，我国的教育行政部门及各类师范院校应提高对教育机会均等、教育公平意义的认识，为全纳教育的普及提供政策和财力上的支持，并通过职前幼儿教师教育的改革，促进学前教育与特殊教育的学科融合与资源整合。有条件的师范院校应该加快速度进行幼儿园教师教育改革，完善人才培养方案和课程体系，重视学前教育专业学生全纳教育能力的培养。

我国现行的普通幼儿教师资格认定及考试制度刚刚形成，还没有形成专门针对幼儿园或特殊班工作的幼儿特殊教育教师资格制度。但国际全纳教育发展的潮流要求全面实施全纳教育幼儿园教师资格认定制度。我国可以学习各国经验，根据实际情况，不断完善全纳教育幼儿园教师资格证书制度，在这之前可以在特殊儿童教育教师资格的认定过程中，重视学习过程，直接以人才培养过程中所选修的特殊教育相关课程及所获得的学分为标准授予相应的资格。对在职幼儿园教师，可以要求他们通过多种形式学习和培训，获得相应的学分，相关机构可以补发其特殊教育教师的资格证书。

第三节　幼儿园教师的岗位要求

一、青海省直幼儿园

1. 青海省三毛幼儿园、青海省六一幼儿园

学历要求本科及以上。资格要求国民教育本科及以上学历，学前教育专业，30 周岁以下，具有幼儿园教师资格证。学科专业素养笔试科目是学前教育学科专业素养。

2. 青海省人民政府机关幼儿园

学历要求本科及以上。资格要求国民教育系列，35 周岁以下，具有幼儿园教师资格证。有教育学学士学位、幼儿教育从业经验者优先。学科专业素养笔试科目是学前教育学科专业素养。

二、西宁市幼儿园

西宁市幼儿园要求国民教育系列本科或以上学历。资格要求年龄 35 周岁以下，取得幼儿园或以上教师资格证书，所持教师资格证任教学科为报考岗位相应学科或所学专业与学科专业要求一致。学科专业素养笔试科目是学前教育学科专业素养。

三、海东市幼儿园

要求热爱社会主义，拥护中国共产党的领导，热爱教育事业，具有较高的政治思想觉悟；有较强的事业心，责任感和敬业精神，能吃苦耐劳，

服从工作分配；教师岗位持有幼儿园教师资格证书以上资质；保育员持有保育证；保育和教育人员岗位年龄在35周岁以下，经考核成绩优秀聘用保育和教育人员，根据个人或原单位缴纳社会保险年限，可适当顺延年龄；有下列情况之一的人员，不予报名：不符合招聘岗位条件要求的人员；曾因犯罪受过刑事处罚的人员；有传染病、精神疾病、重大疾病等不宜从事保育和教育岗位相关疾病和病史的。

四、海南藏族自治州幼儿园

同德县幼儿园要求国民教育系列本科或以上学历。资格要求年龄35周岁以下，取得幼儿园教师资格证，所学专业与报考岗位学科专业要求一致。学科专业素养笔试科目是学前教育学科专业素养。

五、海北藏族自治州幼儿园

1. 西海幼儿园

要求本科或以上学历。资格要求国民教育高校本科及以上学历，学前教育专业，35周岁以下，具有幼儿园教师资格证。学科专业素养笔试科目是学前教育学科专业素养。

2. 海北藏族自治州海晏县小天使幼儿园

要求大专或以上学历。资格要求国民教育高校专科及以上学历，学前教育专业，35周岁以下，具有幼儿园教师资格证。学科专业素养笔试科目是学前教育学科专业素养。

六、果洛藏族自治州幼儿园

玛沁县大武幼儿园、玛沁县幼儿园、玛多县中心幼儿园、班玛县中心幼儿园。要求国民教育专科及以上学历。具有国民教育学前教育专业专科及以上学历，年龄在35周岁以下；具有幼儿园教师资格证；普通话等级达到二级乙等或以上。学科专业素养笔试科目是学前教育学科专业素养。

七、黄南藏族自治州幼儿园

黄南藏族自治州同仁县幼儿园，要求国民教育专科及以上学历，35 周岁以下，学前教育专业，具有幼儿园教师资格证，普通话二级乙等，胜任幼儿园教师岗位的专业知识和工作技能。具有正常履行岗位职责要求的身心条件和心理素质。学科专业素养笔试科目是学前教育学科专业素养。

八、玉树藏族自治州幼儿园

玉树藏族自治州幼儿园，要求国民教育系列大专及以上学历，年龄为 35 周岁以下；须持有幼儿教师资格证；所学专业和所取得的教师资格证任教学科要与报考岗位学科一致。学科专业素养笔试科目是学前教育学科专业素养。

九、海西蒙古族藏族自治州幼儿园

天峻县幼儿园，要求遵纪守法，热爱幼教事业，具有较强的事业心和责任心；专业技能扎实，综合素质高，吃苦耐劳，且乐于合作；遵守教师职业道德，胜任学前教育教学工作。身体健康，无传染性疾病和家庭精神病史，具备正常履行岗位职责的基本条件。专任教师具有大专及以上学历，须取得幼儿教师资格证、普通话二级甲等证书，具备一定的幼师基本功（弹、唱、跳、画、讲）；保育员具有高中以上学历，须取得保育员资格证，普通话二级乙等证书。招聘年龄以身份证出生年月为准，35 周岁以下。凡参加招聘报考生均签订服从教育、人社部门统一调配承诺书。

第六章　青海省学前教育发展现状

青海省学前教育处于规模持续增长、普及程度逐步提高、结构逐渐优化、教育质量稳步提升、发展势头强劲的态势中，为初步形成以政府为骨干、社会力量为主体，公办和民办幼儿园共同发展的学前教育办学新格局奠定了良好基础。《青海省中长期教育改革和发展规划纲要（2010—2020年)》明确提出了未来10年青海省学前教育的奋斗目标，建立政府主导、社会参与、公办民办并举的办园体制。城市办好一批公办骨干和示范性幼儿园，大力发展社会力量办园。重点发展农牧区学前教育，提高农牧区学前教育普及程度。

到2015年，青海省每个县建设1—2所标准化幼儿园，每个乡镇建设1所以上中心幼儿园，形成以县级标准幼儿园为骨干和示范，以乡镇中心幼儿园、小学附设学前班和村级办园为主体的农牧区学前教育格局。青海省学前一年入园率达到85%。到2020年，全省公办和集体办幼儿园数、在园幼儿数分别占幼儿园总数、在园幼儿总数的80%，全省所有幼儿园达到省定基本办园标准；普及学前三年教育，毛入园率达到85%。

截至2012年，青海省各类幼儿园数量达到1143所，还有1069所中小学附设了学前班、幼儿班，在园幼儿总数达153340人，学前教育毛入园率达到69.09%，幼儿园的教职工7243人，专任教师4361人，代课教师1556人，占教师总数的35.68%。幼儿园占地面积2785957平方米，比2011年扩大了105700平方米。

2015年，青海省启动政府购买学前教育服务试点工作，落实专项资金5000万元，在全省8个市（州）19个县市进行试点，到2015年年底，青海省学前教育教职工达 11711 人。截至 2015 年年底，全省在园幼儿由 2010 年的 11 万人增加到 18 万人，增长 63.64%，学前三年毛入园率由 2010 年的 60.40%增加到 80.74%。

从 2016 年春季开学起，青海省实施 15 年免费教育，六个自治州所有在园幼儿和西宁、海东两市贫困家庭在园幼儿共 12.2 万人，享受到学前免费教育政策，占全省在园幼儿的 66.3%。

“十二五”规划以来，省委、省政府高度重视学前教育，将学前教育作为提升民族整体素质、解决民生疾苦的一项基础性工程。并纳入青海省经济社会发展的整体规划和教育事业发展的总体规划中。青海省全面贯彻落实《国务院关于当前发展学前教育的若干意见》，先后印发了《青海省人民政府关于印发青海省发展学前教育实施意见的通知》《青海省人民政府办公厅关于加大财政投入支持学前教育发展指导意见的通知》，按照“广覆盖、保基本、多形式、有质量”的学前教育公共服务原则，强化统筹力度，明确政府责任，确定发展目标和具体政策，积极采取有效措施，促进青海省学前教育的快速发展。

一、普及程度大幅度提高

省内各地区通过扩大办学资源、创新办园模式、实施资助政策、加强教师培训等措施，提高了学前教育普及程度，以 2015 年为例，全省小学招生 77091 人，其中接受过学前教育的儿童达 70113 人，占比达 90.95%。截至 2015 年年底，全省在园幼儿由 2010 年的 111950 人增加到 2015 年的 184214 人，增加 72264 人，增长 64.55%，学前三年毛入园率由 2010 年的 60.40%增加到 2015 年的 80.74%，增加了 20.34 个百分点，超过全国平均水平。

青海省东部地区，因自然条件相对较好，人口密度很大。如东部的西宁市和海东市，面积虽只占全省的 2.8%，却集中了全省 64.08%的人口。随着城市化进程的加快和三孩政策的实施，在这些地区，普遍存在着“入园难”“入园贵”问题。青海省的高原牧业区和大山深沟的农业区，面积虽占全省的 95%以上，但居住的人口只占总人口的 25%，因为经济落后、人口居住分散、教育资源不足等原因，学前教育发展更为薄弱。

在这种“城镇挤、农牧区弱”的情况下，青海省因地制宜，把扩大普惠性资源作为跑出学前教育“加速度”的主引擎，实行“省市（州）两级统筹、协调督导、以县为主”的学前教育管理体制，形成了以公办园为主体、公办和民办园共同发展的学前教育格局和覆盖城乡的学前教育公共服务体系。

2019 年，青海省教育厅等 9 部门修订完善了《青海省幼儿园基本办园标准》《青海省幼儿园等级评定办法》，并印发了《青海省城镇小区配套幼儿园专项治理工作方案》，规定老旧城区、棚户区改造和新城区、城镇小区建设，要按需要配建幼儿园，大力扩充城镇普惠性资源。

对通过认定的普惠性民办园，采取购买服务、综合奖补、培训教师、教研指导等方式，支持其发展。同时，在居民住宅区规划设计审批中，将配套园作为重要考虑因素，从源头上保证学前教育学位供给。

省级财政重点支持农牧区、贫困地区学前教育发展，在大村独立办园、小村联合办园的基础上，采取附设幼儿班、设立巡回支教点等方式，解决小散远地区幼儿入园问题，实现了乡镇以上幼儿园全覆盖。截至目前，全省共设立了 667 个学前教育巡回支教点，共补助资金 1629. 9 万元。

随着三期学前教育行动计划的实施，全省幼儿园由 2013 年年底的 1245 所增加到 1804 所，其中，公办园 1260 所，占幼儿园总数的 69. 8%，全省普惠性幼儿园覆盖率达 87%，青海六州所有儿童和西宁、海东两市贫困家庭儿童都能享受到学前三年免费教育。

在这几年青海省教育部门的努力下，幼儿园数量持续增加，公办园占比不断提高。青海省学前教育起步晚、底子薄，在学前教育行动计划的推动下，近十几年来，全省幼儿园数量一直呈上升趋势。截至 2020 年年底，青海省共有幼儿园 1824 所，比 2011 年增长了近 1. 9 倍。其中民办幼儿园 510 所，占比 27. 96%，比 2011 年下降了 10. 00%，公办园占比不断提高，为构建有质量的学前教育服务体系提供了坚实保障。

青海省教育部门还持续扩大普惠性资源供给。按照目标导向和保障机制相结合的原则，着力扩大普惠性资源。仅“十三五”期间，累计投入建设资金 22. 38 亿元，新建幼儿园 337 个，改扩建幼儿园 377 个，增加学位

38971 个，全省幼儿园数量从 2015 年的 1525 所增加到 2020 年的 1824 所；全省在园幼儿从 18.42 万人增加到 22.71 万人，学前教育三年毛入园率也由 2015 年的 80.74%提高到 2020 年的 91.83%，增加了 11.09 个百分点。同时，积极推进普惠性民办幼儿园认定和城镇小区配套幼儿园治理工作。截至目前，全省有民办幼儿园 510 所，其中，普惠性民办园 482 所，在园幼儿 82932 人，全省普惠性资源覆盖率达到 97.69%。当前，青海省“广覆盖、保基本”的学前教育体系基本建成，“入园难”“入园贵”的问题得到有效缓解。

学前教育是国民教育体系的重要组成部分，是人生的开端，对于塑造个体的性格具有启迪作用，是终身学习的保障，是教育脱贫、阻断贫困代际传递的重要工程，学前教育促进社会和谐、改善人民生活。近年来，我国学前教育取得了可喜的成绩。

青海省地处西部地区，与全国水平相比，学前教育发展存在一定差距，但是，国家加大了对西部地区的教育支持力度。从 2011 年开始，青海省实施第一个学前教育三年行动计划（2011—2013 年），省政府先后出台《青海省发展学前教育实施意见》《关于加大财政投入支持学前教育发展指导意见》等政策措施，全省学前教育的建设得到了改善。

青海省认真贯彻落实《国务院关于当前发展学前教育的若干意见》精神，积极推进落实《学前教育三年行动计划》，把发展学前教育特别是农牧区学前教育作为教育改革和发展的重点领域，进一步完善政策措施，创新工作机制，加强规范管理。依据人口分布和流动趋势等情况，将幼儿园建设纳入城乡公共服务设施配套建设规划，不断向农牧区和贫困地区及困难群体倾斜，把 90%的资金投向这些地区。

同时，实施奖补政策，采取查漏补缺的办法，补配公办幼儿园保育和教育设备，对民办幼儿园进行补助，奖补接受进城务工人员随迁子女入园的幼儿园，改善了全省各类幼儿园的办园条件，全省城区、镇区和乡村幼儿园中，乡村幼儿园近千所，占全省幼儿园总数的 65.5%。从 2016 年春季开学起，青海省实施 15 年免费教育，6 个民族自治州所有在园幼儿和西宁、海东两市贫困家庭在园幼儿共 12.2 万人，享受到学前免费教育政策，占全省在园幼儿 66.3%，有效地促进了教育公平，努力让每个孩子都能享有公平而有质量的教育，“幼有所育”。

（一）青海省适龄幼儿受教育情况

适龄幼儿受教育总体增加，农村幼儿增长显著。适龄幼儿受教育总体增加。青海省通过扩大办学资源、创新办园模式、实施资助政策、加强教师培训等措施，提高了学前教育普及程度，青海省在园幼儿逐年增加与近年来国家颁布的学前教育政策和资金投入紧密相关。农村幼儿入园人数增长显著，农村幼儿入园人数增长显著，农村幼儿接受学前教育的人数逐年增多，与城区相比，虽然还存在一定差距，但这种差距正在逐渐缩小。

学前三年入园率不断提高。青海省学前三年入园率由2014年的63.8%增加到2017年的76.35%，增加了12.55个百分点。2017年学前三年入园率整个青海省为82%，总体为76.35%，其中海西蒙古族藏族自治州100%、海北藏族自治州95.5%、海南藏族自治州89%、黄南藏族自治州60.73%、果洛藏族自治州57.87%和玉树藏族自治州55%，六个自治州发展不均衡。青海省女童入园率不断提高，从2014年开始逐年增加。

（二）幼儿园办学质量与规模

幼儿园数量总体增长。青海省办学资源得到扩大，青海省依据人口分布和流动趋势等实际情况，将幼儿园建设纳入城乡公共服务设施配套建设规划，不断向农牧区和贫困地区及困难群体倾斜，重点建设民族幼儿园、农牧区幼儿园、城乡接合部幼儿园、城镇幼儿园，着力扩大学前教育资源总量。青海省幼教机构从2014年开始逐年增加，增长比例13.03%。大力发展农村幼儿园。青海省学前教育发展较快，城区、镇区和乡村幼儿园中，农村幼儿园从2014年开始逐年增加，城区幼儿园保持平稳态势。

公办幼儿园发展迅速。青海省办学格局得到优化，各级政府努力构建覆盖城乡的学前教育公共服务体系，已初步形成以公办幼儿园为主体、公办和民办幼儿园共同发展的学前教育格局。实施奖补政策，采取查漏补缺的办法，补配公办幼儿园保育和教育设备，对民办幼儿园进行补助，改善各类幼儿园的办园条件。

青海省民办幼儿园数从2014年开始逐年增加，增加率10.32%，公办幼儿园增加率 34.38%。附设幼儿班学校数量减少。附设幼儿班学校从2014年开始逐年减少，说明附设幼儿班减少了，这与全国的发展趋势一致，附设幼儿班在我国学前教育中起着重要作用，附设幼儿班减少说明从以前小学附设幼儿班为主要形式的学前一年教育，逐步转变为以幼儿园为主要形式的学前三年教育，学前教育正规化。

民族幼儿机构不断增加。青海省幼儿教育的特点是民族融合性，有利于少数民族学生更好地发展。青海省民族幼儿园建设发展快，年增长比例高达43.67%。在有些地区，有针对性地建立了示范园，积极编写幼儿读物，开发符合幼儿认知规律，有利于幼儿语言发展的幼儿读物，为教学创造条件。具体教学中，幼儿学好母语的同时，在幼儿语言发展最佳阶段，加强国家通用语言教学，掌握国家通用语言，努力提高幼儿的听说能力，为幼儿进入义务教育阶段奠定基础，提高幼儿进入小学后对国家通用语言教学的适应性，拓展儿童的学习成长空间。

“走教点”发展总体态势良好。“走教点”是2009年9月中国发展研究基金会为了解决制约学前教育发展严重滞后的难题，在青海省乐都区首次实施“贫困山区儿童早期教育发展项目”。此后，“走教点”在青海省各地学前教育中发挥了巨大作用，成了青海省学前教育的一个特点，青海省的“走教点”从2014年开始逐年分别为930个、768个、553个、740个。

“走教点”帮助了贫困边远地区、家庭经济收入有限的儿童，青海省借用乐都区的经验，按照“分地区、分层次、分阶段”的原则，采取不同措施，在县城地区创办示范幼儿园，在贫困地区按照“大村独设、小村联设，规模不同、就近入园”的思路，创办乡镇中心幼儿园和中心村幼儿园。青海省依托村校闲置校舍改建幼儿园，兴办农村学前教育。通过对能够适应学前教育的小学教师转型和兼职授课、公开招聘“走教点”志愿者教师等方式充实教师队伍，由县级示范幼儿园选用一批优秀教师以承包乡镇地区的方式，担任农村幼儿园、“走教点”的指导教师，定期下乡指导幼儿园工作。由乡镇中心学校统筹安排教师以走教形式为幼儿提供教育服务，由于各州条件不同，每周走教的次数也有所不同。走教的形式促进了幼儿多项能力的综合发展。“走教点”为偏远乡村的幼儿提供了学前启蒙教育，有效扩大了办学资源，为部分地处边远、人口稀少、学前公共服务体系尚不健全的农牧区开展巡回支教，成为青海省学前教育的补充形式之一。

（三）幼儿园格局的发展变化

公办幼教机构发展快于民办幼教机构。2014—2017 年青海省坚持普惠性原则，努力构建覆盖城乡、布局合理的学前教育公共服务体系，学前教育规模和效益进一步扩大。改扩建的公办幼教机构不断增加，民办的没有变化。幼儿园的格局反映了学前教育公共服务体系的特点和水平，公办幼教机构是公办性质的幼儿园，包括教育部门办园、集体办园和其他部门办园三类，在民办幼教机构发展缓慢，公办幼教机构在青海省承担着普及普惠以及示范引领作用。

幼儿园办学质量与规模。青海省保育和教育质量得以提高，青海省教育厅制定《青海省幼儿园基本办园标准（试行）》《青海省幼儿园等级评定办法（试行）》，依据标准，加强幼儿园管理。2014—2017 年，建成省级示范幼儿园 14 所、2 所、8 所、3 所，市（州）级示范园分别为 5 所、15 所、14 所、10 所，这些示范幼儿园引领着学前教育发展。同时，幼儿园规模逐步扩大，逐渐走向正规化，6 个班以上幼儿园从 2015 年开始每年不断发展壮大。

（四）学前教育经费来源及使用

学前教育经费的来源情况，多数是中央财政拨款。经费总数从 2014—2017 年分别为：46910 万元、52339 万元、91864 万元、88559 万元，增长 41649 万元，增长了 88.78%，增长迅速，四年间中央财政拨款为 43554 万元、47239 万元、76764 万元、80069 万元，增长了 83.84%。

学前教育经费是青海省学前教育事业发展和质量提高的基础性保障条件，反映了国家对学前教育的重视程度，学前教育经费多数是中央财政拨款，以 2017 年为例，中央财政拨款占 90.41%，是学前教育最重要的来源。

学前教育经费支出，大部分用于幼教机构建设和其他支出。2014—2017 年经费支出中，用于幼教机构建设的分别为：21008 万元、20957 万元、48050 万元、32644 万元，所占比例为：44.78%、40.04%、52.31%、

36.86%，用于其他的分别为：24363 万元、30149 万元、42766 万元、54630 万元，所占比例为：51.94%、57.60%、46.55%、61.69%，用于师资培养的分别为：1539 万元、1233 万元、1048 万元、1285 万元，所占比例为：3.28%、2.36%、1.14%、1.45%。

目前，学前教育经费支出，大部分用于基础建设，用于师资培养的很少，说明学前教育还在不断建设中。

经费使用农村高于城区。以前，农村学前教育发展缓慢，近年来，在国家的大力支持下，发展有了巨大变化，最明显的是经费支出向农村倾斜，2014—2017 年每年 80%以上的经费用于农村学前教育。

（五）学前教育师资队伍建设

新增幼儿园教师数量。2014 年开始青海省教师队伍建设得到加强，针对学前教育教师数量严重不足的问题，青海省启动政府购买学前教育服务试点工作，2014—2017 年四年分别新增幼儿园教师 153 人、218 人、2120 人、333 人，初步缓解了师资不足、待遇不高和队伍不稳的问题，对现有幼儿园教师强化培训，以实施“国培计划”为重点，通过请进来、走出去和网络研修等多种方式，进行专业培训，提升幼儿园教师能力。

二、办学资源得到扩大

全省依据人口分布和流动趋势等实际状况，将幼儿园建设纳入城乡公共服务设施配套建设规划，向农牧区和贫困地区及困难群体倾斜，重点建设农牧区幼儿园、城乡接合部幼儿园、城镇幼儿园，着力扩大学前教育资源总量。5 年间全省新建幼儿园 926 所，幼儿园增长比例高达 154.60%，幼儿园校舍面积由 2010 年的 44.16 万平方米增加到 2015 年的 113.5 万平方米，增长 157.02%。截至 2015 年年底，全省共有 1525 所幼儿园，708 所中小学附设幼儿园（班）765 个，在 6 个州（市）17 个县设立 768 个巡回支教点，有效扩大了办学资源。同时实施奖补政策，采取查漏补缺的办法，补配公办园保育和教育设备，对民办园进行补助，奖补接受进城务工人员随迁子女入园的幼儿园，改善了全省各类幼儿园的办园条件。

从2010年开始，青海学前教育办学资源显著扩大，学前三年毛入园率由2010年的60.4%提高到2014年的77.07%，增长了16.67个百分点，初步形成以公办幼儿园为主体、公办和民办幼儿园共同发展的学前教育格局。青海省从2015年投资5.1亿元建设251所幼儿园，确保3年内全省每个乡镇建成独立建制的公办幼儿园，努力构建覆盖城乡、布局合理的学前教育公共服务体系，适龄儿童入园难问题有望缓解。青海省将把学前教育发展的重点放在农村，县（区）政府将把发展学前教育纳入新农村建设规划，按照“规模适度、安全就近”的原则，加快乡镇中心幼儿园建设，通过新建、改建、扩建等方式，确保3年内每个乡镇建成独立建制的公办幼儿园，不断提高农村幼儿入园率。

截至2020年，青海省学前教育的毛入园利率为91.83%。2021年，青海省有关部门继续优化基础教育布局调整，实施学前教育行动计划，投入5.31亿元，新建改扩建幼儿园118所，新增幼儿学位10209个；实施扩大普惠性资源、服务能力提升、规范办园行为等五大行动，一县一策制订薄弱县振兴方案，着力解决学前毛入园率低于全省平均水平、国家通用语言文字基础薄弱、公办园在园幼儿占比过低等突出问题。

三、办学格局得到优化

各级政府努力构建覆盖城乡的学前教育公共服务体系。青海省形成以公办幼儿园为主体、公办和民办幼儿园共同发展的学前教育格局。在青海省的一部分地处边远、人口稀少、学前公共服务体系还不健全的农牧区开展巡回支教，为农牧区学前教育提供了补充形式，为偏远乡村的幼儿提供了学前启蒙教育，青海省的巡回支教的办学模式获2014年国家级教学成果二等奖。截至2015年年底，青海省公办幼儿园数由2010年的258所增加到2015年的977所，占各类幼儿园的64.07%，公办幼儿园的在园幼儿由2010年的62948人增加到2015年的95822人，占全省在园幼儿总数的52.02%。农牧区学前教育发展较快，全省城区、镇区和乡村幼儿园中，乡村幼儿园达999所，占全省幼儿园总数的65.50%。

2018年，青海省人民政府办公厅提出了完善以独立设置幼儿园为主、中小学附设幼儿园（班）为辅、巡回支教点为补充的学前教育办学格局，满足幼儿接受学前教育需求，取得了一定的成果。

2019 年，青海省提出学前教育集团化办园的试点工作，展开学前教育集团化学前教育格局。

2021 年，青海省三毛幼儿园、六一幼儿园充分发挥省级示范园引领辐射带动作用，积极推进集团化办园、开展城乡教育联盟，帮助民办园所更新教育教学方法、提升教育教学质量，有效促进城乡学前教育均衡发展。

青海省三毛幼儿园、六一幼儿园以“名园长、名师工作室”为依托，积极开展教研活动，组织教职工积极参加各项职业技能竞赛，在职业技能大赛的带动下，教师的教学能力有了很大的提升。构建家园联动中心站，通过“线上+线下”召开家委会、家长会、家访活动等，为家长提供家庭教育指导服务，引导家长树立正确的教育观和成才观。开展线上亲子课堂、家园“图书漂流”活动，有效提升家园共育质量。同时，贯彻落实“以游戏为幼儿园基本活动”的教育理念，开展“安吉游戏”实践教学，增设小太阳机器人教室、创意美劳室、改造玩沙玩泥区等自然开放的活动环境，打造“红色文化教育”课程体系，开展“红色精神　薪火相传”“保护三江源　我们在行动”“民族团结一家亲”等主题教育活动，促进养成幼儿的良好品德。

青海省三毛幼儿园、六一幼儿园充分发挥示范园引领辐射作用，与 14 所民办园开展教育联盟，搭建交流共享、互学互通的平台，为全省骨干教师开展分层分类培训 400 余人次，为学前教育专业学生提供实习见习岗位 232 人次，完成“走园”教育教学任务 35 次，组织开展研修培训 127 场次，受众教师达 2600 人次，带动区域幼教成长，不断推进学前教育优质均衡发展。

四、教师队伍建设得到加强

有好教师才有好的教育，一支稳定专业的教师队伍，可以助推学前教育这辆“列车”更快更好地前行，这是青海发展学前教育的共识。随着学前教育资源的快速扩充、普及率的不断提高，新的难题也随之凸显：幼儿教师编制短缺、数量不足、稳定性差等问题日益突出。

2015 年始，青海省实施政府购买学前教育服务试点工作。2015 年以来，已累计投入省级补助资金 6.97 亿元，购买保育和教育岗位 9.29 万个。全省学前教育师生比从 2013 年的 1∶35.7 降低到 2020 年的 1∶17.43，很大程度上缓解了学前教育专任教师不足、流动性大的问题。同时，加大教师培训力度，2014 年以来，连续培训 2 万多人次，年培训保持在 3000 人次以上，学前师资队伍整体素质明显提升。青海省政府 2019 年购买学前教育保育和教育岗位的服务资金 1.24 亿元，共购买保育和教育岗位 13691 个。这一做法，在青海省已经推行了 5 年，已实现区县全覆盖。

青海省按照“县级实施，省级奖补”的原则，县（区）教育部门按照购买程序，编制购买计划，省级按照每个岗位每月 700 元给予奖补，2019 年开始，每个岗位每月又提标了 50 元。同时，落实购买资金，公开相关信息，签订购买合同，组织实施并对项目实施进行全过程督导检查。

在事业单位编制容量有限的情况下，作为经济发展相对较好的区县，祁连县政府先行先试，成立以主管教育的副县长为组长的幼儿教师招聘工作领导小组，以人均年收入不低于当地平均工资为目标，先后分三批招聘同工同酬编外幼儿教师 151 名。

为提升幼儿园园长、专任教师、保育员的专业素养，青海省制定了幼儿教师队伍培训规划，建立了国家、省、州、县（区）学前教育四级培训体系，通过“走出去”“请进来”“送教、跟岗”等方式，有计划、分层次开展园长、骨干教师培训和农村幼师全员培训。

好的政策还在向幼儿教师倾斜。西宁市城北区实施了幼儿教师学历达标提升计划，通过政府负担学费的方式，支持和鼓励幼儿教师按照专业对口的原则参加学历提升学习，已有 301 名教师通过学习提升了学历。

青海省幼教队伍增“量”提“质”，与 2014 年相比，教职工增加了 1.05 万人，专任教师增加了 6226 人，师生比由 1∶28.43 提高到 1∶17.75，学前教师学历水平、持证人数逐年提升。学前专任教师数量和质量均有提升，师幼比上升。10 年来，青海省幼儿园专任教师由 4051 人增加至 12256 人。专任教师与幼儿比自 2014 年的 1∶26 持续上升至 1∶18，可见在补足学前教师数量方面，青海省做了很多工作。根据抽样调查，青海省学前教育专任教师学历较高，大专与本科学历占比 88.57%，其中 73.71%的教师是学前教育专业毕业，接受过师范专业教育的教师达 89.14%，说明学前专任教师质量较高。

五、幼儿资助体系初步建立

近年来，全省制定了一系列优惠政策，建立了资助体系，有效提高了幼儿入园率。2011 年开始对三江源地区学前一年幼儿实行免除保育教育费，并给予生活补助的政策，生均达 2700 元，当年 13857 名在园幼儿受益。2013 年起对三江源以外其他地区学前一年在园幼儿实行保育教育费资助，城镇每生每年 800 元、农牧区每生每年 1200 元。每年均有 8.8 万名左右在园幼儿受益，调动了家长送子女入园的积极性。

青海省不断完善学前保障体系。在学前一年资助政策覆盖全省所有幼儿园的基础上，从 2016 年起，青海省实施学前三年教育资助政策，建立学前教育生均公用经费补助标准，按年生均 1200 元进行补助，全省六州所有在园幼儿和西宁、海东两市贫困家庭在园幼儿享受资助政策。2016—2020 年，全省累计下达学前三年补助资金 7.579 亿元，累计惠及在园幼儿 76.1165 万人。2021 年，省财政厅、教育厅印发《关于建立学前教育生均公用经费拨款制度的通知》，明确了公办幼儿园生均公用经费标准、支出范围和资金来源，健全了学前教育保障机制。

六、保育和教育质量得以提高

青海省教育厅制定《青海省幼儿园基本办园标准（试行）》《青海省幼儿园等级评定办法（试行）》，省内各地依据上述标准，加强幼儿园管理，建成 16 所省级示范幼儿园，省内各地区积极创建市（州）级示范园，引领学前教育发展。幼儿园园长和教师克服在园幼儿数量激增、条件保障不足等困难，依据《3—6 岁儿童学习与发展指南》，以健康、语言、社会、科学、艺术为教学核心内容，以游戏为基本活动，积极探索科学保育和教育，促进幼儿健康成长。农牧区最基层幼儿园的孩子们也能进行游戏活动，会唱歌跳舞。

青海省的学前教育在各类教育中处于最薄弱的环节，尤其在城乡间、区域间发展不平衡。由于历史和自然的原因，全省区域间、城乡间学前教育在政府投入、办学水平、普及程度、教育质量等方面存在差距。

（一）政策保障体系进一步建立健全

青海省积极发展学前教育，相继出台了《关于进一步加快学前教育发展的意见》《青海省第三期学前教育行动计划实施意见》《贯彻落实〈中共中央 国务院关于学前教育深化改革规范发展的若干意见〉的实施方案》等文件，围绕扩大资源总量、健全保障机制、加强教师队伍、强化监督管理、促进规范发展、提升保育和教育质量等方面，为学前教育发展提供了政策保障。

（二）幼儿园监管进一步加强

为进一步加强幼儿园管理，提升办园质量，青海省不断强化源头监管，严格幼儿园准入制度，实行公办幼儿园年度考核、民办幼儿园登记注册和年检制度。积极开展幼儿园等级评定和省级示范园评估认定工作，截至目前，全省已评估认定了省级示范幼儿园 38 所，在推进区域学前教育发展中发挥了示范引领作用。同时，积极开展“小学化”专项治理、无证幼儿园专项治理，认真组织开展学前教育宣传月活动，以“我是幼儿园教师”征文、学前教育教学典型案例征集、幼儿园游戏活动案例评选等系列活动的开展，进一步规范办园行为，提高科学保育和教育水平。

（三）建立以城乡共享优质资源为“平衡系统”

走进青海省兴海县任意一所幼儿园，都不会感受到大的差异。政府把标准化建设作为促进均衡发展的重要抓手，统一配备保育和教育设施，兴海县统一运用“6+2”（语言室、动作室、思维室、科学室、综合室、传统文化室+营养室、寝室）功能模块活动场所，进行标准化课程教学，加之政府统一招聘和定期培训教师队伍，基本保证了县域内学前教育的均衡发展。

发展速度上去了，但若城乡发展不均衡，就很容易“翻车”。2019 年 6 月，青海省兴海县召开全省学前教育现场观摩会，推广“兴海经验”。2019 年 10 月，又从全省 32 所省级示范园中遴选了 7 所，从帮助薄弱幼儿园明确办园定位、建立健全幼儿园管理制度、提高科学保育和教育水平、建设幼儿园师资队伍四个方面，以“1+1”或“1+X”模式，分别与海东市、海北藏族自治州、海南藏族自治州、黄南藏族自治州、玉树藏族自治州、果洛藏族自治州、海西蒙古族藏族自治州幼儿园一起开展集团化办园试点工作。

同时，青海鼓励有条件的示范幼儿园以举办分园、承办新园、托管弱园、合作办园等多种形式，扩大区域内优质学前教育资源。大通县实施的学前教育集团化办园模式，形成了一园多址、品牌发展、特色发展的集团化办园格局，扩大了县城地区优质学前教育资源，带动了乡镇中心幼儿园科学发展。

西宁市城中区乡村薄弱园与区域内优质园联手，公开选拔青年骨干教师兼任薄弱园园长助理，依托城市优质园和农村乡镇中心幼儿园，建立学习共同体，开展教育教学研究与保育和教育实践经验交流，加大了优质资源辐射力度。

第七章　青海省幼儿园发展现状

2021年教育部等九部门联合发布《"十四五"学前教育发展提升行动计划》，"把学前教育普及普惠安全优质发展作为提高普惠性公共服务水平、推进共同富裕的重要任务"。近年来，青海省为破解"入园难""入园贵"的发展困境，实现"幼有所育"与"学前教育公平"目标，积极探索扩大普惠性资源的途径与方法，取得了巨大成就，学前教育事业发展取得重大成就。

青海省学前教育起步晚、底子薄，在学前教育行动计划的推动下，近十年，全省幼儿园数量一直呈上升趋势。学前教育普及程度逐步提高，并初步形成了以政府为骨干，社会力量办园为主体，公办和民办幼儿园共同发展的格局。公办园占比不断提高，为构建有质量的学前教育服务体系提供了坚实保障。青海省在园幼儿人数由2011年的134022人增加到2020年的227074人，增长了69.43%，青海省普惠性学前教育资源占比97.69%。学前教育普及取得重大成就。当前，青海省"广覆盖、保基本"的学前教育体系基本建成，"入园难"问题得到有效缓解。

表7-1为国家青藏高原科学数据中心发布的关于青海省历年来幼儿园发展的基本情况统计表。

表7-1　青海省历年幼儿园发展情况

年份／地区	幼儿园数（所）	在园幼儿数	教职工人数	幼师	生师比
2011年／青海省	980	134022	7334	4051	33.1

续表

年份 / 地区	幼儿园数（所）	在园幼儿数	教职工人数	幼师	生师比
2012 年 / 青海省	1143	153340	7243	4361	35.2
2013 年 / 青海省	1245	166659	8047	4668	35.7
2014 年 / 青海省	1316	174980	9340	5276	28.4
2015 年 / 青海省	1525	184214	11711	6656	25.2
2016 年 / 青海省	1667	199804	17092	10158	18.3
2017 年 / 青海省	1735	207248	18703	10663	18.3
2018 年 / 青海省	1804	214680	19851	11502	17.8
2019 年 / 青海省	1816	214919	21208	11999	16.9
2020 年 / 青海省	1824	227074	21675	12256	17.4
2020 年 / 西宁市	534	74624	9090	4463	16.6
2020 年 / 海东市	323	51802	3656	2221	19.6
2020 年 / 海北藏族自治州	139	10877	1277	696	15.5
2020 年 / 黄南藏族自治州	182	15562	1319	981	15.1
2020 年 / 海南藏族自治州	318	22685	2057	1254	18.1
2020 年 / 果洛藏族自治州	66	9639	481	321	29.2
2020 年 / 玉树藏族自治州	158	23553	1780	1179	20.2
2020 年 / 海西蒙古族藏族自治州	104	18332	2015	1141	15.9

注：生师比为独立幼儿园生师比，数据来源于“国家青藏高原科学数据中心”(http://data.tpdc.ac.cn)。

习近平总书记曾明确提出“好老师是民族的希望，要建设一支宏大的高素质专业化教师队伍”“教师是立教之本，是兴教之源”。一系列教育实践表明，建设一批优质的学前教育师资队伍仍是如今青海地区学前教育高质量发展的突破口。目前，青海省幼儿园的教师编制主要有三种类型：在编教师、政府招聘教师和幼儿园自行聘任教师。在编教师的工资由国家财政统一支付，政府招聘教师工资由政府购买服务支付，幼儿园自行聘任教师的工资则由幼儿园自行支付。

专任教师与幼儿比自 2014 年的 1∶26 持续上升至 2020 年的 1∶18，在补足学前教师数量方面，青海省做了很多工作。根据《幼儿园教职工配备标准（暂行)》对全日制幼儿园保育和教育人员与幼儿比为1∶9的规定，2020年青海省幼儿教师达标数量应为25230人，缺口达12974人，即缺少51.42%的幼儿教师。教师数量不足，在幼儿入学率水平较高的情况下，意味着现有教师的工作量增大。青海省学前教育专任教师中73.71%的教师是学前教育专业毕业，接受过师范专业教育的教师达89.14%。

青海省政府先后出台了《关于进一步加快学前教育发展的意见》《青海省第三期学前教育行动计划实施意见》《贯彻落实〈中共中央国务院关于学前教育深化改革规范发展的若干意见〉的实施方案》《关于鼓励社会力量兴办教育促进民办教育健康发展的实施意见》等一系列政策文件，从扩大普惠性资源总量、健全经费保障制度、师资队伍建设、建立监管机制等方面，为普及普惠学前教育发展提供了坚实保障。

2019年，青海省教育厅等9部门修订完善了《青海省幼儿园基本办园标准》《青海省幼儿园等级评定办法》，印发了《青海省城镇小区配套幼儿园专项治理工作方案》，规定老旧城区、棚户区改造和新城区、城镇小区建设，要按需要配建幼儿园，大力扩充城镇普惠性资源。对通过认定的普惠性民办园，采取购买服务、综合奖补、培训教师、教研指导等方式，支持其发展。同时，在居民住宅区规划设计审批中，将配套园作为重要考虑因素，从源头上保证学前教育学位供给。

省级财政重点支持农牧区、贫困地区学前教育发展，在大村独立办园、小村联合办园的基础上，采取附设幼儿班、设立巡回“走教点”等方式，解决小散远地区幼儿入园问题，实现了乡镇以上幼儿园全覆盖。全省共设立了667个学前教育巡回“走教点”，共补助资金1629.9万元。随着三期学前教育行动计划的实施，青海省幼儿园由2013年年底的1245所增加到2020年1824所，其中公办园1260所，占幼儿园总数的69.8%，全省普惠性幼儿园覆盖率达87%，青海六州所有儿童和西宁、海东两市贫困家庭儿童都能享受到学前三年免费教育。

青海省积极探索有质量的学前教育发展路径，持续修订与完善《青海省幼儿园办园标准（试行)》，严把幼儿园的准入关，依托《青海省幼儿园等级评定办法（试行)》，在幼儿园教育教学、保健保育等五方面为幼儿园办园行为与水平确定提供了明确的标准与方向。2017 年出台的《青海省幼儿园办园行为督导评估实施方案》，2020 年出台的《青海省县域学前教育普及普惠督导评估实施方案》《青海省幼儿园责任督学挂牌督导实施办法》，侧重加强指导改进，将对幼儿园的督导检查常态化，重点改善不利于幼儿园发展的办园行为，发挥了过程性评价在巩固学前教育普及普惠发展成果、规范办园行为、提升保育和教育质量方面的作用，也表明青海省学前教育发展开始从关注扩大资源转变为注重质量提升。

青海省东部地区，因自然条件相对好，人口密度很大。如东部的西宁市和海东市，面积虽只占全省的 2.8%，却集中了全省 64.08%的人口。随着城市化进程的加快和全面二孩政策的实施，在这些地区，普遍存在着“入园难”“入园贵”问题。而青海省的高原牧业区和大山深沟的农业区，面积虽占全省的 95%以上，但居住的人口只占总人口的 25%，因为经济落后、人口居住分散、教育资源不足等原因，学前教育发展较为薄弱。在这种“城镇挤、农牧区弱”的情况下，青海省因地制宜，把扩大普惠性资源作为跑出学前教育“加速度”的主引擎，实行“省市（州）两级统筹、协调督导、以县为主”的学前教育管理体制，形成了以公办园为主体、公办和民办园共同发展的学前教育格局和覆盖城乡的学前教育公共服务体系。

学前教育发展不均衡是当前青海省学前教育普及普惠发展中存在的突出问题，在入园率方面，西宁市学前教育三年毛入园率达到 105.10%，果洛藏族自治州仅为 77.51%，相差 27.59%。幼儿园布局不均，青海省各市、州公办园和民办园分配不均，西宁市城东区和城北区公办园数量不足、民办园占比偏高表现最明显，城北区第一所公办园 2019 年投入使用。虽然青海省对普惠性幼儿园的标准化建设提供了相应的优惠政策和补贴，但补贴政策的地域性差异及优惠政策落地时间的不同，造成当前普遍存在公办幼儿园的办园条件与设施较好，民办园或公建民办形式的幼儿园存在教育设施短缺、陈旧，玩具教具数量少、质量差，大型玩具设备维护经费不足等情况。因此，青海省学前教育发展要以促进学前教育均衡发展为目标，逐步提高西宁、海东等市的公办园占比，无差别落实各类幼儿园补贴与优惠政策，积极改善普惠性民办幼儿园的办园条件和环境。

青海省幼儿教师月工资在2500元以下的有56.57%，37.71%的教师月工资不足2000元。工作量大、工资水平低、未来缺乏保障是目前青海省幼儿教师流失的最主要的原因。

扩大学前经费投入，建立教育成本分担机制。2016年，《建立青海省学前教育和普通高中生均公用经费补助标准的通知》规定，学前教育按年生均1200元补助，资金由省、市（州、县）按照8：2比例分担，表明了由政府主导的学前教育成本分担机制开始形成，省级政府是经费的主要投入者。

2020年，《青海省各学段学生资助政策》明确了各市、州对普惠性幼儿园生均补助和生活费补贴的标准，进一步落实了政府在经费投入中的职责。此外，自2015年起，青海省通过购买学前教育服务，给公办非在编和普惠性民办幼儿园教师提供9000元/(人·年）的补助，极大保障了幼儿教师队伍的稳定。综上，青海省对学前教育经费的投入稳步增加，逐步构建了政府、家长、幼儿园三方的成本分担机制，明确了政府的主体责任，为普及普惠的学前教育事业发展建立保障。

引导民办幼儿园转型，扩大普惠性资源总量。民办幼儿园转向普惠性幼儿园是提升普及普惠水平的关键点。2016年年底，青海省有625所民办幼儿园，占幼儿园总数的37.49%，这部分幼儿园的顺利转型，是完成普惠性幼儿园覆盖率达80%任务的关键。2016年，《青海省普惠性民办幼儿园认定管理办法》出台，在政策引导下，青海省通过减免租金和税收、以奖代补、派驻公办教师、安排补助资金、优惠划拨土地等措施，保障民办幼儿园转型。普惠性观念传播开来，普惠性民办幼儿园属于非营利性质。青海省通过限定收费、分类定级给予奖补的形式，促进了普惠性民办幼儿园发展的积极性，为青海省学前教育普及普惠的发展贡献了重要力量。

青海省通过政府购买服务的方式解决师资。青海省政府购买学前保育和教育岗位的做法，在青海省已经推行了5年，已实现区县全覆盖。政府购买保育和教育服务，有效缓解了青海省幼儿园师资不足、教师待遇不高和队伍不稳的问题，教师动力足了，也能更好地助力学前教育的发展。

为提升幼儿园园长、专任教师、保育员的专业素养，青海省制定了幼儿教师队伍培训规划，建立了国家、省、州、县（区）学前教育四级培训体系，通过“走出去”“请进来”“送教、跟岗”等方式，有计划、分层次开展园长、骨干教师培训和农村幼师全员培训。

第一节　公办幼儿园的现状

根据《中共中央国务院关于学前教育深化改革规范发展的若干意见》，青海省以行政村为单位，大村独立办园或设分园，小村联合办园，人口分散不宜办园的村设立巡回支教点、流动幼儿园、季节班等，到2020年实现每个乡镇有一所标准化公办中心幼儿园。学前教育资源不足的城镇地区坚持公办民办并举，着力构建以普惠性幼儿园为主体的办园体系，公办园在园幼儿占比偏低的地区，逐步提高公办园在园幼儿占比，到2020年全省公办园占比达到70%以上，确保让更多的幼儿“有园上”“上得起”。

根据政策，青海省在城市逐步建立以公办示范性幼儿园为中心、以社区幼儿园为基础，多种办园形式相结合的学前教育网络；在农村牧区，形成以县级标准幼儿园为骨干和示范，以乡镇中心幼儿园为主体，以小学附设学前班和村级办园为适当补充的格局。

到2015年，全省幼儿入园率达到了80%以上，西宁市、各州（地、市）政府所在地、格尔木市、德令哈市及海东市各县政府所在地基本普及学前三年教育，其他各地幼儿入园率达到了50%以上。每个乡镇至少办了一所公办中心幼儿园。县城每五六千人口区建一所标准化幼儿园；每个乡镇至少办一所公办中心幼儿园；经济条件较好、人口和幼儿较多的行政村（牧委会）单独开办幼儿园。人口和幼儿较少、相距较近的，以几个行政村（牧委会）联合开办幼儿园；经济基础薄弱、人口较少的偏远山区和牧区，在小学或教学点附设学前班或设立独立办班点，实行幼儿园、小学合办，方便当地幼儿接受早期教育；人口稀少、居住特别分散的山区和牧区，采取季节班、周末班、游戏小组、巡回辅导站等灵活多样的形式，让幼儿接受一定程度的学前教育。除偏远农牧区外，其他人口相对集中及城市（县）区不允许开办学前班。

按照不以营利为目的的原则，制定幼儿园收费管理办法；教育部门根据生均培养成本、经济发展水平、群众承受能力等情况，提出本地区公办幼儿园（班）最高和最低收费标准的意见，经财政部门和价格主管部门审核后报省政府批准执行。各级政府财政将加大对学前教育的投入，做到逐年增长。中小学布局调整后腾出的校舍，优先用于办幼儿园。农村牧区中小学校布局结构调整暂时闲置的资源，优先安排用于当地学前教育场所，确保教育资源使用的有效性、公益性，避免重复投资造成浪费。禁止组织幼儿参加商业庆典和演出。任何部门到幼儿园开展各类登记、检查和要求幼儿园参加大型活动，必须经同级教育行政部门批准。严禁组织并禁止幼儿参加与教育保育无关的商业性庆典和演出。各地不得借转制之名停止或减少对公办幼儿园的投入，不得出售或变相出售公办幼儿园。公办幼儿园转制必须经省级教育行政部门审核批准，办园体制改革时要保证国有资产不流失、教育（保育）质量不下降、幼儿教师合法权益有保障。

目前，青海省对普惠性幼儿园的财政投入主要有幼儿生均公用经费补贴、生活补贴、购买学前教育服务、幼儿教师培训等形式，从投入结构看，更重视保育教育费的投入，对教师队伍建设的补贴性投入结构单一。虽然公办园享受的政府补贴较多，基本形成政府补贴为主、家庭缴纳为辅的成本分担体系，但对公办园的差额补贴使部分幼儿园在运行上还存在一定困难。例如，有些公办幼儿园为缓解运行经费紧张的现状，导致幼儿园对班额控制力下降。这说明在控制收费的情况下，政府的投入不足。目前，青海省幼儿园的等级评定或考核检查以结构性评价为主，注重幼儿园在各项指标中的达标情况，忽视师幼互动、儿童学习与发展、游戏材料利用率等过程性评价。

第二节　民办幼儿园的现状

我国各级政府对学前教育发展的管理职能主要体现在对普惠性民办幼儿园的审批认定与评估验收方面，政府的角色更多的是管理者，而非促进者。全省 543 所民办园中有 286 所租房办园，办园租金负担较重，生存压力很大。

针对普惠性民办幼儿园面临的突出困难和问题，青海省教育厅积极与青海省财政厅等多部门沟通协商，研究完善帮助幼儿园渡过难关的具体办法措施，形成了政府统筹、有关部门联合推进、多渠道合力帮扶的机制。民办幼儿园的经费分担机制是以家长缴纳为主，开办者投资为辅，政府投资次之，在民办园转型为普惠性民办园后，一些收费被取消，政府补贴不足，个别民办幼儿园就通过控制教师工资、调整幼儿伙食搭配来缩减经费支出。

普惠性民办幼儿园在审批办园、分类定级、教师培训、职称评审、资格认定、表彰奖励等方面与公办幼儿园享受同等政策，我省同时鼓励省内各地对辖区内普惠性民办幼儿园予以支持。普惠性民办幼儿园是指国家机构以外的社会组织或者个人，利用非国家财政性经费，面向社会举办服务百姓、行为规范、收费合理、质量较高的民办幼儿园。

一、民办幼儿园发展现状——以西宁市为例

西宁市 2010 年正式审批各类民办教育机构共 80 所，其中学历教育 8 所，高考补习教育 13 所，艺术培训类 15 所，英语补习类 29 所，其他类别 15 所。而在 80 所民办教育机构中学前教育属于其他教育培训类别，共计 3 所。到 2016 年，西宁市民办教育机构增加至 93 所，民办幼儿园数量也有所增加，但数目不大。截至 2018 年年初，西宁市民办幼儿园增至 38 所。从省统计局获悉，2016 年全市共有幼儿园 519 所，较 2012 年增加了 188 所，增长 56.8%，学前教育事业加快发展。2016 年在园幼儿 7.76 万人，较 2012 年增加了 1.27 万人，增长 19.6%；在园幼儿专任教师由 2012 年的 2440 人增加到 2016 年的 4383 人，增长 79.63%。学前三年毛入园率 106.1%，学前一年儿童毛入园率 118.3%。2017 年全市幼儿园 520 所，在园幼儿 7.75 万人；学前三年毛学入园率 104.3%。

西宁市民办学前教育在近几年取得了跨越式的发展，民办幼儿园从数量上来说，一定程度上正在趋于饱和，从质量上来说，品质高价格合适的幼儿园数量较少，所以说，民办幼儿园下一步发展应侧重于质量。

二、民办幼儿园的重要性

由于历史遗留原因，公办学前教育主要以各中小学附属学前班、幼儿园，各单位附属幼儿园为主，数量少、入园限制条件多，名额有限，而对于西宁市来说，外来务工人员较多，户口不在西宁本地的入园儿童也比较多，这类儿童在一定程度上很难上公办幼儿园，在这种情形下，民办幼儿园就显得尤为重要。

三、青海省民办幼儿园未来发展新要求

保证质量。随着经济的发展，社会的进步，人民的需求也越来越多元化。随着青海各地区尤其是民族地区经济获得飞速发展，人均收入水平明显提高。收入的增加意味着消费水平的提高，消费需求的增长。一些低水平的、条件差的民办幼儿园已经越来越不适应时代的需求，人民亟须一批高质量的、办学条件好的、入学门槛低的民办幼儿园。

特色需求。当前幼儿园忽视本土特色。西宁作为多民族聚居区，其幼儿园并没有跳出内地办学模式，教学方式、教学内容缺乏本土化过程，更缺乏民族特色。

时代需求。随着互联网的发展、运用，各种各样的文化思想在网络上相互冲撞、交织。幼儿时期作为对自己的意识形态的初识重要时期，在这时期的教育直接影响孩子世界观、人生观、价值观。在这种情况下，对于学龄前儿童的教育必须符合时代需求、国家需求。

为了更好地促进青海省民办学前教育健康发展，省市教育行政部门要认真做好民办学前教育资源统筹规划、综合协调和宏观指导，提高民办学前教育发展的计划性和学校布点的合理性。要综合考察学龄前儿童和教育需求增长速度等因素，科学确定民办幼儿园发展速度、设置规模，防止低水平、低层次上的重复建设。教师的质量决定幼儿园办学质量。采取必要的措施，稳定民办学前教育机构教师队伍。解决民办幼儿园教师流失问题，最根本的途径是努力提高办学效益，提高幼儿教师的待遇和福利。

立足实践探索，搭建民族教育平台。青海省民办幼儿园应立足本地区特色，发展适合西宁的民办学前教育，促进学前教育健康发展。学前教育的健康发展，关乎整体幼儿教育水平的提高，关乎青海省教育公共服务均等化水平的提高。促进青海省民办学前教育健康快速发展，不仅是社会发展的需求，更是人民对美好生活的需求。

第三节　农牧区幼儿园的现状

一、农牧区幼儿园办园现状

青海地处青藏高原，偏远乡村多处于气候条件恶劣、经济发展相对落后的地区，教育基础条件较差，尤其是青南地区海拔高，人口居住分散，交通不便，自然和社会双重因素给这里的学前教育发展带来了相当困难，一直以来发展较为缓慢。

以青南地区乡村幼儿园为例，青南地区 15 县目前共有幼儿园 322 所，占 15 县幼儿园总数的 75%，其中 248 所为 2015 年以后兴建，占 15 县幼儿园总数的 77%，幼儿的入园率有了大幅提升。

农牧区幼儿园的办园许可证不全、资质不完善。各幼儿园的办园情况存在地区间差异。青海没有办园许可证的乡村学前教育机构，占当地接受调查园所总数的 14. 9%。其办园许可证不全、资质不完善的主要原因是，资质的审核和办理需要一定的周期。在村办幼儿园的指导思想下，有关部门对新建幼儿园在建设初期审核严格。但对于租地办园和其他形式办园的情况，有关部门对一些地域偏远的幼儿机构存在管理疏漏。

各牧区幼儿园园舍场地达标程度不同，一些幼儿园存在没有独立园舍的情况，青海农牧区没有独立园舍的幼儿园比例为 36%。租地办园的乡村幼儿园条件有限，许多幼儿园没有标准活动室。或者说，标准活动室对于乡村幼儿园而言，属于“要求太高”，一些园所连基本的保育和教育设施都很难达标。户外活动场地方面，一些园所条件简陋，幼儿活动安全隐患大。更有一些园所由于办学资金完全需要自筹，园舍场地小，只有教室，没有绿化面积、盥洗室等基本设施，即使有食堂也大多非常简陋。

农牧区幼儿园的安全保障在制度和实施方面都与标准存在较大差距。调查发现，同时有门卫管理制度、安全卫生制度、食堂管理制度和保健室管理制度的乡村学前教育机构只有 77 所，占受调查园所总数的 41.20%。农牧区幼儿园在安全主题氛围的渲染、安全标志的设置、安全教育的区角布置等方面，与城市幼儿园差距较大。

为了发展平衡、高效、有质量乡村学前教育，为了农牧区幼儿健康成长，需建立长期有效的机制，构建完善的教育公共服务体系。要加强对农牧区学前教育的关注，规范管理，严格幼儿园审批制度，规范办园程序，加大对无证办园的整治力度，不合格的机构需要及时取消，已经建设好的学前教育机构，通过整改提高质量，合格后补发相关手续。有关部门应制定乡村幼儿园财政补助标准，对条件不达标的机构精准帮扶，帮助园舍场地不达标以及保育和教育设施条件简陋的机构大力筹措经费，充分利用中小学布局调整后的校舍发展乡村学前教育。有关部门需要进一步提高对“走教点”的支持，流动幼儿园可以灵活移动，没有正规建制，但是需要备案，可以利用对口支援组织专业的支教力量到农牧区建立流动幼儿园。

二、农牧区幼儿园教学活动

农牧区幼儿园教学内容有：语言、数学、健康、舞蹈、音乐、社会、科学、安全、美术、手工、礼仪、游戏、户外活动。其教育目标主要包括知识传授、能力培养和看护。课程表反映了教学内容的基本情况，是规范教学的手段，教学内容随意的现象。

三、农牧区幼儿园教师现状

农牧区幼儿教育办园形式单一，主要有学前班和幼儿园（班）两种形式。县乡（镇）主要以全日制的三年幼儿园教育为主，而乡村则基本以整日制的一年学前班和幼儿班教育为主，且全县大多幼儿接受的是一年幼儿教育。此外，大量幼儿园班级中，教师配备多是一教一保或两教共保，教师保育和教育任务重，几乎没有时间进行专业反思和开展教研活动。

农牧区学前教育快速发展的同时也出现了诸多问题，其中师资队伍建设问题最为突出，成为农牧区学前教育发展的瓶颈所在。深入了解青海农牧区学前师资队伍现状，问卷调查与访谈结果显示，青南15县全部把幼儿师资问题列为学前教育存在的最突出和最难解决的问题。

随着全省农牧区学前教育的快速发展，学前师资培养的范围与规模也在不断扩大。目前青海省的四所高校均设有学前教育专业，各州、县职业学校也普遍开设学前教育专业，招生规模逐年扩大，但仍不能满足大量幼儿教师的招聘需求。其原因一方面是因为幼儿园的建设速度过快，教师需求量大；另一方面也是由于幼儿教师普遍缺少编制、招聘教师工资收入过低，导致很多学前教育专业毕业生不愿意去幼儿园工作，尤其是去条件较为艰苦的乡村幼儿园。

当前青海省农牧区幼儿园仍存在以下问题：幼儿园教师数量匮乏，师幼比例严重不合理，导致教师的工作繁多，承受的压力大；专业不对口，学历层次低；教师的工资低，待遇差等。青海农牧区幼儿园中，实行全员聘用的比例为38.30%。在学历方面，农牧区幼儿园教师中大专学历占比最高。

建立健全农牧区幼儿教师工资待遇保障体系，分地区制定最低工资标准。各级政府应加大对乡村幼儿教师队伍建设的投入，制定合理的财政投入保障与分担机制。参照当地社会平均工资水平和城区在编幼儿教师工资标准，分地区、类别和人群制定乡村幼儿教师最低工资标准，完善相应的社会保障制度，包括养老、医疗、失业保险和住房公积金等。从青海全省情况看，各地乡村幼儿教师工资标准不一，差异很大。

由于学前教育事权与支出责任划分仅有“地方为主，中央奖补”“省级（市）统筹、以县为主”等原则性规定，并未具体划分各级政府的分担比重。普惠性学前教育供给重心依然在地方政府，但由于县级财政困难，对普惠性民办园的投入难以保障。需要加大在提高工资水平和购买社会保险这两方面的投入，这样对稳定教师队伍、提高教师保育和教育积极性有正向引导作用。

政府应大力培养免费师范生，定向分配，让人才不流失，不浪费，很多师范院校都设有学前教育专业，培养了很多学前教育的人才，但幼儿教师这一行业目前还是存在很大的缺口。若是国家大力培养免费师范生，对贫困县的学前教育机构有一定的定向分配名额，一方面使大学生的择业具有了强制性，另一方面让教师的工资待遇也有了保障，大学生中从事贫困县学前教育工作的人数便会大大增加。国家培养的人才未流失，未浪费，人尽其才，贫困地区幼儿教师师资队伍的建设也会得到很大的发展。

地方政府加大对学前教育的支持与经费投入，提高幼儿教师的工资待遇。政府应努力为教师提供参加学习培训的机会。针对部分幼儿园缺少专业的学前教育教师，也没有多余的经费组织教师参加外出培训的问题，当地县政府为幼儿园教师提供外出学习的机会，提高幼儿园教师的专业能力和专业水平，从而提高幼儿园师资队伍的质量。

出台相关政策，针对“政府购买学前教育服务”政策下的教师制定相应的工资晋级政策。按照一定标准、以一定额度稳定增长，逐步实现与在编教师同岗同质同酬。同时，建立与在编教师相一致的职称评聘制度，保证所有乡村幼儿教师职称评定的权利。将工资晋级、职称评定纳入政府统一管理，从制度政策上予以充分保障。只有实施工资晋级与职称评定制度，才能有效激发乡村幼儿教师的工作积极性，提升职业吸引力，增强职业归属感，同时也进一步规范对乡村幼儿教师的管理，逐步缩小招聘教师与在编教师的差距。

目前，海北藏族自治州祁连县实现了招聘幼儿教师与在编幼儿教师同工同酬，并有相应的工资晋级与职称评聘制度。这一政策的实施，使祁连县乡村幼儿教师招聘难、质量差的问题得到了很好的解决，教师素质明显好于其他地区，且师资队伍相对稳定，职业竞争力明显增强。体现了祁连县政府对学前教育的高度重视和对乡村幼儿教育的政策倾斜，得益于良好的地方财政收入。面向全省实施该政策，政策倾斜与财政保障是关键因素。

幼儿园管理者应从观念上认识到师资建设对幼儿和对幼儿园发展的重

要性，要从根本上认识到幼儿教师对幼儿教育的重要性。幼儿教师也应该主动学习，虽然当前青海乡镇对幼儿教师的招聘门槛较低，对幼儿教师的培训较少，但是教师不应安于现状，教师可以为自己寻找多种途径的学习和培训方式。同时，教师应从根本上改变对自己职业的看法，明白幼儿教师工作不只是谋生的手段，更承担着基础教育的重要使命。

第八章　青海省幼儿园园长发展现状

园长队伍是幼儿园教育教学管理过程中不可缺失的领导力量，对园所的日常管理、教师队伍的培训指导和园本教研的组织等方面发挥着不容忽视的作用，且在一定程度上影响园所的规划和发展。

我国政府部门逐渐认识到园长专业素养发展的重要性，2012 年国务院发布《关于加强幼儿园教师队伍建设的意见》中就已经提出，“制定幼儿园园长专业标准”和“提升园长专业化水平”，并在 2015 年教育部颁发的《幼儿园园长专业标准》中，对园长的专业要求提出了明确具体的标准。可见，提升园长专业素养已成为学前教育实践和政策领域共同关注的课题。

第一节　公办幼儿园园长

青海省三毛幼儿园始建于 1987 年，是由国家投资筹办的省级一级一类幼儿园，为省级示范园。青海省三毛幼儿园党支部书记、兰园长，中学高级教师，省级示范幼儿园党政一把手、学科带头人，从事幼儿教育工作有 30 多个春秋。参加工作以来，从一线教师起步，成长为一名优秀管理者，曾先后担任带班教师、保育和教育干事、办公室主任、副园长等职务，具有深厚的专业技能、丰富的教学经验和出色的管理才能，形成了自己独特的教学和管理风格。在她的带领下，幼儿园发展态势迅猛，生源不断增加，队伍不断壮大，特色不断突出，声誉不断提升。先后获得《全国科研兴教管理杰出人物》《全国先进个人科研成果一等奖》、全国敬业奉献模范、宋庆龄幼儿教育奖提名奖、青海省三八红旗手、“十二五”时期建功立业劳动竞赛先进个人、青海省第十届优秀教育科研成果一等奖、省直机关优秀党务工作者、省妇联系统优秀党员和优秀党务工作者等诸多荣誉和奖项。在多年的工作中，她付出了青春韶华，全心全意助力孩子们快乐成长，无微不至搭建教职工发展平台，古道热肠帮助困难群众改善生活，公而忘私推动幼儿园稳步建设。始终以共产党员的高标准严格要求自己，身先垂范，攻坚克难，不忘初心，砥砺前行！

青海省六一幼儿园是青海省一所设备完善，师资力量雄厚、管理规范，集保育教育、师资培训、教学科研为一体的省级示范幼儿园，也是青海省最好的幼儿园之一。青海省六一幼儿园马园长，自从事教育工作以来，热爱幼教事业，以身作则，认真贯彻党的教育方针，具有良好的职业道德，遵纪守法，努力掌握并积极实践现代教育，合理利用教育资源，幼儿园教学成果连年获优，任职期间严格按照《幼儿园教育指导纲要》《幼儿园工作规程》完成了幼儿园大班、中班、小班年龄阶段语言、科学、常识、音乐、体育、美术六科教学。每年指导和参与撰写幼儿园教育教学论文，并在省、市级教育教学论文评比中获奖。其撰写教育教学论文四篇，指导教学公开观摩课，参加省、市级教学观摩，取得了好的成绩。完成课题《幼儿民族文化艺术教育研究》并已推广应用。

西宁市城中区第一幼儿园是市一级幼儿园，成立于 1983 年 9 月。第一幼儿园王园长，秉承“让幼儿幸福快乐每一天”的办园宗旨；形成“探索、自主、分享、合作”的培养目标；挖掘幼儿园管理的细节和本质，逐步实现“管理自主化、文化精品化、发展个性化、办园特点多样化”的发展目标。努力营造用爱温暖孩子美好的心灵，以情激发孩子成长的活力氛围，以《幼儿园教育指导纲要（试行）》和《3-6 岁儿童学习与发展指南》为精神，积极构建“情趣课程”，以情激趣、以情育情、情趣交融，促进幼儿富有个性的和谐发展。在担任园长期间，本单位连续被评为市级文明标兵单位、市级创先争优先进基层党组织、市级群众满意学校、省级模范职工之家、省级巾帼文明岗、教育部消防安全示范学校等。

青海师范大学附属实验幼儿园马园长的办园思想：“以质量求生存，

以特色求发展”。在上级领导的大力支持和教职工团队的努力下，2015 年 1 月幼儿园被青海省教育厅认定为第一批“青海省示范幼儿园”。

青海省政府机关幼儿园张园长想方设法、千方百计创造适宜幼儿健康成长的发展环境，充分开发利用园所有限空间，开辟出以水土泥沙石木自然资源和运动建构创意资源为主的自主游戏区域，满足全园不同年龄段幼儿游戏的需要，高效推动了“青海省安吉游戏试点园”项目顺利实施。

第二节　民办幼儿园园长

民办幼儿园在公办幼儿园严重不足的情况下，为推进我国学前教育的发展发挥了巨大作用，为适龄儿童提供“公平而有质量”的学前教育做出了重要贡献。当前我国幼儿园主要施行园长负责制，民办幼儿园园长作为民办幼儿园发展的领导者和决策者，其专业素养直接影响民办幼儿园的发展方向和教育教学质量。

青海民办幼儿园起着重要的作用。西宁市城西才儿坊格林兰郡幼儿园、西宁城中区育新幼儿园、西宁市城东区小红花幼儿园、西宁市城北区国际村六一幼儿园、西宁市城中区瑞朗幼儿园、西宁市城中区吉的堡香格里拉幼儿园、西宁市城东区第一幼儿园、西宁市城西区山姆大叔幼儿园、西宁市城北区第一幼儿园、西宁市城西王子岛幼儿园、西宁市城中区爱可诗幼儿园、西宁市城中区爱乐幼儿园、西宁市金伊芙幼儿园。

一、民办幼儿园园长

1996 年颁布的《全国幼儿园园长任职资格、职责和岗位要求（试行)》(以下简称《园长任职资格》）中就已经提出幼儿园园长应具备“幼儿师范学校（合职业学校幼教专业）毕业及以上学历或高中毕业并获得幼儿园教师专业考试合格证书”“获得幼儿园园长岗位培训合格证”“具有小学、幼儿园一级教师职务”。

民办幼儿园园长组织领导素养较高。园长组织领导素养是园长运营管理幼儿园的基础素养，也是园长落实园所发展规划、开展教育教学活动以及确保园所各项活动开展的重要保障。民办幼儿园园长较为擅长园所运营的基础管理工作。

幼儿园作为一个社会机构，必须通过与外部进行信息、资源的交换来提升本园的服务能力和外部环境的适应能力。民办幼儿园园长作为园所对外的代表，在外部关系管理维度有着较好的自我评价。他们都能比较顺畅地与家长及附近小学建立良好的关系来支持本园的发展。最后，民办幼儿园园长在财务与物资配置管理能力上，尤其是在财务方面，无论是在规划财务预算、还是在监管资金的使用上都表现出较好的管理能力。

民办幼儿园园长教学领导素养较薄弱。教学领导素养作为园长专业素养中的核心素养，主要包括园长对幼儿园保育和教育工作的理念和落实，以及通过引领教师专业发展间接引领园所教学质量的提升。因此，民办幼儿园园长的教学领导素养将会直接影响教学质量的发展。民办幼儿园园长在对教师进行人力资源管理与规划方面有着较高的处理能力，尤其擅长根据教师个人优势分配岗位和通过多种方式激励教师工作热情和潜能。

二、民办幼儿园园长压力

民办幼儿园园长工作压力大，主要原因是由于民办幼儿园的生存发展采取独立自主、自负盈亏的市场化管理模式所导致的，在缺乏物质资金支持情况下，园长需要挖掘更多的渠道才能拓展园所生存和发展空间，同时缩小与其他园所间教育质量的差距。园所规模越大，对园长教学与管理的资历要求自然更高，年纪轻、资历浅的行政人员很难胜任规模较大民办幼儿园园长一职。中型幼儿园规模的园长工作压力最大，明显大于小型幼儿园长，说明不同园所规模在民办幼儿园园长工作压力上的差异与园所的整体运营息息相关。

民办幼儿园园长教育领导力的提升，能灵活有效地面对和处理工作中出现的问题和压力，减缓因教育领导力不足而带来的工作压力及其消极影响。与此同时，专业培训在内容上也应对民办幼儿园园长的工作压力给予一定重视，为园长提供相关的应对策略。

民办幼儿园园长具有教育者、领导者、管理者等多重角色身份，肩负着多种职能，一方面代表上级教育行政机关执行国家教育政策及行政措施，另一方面领导全园教职工开展教育教学与行政工作，此外还要处理招生和家长沟通等日常事务，常常面对“事烦繁、任务重、压力大”的工作情境。

第九章　青海省幼儿园教师发展现状

学前教育是基础教育的基础，为推动学前教育的快速发展，2021 年教育部印发了《“十四五”学前教育发展提升行动计划》，计划中明确指出以习近平新时代中国特色社会主义思想为指导，立足新发展阶段，贯彻新发展理念，把实现学前教育普及普惠安全优质发展作为提高普惠性公共服务水平、扎实推进共同富裕的重大任务，全面贯彻党的教育方针，落实立德树人根本任务，遵循学前教育规律，强化政府主体责任，健全保障机制，努力满足人民群众幼有所育的美好期盼，为培养德智体美劳全面发展的社会主义建设者和接班人奠定坚实基础。

全面提升保育和教育质量是接下来发展学前教育的重点任务之一，高质量的幼儿园教师队伍是高质量学前教育的关键所在，关系着幼儿未来的全面发展。幼儿园教师是学前教育的践行者，是教育的重要力量。幼儿教育阶段决定和影响人一生的发展，在这个阶段，儿童正处于对外界事物产生广泛的好奇心阶段，容易通过模仿他人习得各种生活方式和习惯，受周围人的影响较大。在儿童形成行为习惯和道德观念的关键时期，教师、家长和周围人的言行对幼儿起着潜移默化的作用。幼儿阶段将教师视为权威，教师在儿童心目中有很高的威信，一言一行都可能成为幼儿模仿的对象。因此，幼儿教师良好的生活习惯、文明的言谈举止、端庄的形象仪表和得体的待人接物都会影响和改变幼儿的不良习惯，属于一种无声的教育，教师的言传身教对幼儿的教育起着事半功倍的作用。

幼儿教师作为父母之后的首任教师，是教师队伍中的特殊群体，有其独特的职业特点。幼儿处于身心快速发展的阶段，不仅生理发展迅速，在感知、注意、记忆、思维和语言、个性等心理方面也存在许多发展的关键期。由于幼儿年龄较小，在表达自己想法时会有一定的障碍，对外界事物比较好奇，在思想上和生活自理能力方面比较欠缺，而幼儿园的任务是实行保育与教育相结合的原则，对幼儿实施德、智、体、美等多方面的全面发展，同时还需要为家长参加工作、学习提供便利条件，这就要求幼儿园教师不仅要对入园的幼儿进行保育和教育，还要积极联系家长与学校共同促进幼儿发展，并为家长学习育儿方法提供便利条件，体现出幼儿教师任务的双重性。此外，幼儿园教师工作具有艰巨性，在孩子入园后，幼儿园和教师要保证幼儿的安全，一方面要按照规定完成保育和教育工作，又要关注幼儿的身心安全和日常生活。幼儿园教师的工作有其他学段教师所不具备的琐碎性，幼儿阶段的孩子生活自理能力欠缺，在每天进入幼儿园后，教师都要对其一整天的学习和生活进行全方位的服务，幼儿园及幼儿的卫生、日常教学安排、幼儿的饮食、纪律等琐碎事务，幼儿期在认知方面发展也呈现好奇、好问的特点，涉及的知识面极为广泛，教师要细心地一一解答，也加剧了幼儿园教师工作的琐碎性。这就要求幼儿园教师必须从心理上喜欢孩子，懂得孩子心里想什么、需要什么，掌握不同年龄阶段的幼儿身心发展特点、规律以及促进幼儿全面发展的策略和方法，不仅要熟悉幼儿保育和教育知识，具有一定的自然科学和人文社会科学知识，还要在日常教学生活中注意自身言行态度，关爱幼儿，尊重幼儿人格，满足幼儿身心发展的各种需求，善于创设富有教育意义的环境氛围，综合利用各种资源促进幼儿身心健康发展。

幼儿园教师是履行幼儿园教育工作职责的专业人员，需要经过严格的培养与培训，具有良好的职业道德，掌握系统的专业知识和专业技能。合格幼儿园教师专业素质的基本要求，是幼儿园教师开展保育和教育活动的基本规范，是引领幼儿园教师专业发展的基本准则，是幼儿园教师培养、准入、培训、考核等工作的重要依据。为促进幼儿园教师专业发展，建设高质量幼儿园教师队伍，2012 年，教育部制定了《幼儿园教师专业标准（试行）》，其中包含了国家对于合格的幼儿园教师专业素质的基本要求，从专业理念与师德、专业知识和专业能力等方面对幼儿园教师进行规范。作为一名合格的幼儿园教师应该根据《幼儿园教师专业标准（试行）》不断提升自身素质，规范自身行为，在幼儿人生启蒙阶段带来积极的影响。

老龄化是全球性人口发展大趋势，我国人口老龄化程度加剧，为了促进人口长期均衡发展，2021年中共中央政治局审议通过了《关于优化生育政策促进人口长期均衡发展的决定》，实施一对夫妻可以生育三个子女政策。“三孩政策”的实施对于我国学前教育提出了更高的要求。2021年，教育部印发的《“十四五”学前教育发展提升行动计划》，从优化资源布局、经费投入与成本分担、提升师资质量、保障幼儿园教师配备和待遇、完善幼儿园规范管理机制、强化幼儿园安全保障等方面对学前教育进行了严格的规划。国家对于学前教育的重视程度越来越高，政策向基础教育倾斜，促进了幼儿园教师的发展。随着各地学前教育行动计划的推进实施，我国学前教育规模逐渐扩大，幼儿园教师队伍也发生前所未有的变化。我国幼儿园教师逐年增加，队伍不断壮大；教师学历层次不断提升，本专科学历的教师成为幼儿园教师的主体；保育和教育质量不断提高，教师专业化水平得到很大的改善。

虽然我国学前教育事业与之前相比有了明显的改善，但仍然存在许多问题。随着“三孩政策”的实施，幼儿园教师短缺问题将会进一步加剧，尤其是专任教师的数量缺口较大。幼儿园教师的总体学历水平偏低，专业化水平不高。幼儿园教师的待遇还有待提升，保障机制不够完善，导致幼儿园教师队伍极不稳定，很难吸引优秀人才从事学前教育事业。对于这些问题，国家以及各地方都推出了有效的提升幼儿园教师素质以及吸引人才的策略，加大对学前教育事业的支持力度。

随着国家对于学前教育的重视和支持，青海省学前教育得到了长足的发展。截至2020年年底，青海省幼师数量为12256名，学前教育机构有1824所，按照经营性质可以分为公办幼儿园和民办幼儿园。学前教育机构的数量逐年增加，尤其是民办幼儿园数量比重较大，以青海省西宁市为例，到2022年，西宁市五区二县共有幼儿园401所，民办幼儿园384所，占西宁市幼儿园的95.76%，公办幼儿园17所，仅占4.24%。由于经营性质的差异，公办和民办幼儿园的教师发展状况也有所不同。

第一节　公办幼儿园教师

一、公办幼儿园的含义

公办幼儿园，是指一切财产均属公有，建设经费、办公经费等均为财政拨付的幼儿园，属于国家开办的事业单位，是服务于社会公众的工艺性组织，其资产属于国有资产，开办幼儿园的地方政府不得借转制之名停止或减少对幼儿园的投入，不得出售或变相出售公办幼儿园。公办幼儿园又可以细分为教办园、集体园和部门园。教办园是指由教育部门开办的幼儿园，一切资产归属教育部门，园长由教育局任命，各类经费由教育局拨付。集体园是指由乡镇、街道、村、社区开办的幼儿园，一切资产归集体所有，各类经费由主办单位拨付。部门园是指由政府某个机关部门、国有企业或者部队院校等开办的幼儿园，统称部门园，一切资产归主办单位所有，人、财、物归主办单位管理。公办幼儿园园长由教育部任命，教师及保育员工资均为财政拨付，幼儿园的管理者对幼儿园的资产只有占有、使用、收益的权力，没有处分或支配的权力。

二、公办幼儿园教师分类

公办幼儿园教师按照劳务关系可以分为在编教师和非编制教师，非编制教师又可细分为合同制教师和临聘教师。

教师编制是按照机关事业单位“逢进必考”原则，经过考试录用。公办幼儿园教师招聘，由县级人民政府教育行政部门按照事业单位招聘有关规定会同有关部门统一组织，或者授权有条件的学校自主组织实施。在编教师是事业单位工作人员，拥有的编制为事业编，入职后按照相关规定，享受事业单位工作待遇。在编教师与非在编教师相比，有许多优势。

教师的编制属于全额拨款事业单位编制，享受事业单位工作待遇。但实际操作中，因各地区经济水平发展不同，有些地方教育系统在缴纳社保方面只缴纳部分，不缴纳生育保险和养老保险。机关事业单位养老并轨，有望解决这个问题。

有编制的教师工资组成由基本工资、津补贴、职称工资等组成。职称工资可以随着职称升高而升高，工龄增加工龄工资也增加。无编制人员工资固定，在职称晋升和工龄方面，一般无法保证。近几年虽然在改革，但实际操作中仍然与在编教师存在很大差异。有编制的教师工作更有保障、更稳定，可以调动，退休后享有相应的社保和职业年金。

非在编教师是与在编教师相对的，分为合同制教师和临聘教师。合同制教师是一种采用聘用制形式的短期性教师，是用人单位签订劳动合同来确定劳务关系的工作形式，一般签订 3 年至 5 年的劳动合同。合同到期后，学校可以根据教师能力和具体岗位需求来决定是否续签合同。临聘教师又称代课或顶岗教师，学校教师因为休产假或其他原因，出现临时性教师短缺，又无法通过教师招聘的方式统一调配，就会招聘临聘教师，招聘方式由学校自行组织，薪资由学校发放。

三、公办幼儿园教师基本情况

（一）公办幼儿园教师编制

随着国家和地方对学前教育重视程度的不断加大，幼儿教师队伍不断壮大。近年来，各地政府投放给公办幼儿园的教师编制数量虽然有所增加，却赶不上公办幼儿园的扩张速度，以致幼儿教师“缺编”现象依然严峻。

青海省公办幼儿园在编教师和非在编教师占比差距大，幼儿园教师编制紧缺，大部分为非在编教师。截至 2017 年年底，青海省幼儿园 1735 所，在园幼儿 20.72 万人，教职工达 1.87 万人，专任教师 1.06 万人，在编教职工仅 1313 名（其中 358 人为在编小学教师转岗），临聘教职工 6818 人。师生比为 1 ∶ 18.28。

到 2022 年，海西蒙古族藏族自治州共有幼儿园 94 所，幼儿园教职工 1817 人（其中专任教师 1097 人），在编教师仅有 113 人，占教师总数的 6.2%。青海省海北藏族自治州门源县学前教育教师共 323 名，在编教师仅

42 名，同工同酬 48 名；海东市民和县全县公办幼儿园教师 46 名，编制仅有 5 人，公办幼儿园教师编制缺 295 名。由此可以看出，青海省公办幼儿园教师编制紧缺，以临聘人员为主。由于没有编制，很多地方政府采用安排公益岗、劳务派遣和临时聘用等方式补充幼儿园专任教师岗位，造成公办幼儿园非在编教师与在编教师收入差距大，有的甚至不及在编教师收入三分之一，且大多数没有社保，学前教育教师待遇偏低，同工不能同酬现象较为普遍，致使教师队伍不稳定，人员流失严重。

（二）公办幼儿园教师师资发展

青海省公办幼儿园之间发展差异较大，贫困区幼儿园办学条件差，师资力量薄弱，教师数量、专业水平以及专业培训等方面都存在欠缺。庞瑛（2020）对青海省贫困县幼儿园师资发展现状进行了调查，以化隆县 Y 幼儿园为例，该园共有幼儿 590 名，教师 33 人，毕业于学前教育专业的教师只有 6 名，占所调查人数的 30%，其中只有 1 名教师是本科学历；汉语言文学专业的教师有 5 名，占所调查人数的 25%，有 2 名是本科专业；其他专业的教师 8 名，占 40%，本科学历的教师 3 名；还有 2 名教师是初中毕业，占所调查人数的 5%。从化隆县 Y 园师资配置可以看出，青海省贫困县幼儿园教师发展还有存在许多问题，例如教师数量匮乏，教师与幼儿数量比例失衡，存在严重的不合理现象；教师学历层次低，专业不对口，非学前教育专业的幼儿教师比重大，教师队伍不稳定，流动性大等。这与当地经济发展有一定的关系，当地政府应当制定相关政策和法律法规，加大对公办幼儿园的资金投入，支持学前教育的发展。

在国家和地方政府的支持下，青海省有一批幼儿园也在蓬勃发展，不仅教育与管理理念先进，教师专业发展也有很大的提升。青海省三毛幼儿园是省级示范幼儿园，是一所设施完备，师资力量雄厚、管理步入正轨，集保育教育、师资培训、教学科研为一体的幼儿园。三毛幼儿园认真贯彻执行国家教育部颁布的《幼儿园工作规程》《幼儿园教育指导纲要》，全面实施素质教育，并实现了“以知识教育为本”向“以幼儿发展为本”的转变，从单纯的知识教育目标向培养幼儿获得终身持续发展能力目标的转变。

目前，青海省三毛幼儿园有教职工100人，其中管理人员4人，专业技术人员56人（幼教高级教师34人、幼教一级教师18人、幼教二级教师4人），主治医师1人、主管护师2人，助理会计2人。工勤人员40人，(其中高级工32人，中级工3人，初级工4，普工1人)。全园保育和教育人员平均年龄34岁。在职人员中大专以上学历78人，中专学历14人，高中以下学历8人。

青海省优秀幼儿园教师队伍不断壮大，幼教高级教师数量充足，与贫困县幼儿园师资相比有较大的优势。只有提升教师队伍的专业水平和个人素质，才能在幼儿园营造良好的氛围，为幼儿发展提供良好的环境。三毛幼儿园办园的成功案例，可以成为发展较薄弱幼儿园学习的榜样，由一部分幼儿园的成功经验带动全省幼儿园的良性发展。

（三）公办幼儿园教师职称

教师职称是指专业技术人员的专业技术水平、能力，以及成就的等级称号。教师职称评定是指我国教师职称的评定方法。职称设置从正高级职称到员级5个等级，依次为正高级教师、副高级教师、一级教师、二级教师、三级教师，与职称的正高、副高、中级、助理、员级相对应。幼儿园有四级，分别是三级、二级、一级、高级（中级），还可以申报小学高级(副高级)。

2016年4月15日，对中小学教师职称进行改革，打破了实施30年的中学、小学教师职称制度，将原来相互独立的两个职称系列统一设置为中小学教师职称系列，并在中小学（幼儿园）新设正高级教师职称，将民办教师、编外教师纳入评价范围。

幼儿教师职称评定具有一定的难度，在教龄和学历上有明确的规定。青海省六一幼儿园有幼教高级教师34人、幼教一级教师18人、幼教二级教师4人，幼教高级教师人数充足。叶丽（2021）对青海省西宁市幼儿教师科学素质进行调查，发现西宁市幼儿教师中有60.73%未获得职称，超过被调查总人数的五分之三，一级职称占7.46%，二级职称占31.64%，高级职称教师呈现空缺状态。由此可以看出，青海省存在某些优秀幼儿园高级教师人数充足，但总体上幼儿园高级教师数量少，大部分为无职称教师。

（四）幼儿园教师性别比例

幼儿园教师性别比例失衡是一个普遍存在的现象。长久以来，幼儿园教师以女性教师为主，男性教师的数量屈指可数。但是已有研究证明，幼儿园男教师有女教师不能代替的作用。

男教师和女教师在幼儿性别角色形成、性别行为的塑造等方面产生不同的影响，男教师对幼儿教养的参与程度越高，幼儿的性别角色意识越强，幼儿能获得更好的性别认同。

男教师对幼儿的正向社会化也有重要影响，对幼儿社交能力培养、积极人际关系的建立，社会应对能力的提升等方面均有重要且直接的影响。

男性教师可以在一定程度上弥补幼儿因缺少父爱而产生的心灵创伤，对幼儿身心发展产生积极影响。因此，男教师对幼儿身心发展的重要影响是不可忽视的。但由于男性教师在保育工作中具有一定的风险，也容易引起家长和社会各界的质疑，在性别刻板印象的作用下，认为女性更适合幼儿园教师这一工作，各幼儿园男性教师的数量极少。

四、公办幼儿园教师职业生存状态

（一）工资水平及福利待遇

我国《教师法》明确规定“幼儿园教师的平均工资收入水平应当不低于或者高于当地公务员的平均工资收入水平，并逐步提高。绩效工资分配应当坚持多劳多得、优绩优酬，并体现对优秀教师、班主任等特定岗位教师的激励”。尽管幼儿园教师薪资待遇近几年不断地提升，但与其他学段教师薪资待遇相比仍然偏低，公立幼儿园的在编教师尚有一定的保障，但非在编教师不属于事业单位在编人员，工资待遇低，有的甚至只有在编教师工资的三分之一，同时存在工资经常不能按时发放到位的现象。

公办幼儿园在编教师和非在编教师，在保险福利方面也显示出很大的差距。社会保险是指国家为了维护公民权益，预防和分担因公民疾病、失业等可能产生的社会风险而制定的保险制度，一般都是强制参与的。社会保险涵盖了公民生活的方方面面。为教师提供完善的社会保险，能够给幼儿教师多一层保障，对学前教育事业投入更多时间和精力。

即使在公办幼儿园，在编教师和非在编教师的差距也显而易见，编内教师按事业单位编制享受社会保险待遇，编外教师则只能按企业人员享受社会保险待遇。很多幼儿园并没有与临时聘任的教师签订劳动合同，也未将社会保险一项列入其中，所以这部分教师连基本的社会保险都无法享受。教师薪资待遇是衡量职业生存状态的一个直接的因素，现如今国家经济快速发展，物价水平不断上涨，若幼儿教师工资过低，不能满足教师生活需要，必定会造成教师缺乏职业认同感和归属感，教师队伍流动性大，吸引不到优秀人才投入学前教育事业中，阻碍了学前教育的发展，是导致幼儿教师流失的重要原因。

（二）幼儿教师职后培训情况

在职培训又称“工作现场培训”。人力资本投资的重要形式，对已具有一定教育背景并已在工作岗位上从事有酬劳动的各类人员进行的再教育活动。幼儿教师的职后培训能够促进幼儿教师专业水平的提升，不仅包含对教师教育知识的培训，也包括各种先进教育理论和观念的学习和深化，提升教师的综合素质和个人能力，并将知识转化为实践，营造适合幼儿身心发展的教学环境，促进幼儿健康快乐地成长。

国家出台了《幼儿园教职工配备标准》《幼儿园教师专业标准》和《关于加强幼儿园教师队伍建设的意见》。实施幼儿园教师“国培计划”，中央财政投入23亿元，培训中西部地区农村幼儿园骨干教师90多万人次。

祁连县委托海北藏族自治州职业技术学校，对新聘幼儿教师中未取得幼儿教师资格证的人员进行了为期两年的函授培训教育。目前，全县92%的幼儿园园长、教师均持有相应教师资格，还未取得教师资格证书的幼儿教师，正在有计划地进行教育培训。为了进一步提高学前教育教师队伍专业化水平，提升幼儿园整体的办学水平和教育质量，着力提升非学前教育专业教师及转岗教师的教育教学水平和专业能力和整体素质。

青海师范大学继续教育与培训学院承办了“国培计划（2021）”——青海省幼儿园非学前教育专业教师专业补偿培训班。除此之外，青海师范大学继续教育与培训学院也开展了“国培计划”中西部骨干项目——幼儿园骨干教师分层分类培训，对乡村幼儿教师进行了专门的培训，以促进乡村幼儿园教师增强职业信念、更新教育理念、改进教育实践，努力提高乡村幼儿园教师教育教学水平。

除了由当地政府和高等院校举办的专门培训之外，幼儿园也可以独自组织活动，对幼儿教师进行培训。以青海省三毛幼儿园为例，2016 年，青海省三毛幼儿园邀请专家对 200 多名幼儿教师进行培训，在名师的引领下进行指导和培训，切实有效地帮助幼儿园管理者和一线教师掌握了新理论、新方法、新策略，有效地促进了幼教团队的共同成长。为进一步提高幼儿园保育和教育质量，夯实教师专业基本功，全面培养业务精湛、品德优良的教职工队伍。

青海省三毛幼儿园于 2022 年开展了“培训赋能教师，蓄力专业成长”的人员大培训。三毛幼儿园开展教学研讨会，为教师搭建了专业成长的平台。研讨会上，共有 12 名教师围绕应彩云等名师的公开课展示交流了所感、所悟和所获。名师们在教学游戏活动中“以儿童为本、支持孩子自我成长”的教育理念，以及“要和孩子们玩在一起，乐在一起”“放开孩子的手，让孩子自己来”“允许孩子犯错”的教学手段和方法，让教师们赞叹折服。活动采取集中观摩、撰写心得体会、集体研讨等形式，拓宽了教师知识视野，完善了教师专业素养，形成了教育共识，激励全体教师把学习成果转化为推动工作的动力，有效提升了幼儿园教育教学质量。

2020 年，新冠肺炎疫情暴发以来给教师线下培训带来多重阻碍，借助信息技术的发展，许多幼儿园在疫情期间也不忘提升教师的专业素养。以青海省六一幼儿园为例，为进一步发挥外出参培教师的引领、师范、辐射作用，多渠道、多途径支持教师专业化成长，实现教师整体专业素养和教学能力的提升。

2022 年，青海省六一幼儿园保育和教育部组织全体教师进行线上培训活动，参培教师外出学习后汇报成果，为幼儿园其他教师提供了相互学习的机会，发挥了“一人学习，全体受益”的辐射作用，开拓了教育事业，凝聚了教育智慧，这种交流模式最大限度地实现了资源共享，有利于扩大教师培训的作用。

公办幼儿园教师进修方式多种多样，但有些地区即使是公办幼儿园，教师进修途径也是有限的，大部分还是没有接受过正规的、系统的培训，教师培训的机会基本上是属于“精英教师”，他们往往也是在编教师。

对于非在编教师，培训的机会就变得少之又少。以庞瑛（2020）对青海省贫困县幼儿园师资调查中Z园为例，首先，Z园几乎没有对教师组织过培训，新教师主要通过向老教师请教学习获得教学经验。其次，依靠自己在教学过程中的经验积累。培训机会少严重阻碍了幼儿园教师的专业发展。有些获得培训机会的教师也存在培训效果不佳的现象，有些教师参加培训态度不端正，只是为了完成任务而参加培训，不能对培训引起足够的重视，不愿改变自己的教学风格，认为自己的教学方法就是好的，排斥新理念和新方法，不仅没有从培训中学到其他优秀教师的优点，也浪费了培训名额，使有参加培训意愿的教师没机会参与培训。

（三）幼儿园教师职业认同感

幼儿教师职业认同是幼儿教师专业成长的内在动力，是教师对其职业的认识、情感、技能、价值期望以及职业意志的综合，职业认同感程度影响教师对职业的满意度。教师职业认同感越高，对工作就越投入，能自觉学习新理念，学习优秀教师的成功经验，不断提升自身的专业素质，对工作的热爱程度更高，在工作中更容易感受到工作带来的成就感和幸福感。

如果教师缺少对职业的认同感，在工作中就会出现角色冲突，对工作持有消极态度，甚至出现行为偏差和离职倾向，造成教育人力资源的浪费。目前，幼儿教师在社会上声望不高、薪资待遇较低，导致幼儿教师的职业认同感不高。尤其是公办学校非在编教师待遇不能保障，缺乏培训机会和晋升机会，同工不同酬现象普遍，做相同的工作却得到微薄的薪酬，非在编教师与在编教师之间的差距显而易见，不免会出现心理落差，影响非在编幼儿教师的职业认同感和工作积极性。

周玉琴（2010）对青海省湟中县幼儿教育发展现状进行调查，对教师的职业认同感调查，发现有71.4%的教师在对本专业喜欢程度上选择“一般”；如果有机会重新选择工作，只有38.5%的教师选择“一定会”。由此可以看出，青海省幼儿教师对于职业认同感程度不高。有些经济比较落后的地区，幼儿园教师缺少对幼教职业的重视程度，以致在教育教学过程中出现消极的态度，抱着“当一天和尚，撞一天钟”的心态进行工作。

因此，提高幼儿教师待遇是学前教育发展的重要任务，加大对学前教育教师队伍发展的支持力度。目前，青海省正在认真落实公办园教师工资待遇保障政策，统筹工资收入政策和经费支出渠道，确保育和教育师工资及时足额发放、同工同酬，从社会声望和经济方面提升教师的职业认同感，减少优秀幼儿教师的流失。

第二节　民办幼儿园教师

随着社会经济的快速发展以及国家对于全民素质的重视，越来越多的家长意识到早期学前教育对儿童发展的影响，学前教育事业随之蓬勃发展，公办幼儿园已经不能完全满足儿童入园的需要，民办幼儿园办园模式比较灵活，因此，民办幼儿园的比例不断上升。

2019 年，民办幼儿园 17.3 万所，比上年增加 7457 所，增长 4.5%。近年来，青海省民办幼儿园发展迅速，西宁市共有幼儿园 401 所，其中民办幼儿园有 384 所，占 95.76%。民办幼儿园在学前教育事业中处于不可忽视的地位，民办幼儿园的快速发展在一定程度上缓解了公办幼儿园的压力。

一、民办幼儿园的含义

民办幼儿园指国家机构以外的社会组织或者个人开办的幼儿园，利用非国家财政性经费，面向社会依法开办的教育机构。与“官办”即政府办园相对应的概念。根据国家教育主管部门对民办学校的定义可以推论，民办幼儿园是指国家机关和国有企事业组织以外的各种社会组织以及公民个人，自筹资金，依照规定设立的实施幼儿教育的教育机构。

社会力量办园和私立幼儿园与民办幼儿园之间既有联系，又有区别。社会力量办园是指除政府以外的，具有法人资格的企事业组织、社会团体及其他社会组织和公民个人，利用非国家财政性教育经费，面向社会举办的幼儿园及其他幼儿教育机构。在这个意义上，全民和集体所有制企事业单位自筹资金开办的幼儿园和农村基层组织自筹资金开办的幼儿园应该属于社会力量办园。

社会力量办园的主体是除党政机关以外的国有企事业单位、集体经济组织、个体、私营等非公有制经济组织和其他社会团体法人。而私立幼儿园是指非公有制经济组织和公民个人依照规定设立的幼儿园和其他幼儿教育机构。私立幼儿园办学主体是非公有制经济组织的法人和公民个人。三者的共同点都是利用非国家财政性教育经费办园。不同点在于，社会力量办园的范围更加广泛，社会力量办学包含民办幼儿园和私立幼儿园，私立幼儿园又包含于民办幼儿园。

二、民办幼儿园教师发展现状

（一）民办幼儿园教师流动性大

公办幼儿园依靠财政支持，教师工资有保障，福利待遇相对较好，公办幼儿园部分教师有编制，属于事业单位人员，要签订长期合同，教师流动性相对较小，对于幼儿教育来说更加稳定。而民办幼儿园自负盈亏，没有国家财政经费的支持，很多教师的工资是和幼儿园的招生相挂钩，如果幼儿园盈利较差，可能会出现拖欠教师工资的情况，尤其是在新冠疫情的背景下，不少民办幼儿园因疫情影响，出现资金流转问题，幼儿园教师在这种情况下只能另寻出路，导致教师流动性很大，对幼儿教育不利。

（二）民办幼儿园教师工作超负荷

由于民办幼儿园经费来源主要依靠“以收代养”，即依靠收取幼儿保育和教育费来维持幼儿园日常运转和给教师开工资，所以资金匮乏不仅制约幼儿园的发展，还会影响教师工资。受资金限制，很多民办幼儿园教职工数量少，每一项工作都要做好，所以每位教师的工作负荷相应增大。民办幼儿园课程设置和内容比较丰富，不像公办幼儿园那样相对统一，在教学方面也需要教师耗费更多的精力。除幼儿之外，还要与幼儿家长保持良好的沟通，家长对民办幼儿园教师的要求更高，为了满足家长的需求，在课程设置上会增加多种兴趣班和亲子活动，这也加大了教师的工作量。幼儿园教师面对的是超负荷的工作量，既要注重班级里的幼儿的安全教育，也要搞好教学活动，同时还要保证家长对幼儿园满意，这种超负荷工作状态，容易让教师对工作产生厌倦，也容易造成幼儿教师流失。

（三）民办幼儿园教师专业成长

教师专业成长是指教师在整个教学过程中，通过终身专业训练，习得教育专业知识技能，表现专业道德，逐步提高自身从教素质，成为一个良好教育专业工作者的专业成长过程。

马映华（2020）调查了西宁市城西区学前教育联盟，即青海省六一幼儿园作为牵头园，与西宁市城西区育新、园林、才儿坊格林兰郡幼儿园、大风车四所民办幼儿园结对成立的学前教育联盟组织，调查中发现这四所民办幼儿园教师队伍的学历起点不高，大部分是省内中职学校毕业，但大都有 8—10 年的教龄，在教育教学生有一定的优势，加上近几年政府对学前教育事业的支持，幼儿园教师不断提升自身学历和专业素养。而不同类别的幼儿教师在对自身专业成长方面的要求不同，拥有较长教龄的幼儿园教师更加注重先进的教育理念和心理调适等方面的内容，而教龄较短的年轻教师在培训时更注重对专业基本功的提升。

幼儿教师的专业成长关系到民办幼儿园师资队伍发展的好坏，也会影响到幼儿园的健康发展。幼儿园要从多方面促进民办幼儿园教师专业成长，建设一支高素质、高技能的幼儿教师队伍。一方面，幼儿园要丰富园本文化内涵，为教师成长创造良好的学习环境和学习氛围，让教师个人发展带动整体发展，建立与幼儿园共同发展的归属感，树立终身学习的理念，唤醒教师专业成长的动力。另一方面，可以从奖惩制度与管理制度等方面着手，制定合理有效的奖惩制度和管理制度，激发教师进步的潜在动力。另外，鼓励教师参与学历进修和培训，为幼儿教师创造学习计划机会，提供多种学习资源，加强教师之间的沟通与合作，多方面促进教师专业成长。

第十章　青海省高校学前教育专业发展现状

随着我国教育事业的快速发展，无论是国家、社会，还是个人，对于基础教育越来越重视。学前教育是基础教育的重要组成部分，是学校教育和终身教育的奠基阶段，但总体上看，学前教育发展还存在多个薄弱环节，主要表现为教育资源短缺，师资队伍不健全，体制机制不完善等。

高质量幼儿教师队伍是提高学前教育质量的关键所在，但幼儿教师发展存在许多不确定性，薪资待遇不高导致教师队伍流动性大，专业性不强对幼儿的身心发展产生不利的影响。尤其是国家实施“三孩生育政策”，在未来一段时期，学前儿童的数量会有所增长，对于学前教育的随之增加，教师短缺问题将会进一步加深，需要社会提供大流量优质的幼师，但当前幼儿专业教师匮乏，高质量幼师紧缺已经成为学前教育质量发展的瓶颈，规范学前教育就显得尤为重要。虽然近年来国家和地方对于学前教育的支持力度加大，但并没有完全解决幼儿教师队伍发展过程中存在的难题，例如教师数量缺口大、待遇低、专业性不强等，这些问题在一定程度上影响幼儿教师对待教学的态度以及幼儿教学质量。因此提升幼儿教师队伍的专业素质，解决幼儿教师发展过程中的出现的问题，是保证学前教育事业蓬勃发展的关键。

《国务院关于当前发展学前教育的若干意见》指出，要多种途径加强幼儿教师队伍建设，加快建设一支师德高尚、热爱儿童、业务精良、结构合理的幼儿教师队伍。高等院校是培养学前教育教师的重要力量，是为国家提供教育人才的主阵地，能够有针对性地提升未来教师的专业能力和综合素质，培养熟知幼儿发展规律、掌握先进发展理论的新时代学前教育教师。

因此，要注重高校学前教育专业的发展，完善学前教育师资培养培训体系，办好高等师范院校学前教育专业，建设好幼儿师范专科学校，扩大学前教育专业招生规模，为国家输送更多高质量学前教育教师。

青海省高校为青海省学前教育事业发展提供了强有力的保障，现今，青海省共有本科层次院校四所，专科层次院校八所，其中两所本科院校和三所专科院校设有学前教育专业。除每年为青海省学前教育事业输送毕业生外，也不定期开展一系列学前教育教师培训活动，为青海省学前教育事业注入新鲜血液，促进学前教育事业蓬勃发展。青海省普通本科院校和职业院校是培养学前教育专业人才的主要基地。

第一节　青海省普通本科院校学前教育专业发展现状

本科学校，是指本科层次的学校，以实施本科教育及研究生教育为主，主要培养本科生及研究生，包括普通本科学校（普通本科院校、普通本科高校）、本科层次职业学校等各类本科院校。本科院校注重培养较扎实地掌握本门学科的基础理论，专门知识和基本技能，并具有从事科学研究工作或担负专门技术工作初步能力的高级人才。要求学生具备合理的知识结构，掌握科学工作的一般方法，能正确判断和解决实际问题，具备终生学习的能力和习惯，能适应和胜任多变的职业领域，本科教育知识的讲授不仅要向学科的纵深发展，还要注意学科间的横向关系，与此同时，本科教育注意培养学生的科学思维能力、创造能力、创新精神和创业精神。

本科院校与专科院校在培养学前教育教师方面具有很大的不同。专科院校学前教育专业以技能培养为主，比如钢琴、绘画、舞蹈、手工等，这些对实际带班有很大的帮助，能展现出明显的技能性，侧重于培养学生的动手能力、操作能力和应用能力。本科院校的学前教育专业更加重视理论基础，强调理论培养与技能培养并重，要有一定的理论结合实践的思维，对幼儿的观察和分析能力较强，清楚幼儿的发展脉络，能在理论上充分阐述教学依据，为从事更高层次的研究生教育打下坚实的基础。如今学前教育不断发展，与专科院校相比，本科院校在管理和学校氛围上存在一定的优势。

本科院校整体的学习氛围更加浓厚，对于学前教育专业的学生来说，可以在良好学习氛围的带动下，不断提升自身专业能力和文化知识水平，而不是得过且过，荒废时间。本科教育理论基础和专业基础课程相比专科学校开设得更多，学生学得也更加扎实，培养学前教育教师人才对学前教育事业发展的促进作用可以涉及理论和技能等多方面。综上所述，普通本科院校对培养持有前沿教育理念、熟练教学技能的研究型学前教育教师具有重要的作用。

一、青海省普通本科院校学前教育专业发展现状

截至 2021 年 9 月 30 日，全国普通高等学校 2756 所，其中，本科院校 1270 所。而青海省共有本科院校四所，分别为青海师范大学、青海大学、青海民族大学、青海大学昆仑学院，其中，仅有青海师范大学和青海民族大学两所本科院校设有学前教育专业。

青海师范大学学前教育专业目前拥有高职、大专、本科、研究生等多种培养层次，经过十多年的发展，为全省学前教育的发展输送了大批合格毕业生。以培养具有学前教育基本知识、基本技能和良好的综合素质，掌握扎实的人文社会科学和教育心理科学等方面的知识，能够胜任今后从事的学前教育、教学研究及幼儿园管理工作的专门人才为目标。

同时，学前教育专业也为学生在学前教育及相关教育学科领域继续深造奠定了良好的基础。青海师范大学的学前教育学专业是青海省具有鲜明特色和较强实力的特色专业，现有学前教育学、民族学前教育研究等省级和校级优秀教学团队；拥有包括幼儿园活动室、舞蹈教室、电钢琴教室、琴房、手工制作室、美术工作室等较为先进的教学设施，拥有多家教学实践基地，并与国内外公益机构合作较好地建构了“U-G-K”三位一体的合作框架，积极探索职前职后培养模式，成为推动青海省学前教育事业良性发展的专业人才培养基地。

青海民族大学学前教育专业是适应国家及青海省经济发展需要，尤其

是民族地区学前教育发展的迫切需要而设置的学科，服务于西北少数民族地区的教育发展。该专业的设置符合青海民族大学办学历史传统和学科专业优势等自身条件，为青海省基础教育发展培养“下得去、留得住、用得上、干得好”的学前教育类专门人才，所设置的学前教育普通和藏汉双语两个专业方向，符合青海民族大学学科和专业发展的目标，主要培养具有良好的综合文化素质，热爱学前教育工作，掌握学前教育基本理论、基本知识和基本技能，具有较强的创新精神和实践能力，能适应学前教育改革和发展需要的学前教育工作者，能在幼儿教育机构从事保育和教育工作的科研型教师，能在各级各类师资培训部门、教育行政管理部门、各种儿童教育与康复机构、广播、电视、图书出版部门等从事儿童教育、科研、康复、宣传、培训工作的高级专门人才。形成校内指导教师和校外指导教师共同构成“双导师制”下的合作共同体，从专业理论和技能学习与训练两个方面对学生进行指导，共同完成教师教育的培养和培训任务。

学前教育专业通过整合全校教育资源和购置教学科研设备，“师范生实践训练中心”已建成琴房 3 个、舞蹈室 2 个、微格教室 2 个、心理实验室 2 个，基本能够满足学前教育专业的课程设计、实践训练和毕业设计等教学和科研需要。青海民族大学学前教育专业同时重视学生专业技能训练，通过“五个一”师范生专业素养提升工程等系列活动的训练，全面提高学生的专业技能。

二、青海省普通本科院校学前教育专业发展规模

（一）招生人数

青海省仅有两所本科院校设有学前教育专业，每年培养的学前教育教师数量有限，远远不能满足青海省对幼儿教师的需求。截至 2021 年，青海民族大学学前教育专业已毕业本科、专科学生十届，共计 396 人，在校学生 180 人。青海师范大学虽为全省学前教育的发展输送了大批学前教育教师，但每年招生数量也是有限的，2017 年至 2020 年，每年学前教育专业仅招收本科生 40 名左右，随着国家和青海省对学前教育的重视，2021 年，青海师范大学学前教育专业本科生进行了扩招，计划招生 82 人，并且与北

京师范大学、云南师范大学和内蒙古师范大学等优秀院校进行联合培养，其中包括“1+3”学习模式和“2+2”学习模式。“1+3”学习模式是指大一时在北京师范大学珠海校区进行交流学习，大二、大三、大四时回到青海师范大学学习；“2+2”学习模式是指大一、大二时到内蒙古师范大学或云南师范大学交流学习，大三、大四时回青海师范大学学习。这种联合培养是一种新的教育理念和模式，即双方或者多方一起培养的教育模式，在这种模式中，学生接受的教育是多方面的，知识面更加宽泛，是培养满足社会对复合型人才要求的全新教育模式。

国内高校的联合培养解决了许多现实的问题，使高校之间的师资、学生、教学设备和资源得到充分的交流利用。尽管在国家和当地政府的支持下，青海省对学前教育专业招生规模有了一定程度的扩大，但尚不能满足幼儿园和各类早教机构实际用人需求，幼儿教师缺口依旧存在。

（二）师资队伍

教师对每一个年龄阶段学生的影响都是不可忽视的，师资队伍是保证教学质量的重中之重，是培养高素质幼儿教育人才的关键。在教育实践过程中，教师在思想政治，道德素养、业务水平、知识能力等方面，所表现出来的综合素质、个性、人格魅力，对大学生的成长与成才起着潜移默化的作用，在与学生接触的过程中，不自觉地将自己的思想、观点传递给学生。青海省两所设有学前教育专业的本科院校，都具有雄厚的师资力量，保证学前教育专业的学生能在大学四年的学习中学到真正的知识和技能，毕业后能更好地投入到学前教育事业当中。

青海民族大学形成了专业的教师队伍，专任教师 11 名，其中教授 2 名，副教授 1 名，讲师 6 名，助教 2 名。另外，从幼儿园聘请了 20 名兼职教师，形成校内导师和校外导师联合指导的“双导师”培养模式，为学生在理论知识和专业技能方面提供坚实的保障。

青海师范大学教育学院也建设了一支教学力量强劲、研究实力雄厚、爱岗敬业的教学与研究队伍。现有各类教育教学人员 57 人，其中正教授 12 人，副教授 23 人，享受政府特殊津贴专家 1 人，国家级有突出贡献的中青年专家、省级优秀专业人才 1 人，青海省“十三五高层次人才培养工程”学科带头人2人，青海“高端创新人才千人计划”4人，青海省人才“小高地”入选学科带头人及优秀专业技术人员12人。

另外，青海师范大学教育学院开展“专家进校园”和“聘请中小学校长和优秀教师担任基础教育研究兼职教授”等活动，加强青海师范大学与基础教育的衔接，积极应对基础教育改革的发展，引领青海省基础教育改革和研究，为学生提供了良好的学习环境和充足的学习资源。青海省本科院校学前教育专业师资力量充足，教学能力强劲，并且高校与幼儿园联合，将理论与实践相结合，不仅能接到先进的教育理念，还能在实践中提升学生的教学技能，为培养更适合学前教育发展的高质量专门人才奠定了基础。

三、青海省普通本科院校学前教育专业课程设置情况

广义上，课程是一种教育性经验，是对主体产生积极影响的各种因素的总和；狭义上，课程专指学校场域中存在和生成的有助于学生积极健康发展的教育性因素以及学生获得的教育性经验。课程设置是指一定学校选定的各类课程的设置和安排，主要包括课程结构、课程内容和课程计划。课程设置不能简单地理解为学科课程的开设，它规定课程类型和课程门类的设置，在不同年级的安排顺序和学时分配，也规定各类各科课程的学习目标、学习内容和学习要求。课程设置必须符合培养目标的要求，它是一定学校的培养目标在一定学校课程计划中的集中表现。在缺少幼儿教师的大环境形势推动下，要想培养出具备扎实学识、全面高超技能、高素质的专业新型幼儿教师，各高校应注重学前教育专业课程设置，在课程设置和教学活动中体现出与时代发展相适应的教育理念，把握好学校的培养定位问题，将学生培养成适应社会发展需要的综合性专业人才。

（一）课程结构

课程结构是课程目标转化为教育成果的纽带，是课程实施活动顺利开展的依据。课程结构指的是学校课程中各部分的组织、排列、配合的形式，它规定了学校应该开设哪些课程、各类课程之间的比例，也规定了各

门课程的教学目标和教学内容，同时也为后续的课程实施和课程评价提供了依据。课程结构是针对整个课程体系而言的，课程知识构成是课程结构的核心问题，课程形态结构是课程结构的骨架。从青海省两所本科院校学前教育专业培养方案来看，在课程设置上有一定的相似之处。

青海民族大学学前教育专业设有通识教育课程、综合素养、专业教育课、教师教育必修课和集中实践课，总计155学分，其中通识教育课和教师教育必修课学分占比最大，分别为53学分和50学分，其次是专业教育课占30学分，集中实践16学分，综合素养6学分。青海师范大学学前教育专业同样也包含通识教育课程、专业课程和实践课程。由于幼儿教育的特殊性，青海民族大学和青海师范大学均设置了集中实践课程，包括专业认知实习、专业实践、顶岗支教实习、创新创业实践毕业论文（设计）等课程，保证学生在学好文化课和理论课程之外，积累一定的教学经验，深入幼儿园了解幼儿教育的过程和方法，不断提升自身专业素养和教学能力。

（二）课程内容

通识教育课程的目的是在现代多元化的社会中，为受教育者建立起基本统一的知识和价值观。

青海省两所本科院校学前教育专业所设置的通识教育课程主要有思想道德与法律基础、中国近代史纲要、马克思主义基本原理、毛泽东思想和中国特色社会主义理论体系概论、形势与政策、大学外语、计算机类基础课程、大学生职业生涯规划与就业指导、心理健康教育、体育等，这些课程的设置有利于学生形成正确的世界观、人生观和价值观，拓宽视野，形成心理健康并且有素质的人。

学前教育专业的学生因其以后工作面对对象的特殊属性，相比于其他专业师范类的学生，需要更多的时间进行艺术课的学习，专业教育课程设置中囊括许多与艺术相关的课程，主要包括乐理、视唱练耳、舞蹈、美术、儿童歌曲弹奏与创编等。除此之外，专业教育课程中还包括多门教育学、心理学以及儿童发展相关课程，对学前教育专业学生的培养包含多方面，确保培养出适合社会发展需要的优质学前教育教师。

培养方案并不是一成不变的，根据社会需要的变化，各高校会对学前教育专业培养方案进行一定的改进，以培养更适合社会发展需要的幼儿教师。目前，各学校对于课程体系的建设或多或少都存在规划不合理的问题，因此，为建设高质量学前教育专业，培养优质幼儿教师，各高校应当及时评估培养方案的适宜性和有效性，解决培养方案中存在的问题。

2021 年，青海师范大学教育学院举办了学前教育专业培养方案论证会。论证会结合《学前教育专业师范生教师职业能力标准（试行)》对教育学院学前教育培养方案进行了反复研读和论证，结合专家意见，发现学前教育专业培养方案课程体系相对完整，但存在“看得懂，做得少”的问题，对学生毕业要求支撑度不够；教学实施中重教轻学，学生中心理念体现不够，共性有余个性化兼顾不够等问题。与会专家一致认为，应加大理论与实践相结合的力度，不断摆脱固有思维模式，基于扎实的通识性知识基础之上创新课程体系与课程模式。

另外，在提升实践能力方面，要设置较大的实践学分比例，让学生有更多的时间走进幼儿园，不断地在实践见习中学习巩固理论知识。为实现培养高质量人才的目标，青海民族大学也举行了培养方案论证会。对培养方案的论证可以为学前教育专业学生的专业知识和实践性技能提升做好顶层设计。

四、青海省普通本科院校对学前教育专业学生技能的培训情况

高校学前教育专业的学生不仅要掌握牢固的理论知识，也要掌握各种基本的专业技能。学前教育专业学生的专业技能包括教育技能和艺术技能。现阶段，各高校为满足国家和社会对实践型幼儿教师的需求，在学前教育专业课程设置时融入多种实践性课程，也重视对学前教育专业学生的课外培训。

青海师范大学和青海民族大学对学前教育专业学生技能培训方面做出许多努力。2020 年，青海师范大学教育学院为促进学前教育专业学生学习舞蹈的积极性，发掘学生潜能，同时以“以赛促学，以学促教”为理念，在教育学院舞蹈训练室举办了学前教育专业舞蹈技能大赛，让学生在比赛

中学习优秀学生的舞蹈技能，以比赛促进学习。

除学校独立举办的各种培训活动外，青海师范大学也与社会企业共同举办培训会。2019年由社会企业谷雨千千树、北京市西部阳光农村发展基金会、中国音乐家协会奥尔夫专业委员会共同主办，青海师范大学协办举行了农村儿童艺术教育研讨会及奥尔夫音乐培训。

来自美国路易斯维尔大学音乐教育系主任，罗伯特·阿姆钦博士为学员举办了为期三天的奥尔夫音乐工作坊，以现场参与体验的方式感受奥尔夫音乐，为艺术教育拓展思路和方法，帮助一线幼儿园教师及学前教育专业学生树立正确的儿童音乐教育理念，使学员认识到，儿童的音乐学习是从语言入手的，是与律动紧密结合的，同时为以前从来没有接受过专门音乐教育培训的教师及学生树立信心，认识到自己的潜力。

青海民族大学为培养学生教育技能和综合素养，开展了一系列教师教育提升活动，有助于促进广大学生教育教学技能的提升，也为进一步完善教师教育人才培养机制拓宽了实施路径，更为不断储备青海基础教育高质量教师教育人才发挥了积极作用。

第二节　青海省职业院校学前教育专业发展现状

职业学校是学生获得某种职业所需知识技术技能的学校。职业学校可以分为初等职业学校、中等职业学校和高等职业学校。

初等职业学校是在完成小学教育的基础上，实行初等职业教育的学校。中国义务教育法规定，国家实行九年制义务教育，这是提高国民素质和整个民族文化素质的要求，各级政府应当保证九年制义务教育的实行。中国绝大多数地区能够实现九年制义务教育，但是在一些经济发展薄弱地区，实行九年制义务教育有一定困难，因此，在完成小学教育以后，可以通过举办初等职业学校，进行职业学校教育，为当地培养实用人才。中等职业学校是在完成初等教育的基础上实行中等职业教育的学校。

中等职业学校公共四类：职业高中、普通中专、成人中专和技工院校，技工院校逐步发展为技工学校、高级技工学校、技师学院三种层次类型。高等职业学校是在完成中等教育的基础上，实行高等职业教育的普通高等学校，简称“高职院校”，包含专科和本科两个层次的教育，本科4年制，专科3年制或者2年制或5年制。本科可申请学士学位，专科没有学位。

高职教育承担着为经济社会发展输送高级技能型人才和应用型人才的重要任务，在我国高等教育中有着重要地位，在我国的高等教育发展中发挥着举足轻重的作用。高职教育能够培养高素质人才，为实现高等教育大众化做出不可忽视的贡献，对于学前教育专业来说，现今对于学前教育教师的需求量激增。

2021年3月，教育部印发的《职业教育专业目录（2021年）》中，撤销中职学前教育专业，仅保留2019年增设的“中职幼儿保育专业”，这就意味着中职学生只能学习幼儿保育专业，无法报考学前教育专业，中职教育不再是培养学前教育专业人才的途径。高职和本科院校就需要承担起学前教育专业人才的培养任务。但青海省仅有两所普通本科院校设有学前教育专业，每年招生人数有限，培养出的学前教育专业人才人数远远不能满足社会对学前教育教师的需求。因此，高职教育对缓解学前教育人才紧缺的严峻形势有不可忽视的重要作用。

一、青海省高职院校学前教育专业发展基本情况

青海省共有专科层次的高职院校8所，分别为青海卫生职业技术学院、青海警官职业学院、青海畜牧兽医职业技术学院（2020年更名为青海农牧科技职业学院）、青海交通职业技术学院、青海建筑职业技术学院、西宁城市职业技术学院、青海高等职业技术学院、青海柴达木职业技术学院，但只有3所院校设有学前教育专业，分别为西宁城市职业技术学院、青海高等职业技术学院和青海柴达木职业技术学院。

西宁城市职业技术学院学前教育专业，培养德、智、体、美全面发展，热爱教育事业，系统掌握儿童教育学、学前心理学、学前教育科研方法等理论基础，掌握学前教育专业基础知识和各种基本技能，具有较高英语水平和电脑应用水平以及艺术修养，适应现代学前教育改革和发展需

要，掌握幼教事业发展特点和学前教育的基本规律，懂得学前教育法律法规的高等适用型人才。形成了园校育人“五位一体”的人才培养模式，根据学生综合素养训练总体目标，与行业专家一起归纳提炼出诚实守信、团队合作、沟通交流等10项综合素养训练指标，并将指标融入“教、学、训、展、评”五个环节中。与行业专家一起，制订了强化教学能力培养的特色鲜明的人才培养方案，为学生规划了一条成才之道。

青海高等职业技术学院教育系成立于2016年9月，目前设有学前教育和应用阿拉伯语两个专业，而学前教育专业已确定为青海高等职业技术学院的骨干专业，按照“以就业为导向，以服务为宗旨”的办学方针，遵循“厚德尚能”的校训，立足社会需求，打造自身特色，构建和谐的教学环境，致力于提升学生的综合素质，既注重让学生掌握扎实的理论知识，更重视让学生掌握过硬的职业技能，实行“多证书”即毕业证书、普通话证书、教师资格证书并重的教学制度，培养出适应市场需求的高等职业应用型人才，为学生就业广开门路奠定基础。教育系现有实训室7个，分别为数码钢琴室、手工制作室、美术室、舞蹈室、幼儿园模拟教室、声乐室，图书资料丰富，为学前教育专业发展及教学科研提供了良好条件。

青海柴达木职业技术学院学前教育专业学制为3年，是在海西蒙古族藏族自治州民族师范学校原幼师专业基础上发展而来的，办学经验丰富，师资力量雄厚，培养德智体美全面发展，热爱教育事业，具有正确的世界观、人生观、价值观，有高尚人格、良好的教师职业道德，掌握学前教育专业基础知识和基本技能，适应现代学前教育改革和发展需要，掌握幼教事业发展特点和学前教育的基本规律，能够在幼儿园等学前教育机构从事保育和教育工作、管理工作和社会服务的实用性专门人才。并建立了学做相融、院校合作、课证融通、一专多能的“5双”式人才培养模式，注重学生基本技能和实践能力的培养，建有设备齐全的校内实训室和一定数量的校外实训基地。

二、青海省高职院校学前教育专业发展规模

高职院校招生是关系高职院校可持续发展的关键，社会发展需要高职

院校提供大量的优质毕业生，但由于部分院校招生数量不足，严重阻碍高职院校自身健康持续发展。因此，高职院校招生途径呈现多元化的特点，高职院校主要依靠普通高考、单独招生、对口招生、中高职衔接（“五年一贯制”或“2+3”）以及注册入学等形式招生。青海省三所设有学前教育专业的专科层次院校招生主要涉及自主招生、普通高考和“五年一贯制”招生形式。

普通高考招生是指普通高等学校招生全国统一考试，简称“高考”，是合格的高中毕业生或具有同等学力的考生参加的全国统一选拔性考试，一般是每年 6 月 7—8 日考试。由国家主管部门授权的单位或实行自主命题的省级教育考试院命制；由教育部统一调度，各省级招生考试委员会负责执行和管理。

参加考试的对象一般是全日制普通高中毕业生和具有同等学力的中华人民共和国公民，普通高等学校根据考生成绩，按照招生章程计划和扩招，德智体美劳全面衡量，择优录取。青海省三所专科层次院校通过普通高考招收的学生数量有限。

西宁城市职业技术学院 2021 年学前教育专业统招计划招生只有 40 人，出现这种情况可能是因为本科院校的扩招和超计划录取，使得高职院校统招的生源逐年减少，并且学校的地理位置和办学特色会影响招生报到率，而青海省处在我国西北地区，经济发展和气候状况也是学生报考要考虑的因素。

因此，青海省三所专科学校通过普通高考招生形式并不具备优势，招生人数较少。为增加招生人数，单独招生的形式在青海三所高校中显得极为重要。单独招生即为单招，是高职高专层次学校的自主招生，一般为每年 3 月份举行。主要面向中等职业学校的学生和普通高三生。单独招生是国家授权高职院校独立组织考试录取的一种方式，于高考前完成录取。

按教育部规定，考生参加单独招生考试，若被正式录取，无须参加全国统一高考，未被录取的可继续参加全国统一高考，学生入校后与统招的学生待遇相同。在考试内容上与普通高考有一定的差距，主要是“文化素质+职业技能”的考试形式。单独招生院校生源范围主要应为其所在省区的普通高中毕业生，也可试点招收部分中职毕业生；单独招生计划纳入国家核定的招生计划总数内，未完成的计划转入普通高校招生全国统一考试录取时执行。

青海省三所设有学前教育专业的普通高职院校都可以通过单独招生的形式进行招生，西宁城市职业技术学院学前教育专业2022年单招计划招生80人，青海高等职业技术学院学前教育专业2019年单招计划招生80人，青海柴达木职业技术学院学前教育专业2022年单招计划招生160人。由于单独招生较普通高考招生简单，会吸引一些成绩并不是很好的高中生选择单招，通过单独招生这种形式，可以为学前教育专业拓宽生源，培养出更多学前教育专业人才，改善高职院校统招生不足的情况，对成绩相对不是很好的高中生来说也是一个不错的选择。

“五年一贯制”是指五年制高等职业技术教育（简称“五年制高职”），又称“初中起点大专教育”，招收对象是初中毕业生，中考成绩达到分数线后进入高职等技术院校学习，是中国高等职业教育的重要形式。

“五年一贯制”教育学业期满后，获得国家认可的大专学历证书。青海省三所学设有前教育专业的高职院校中，西宁城市职业技术学院和青海高等职业技术学院通过“五年一贯制”形式进行招生，招生人数并不多，西宁城市职业技术学院2020年“五年一贯制”招生考试，学前教育与护理专业总共仅有120余名考生参加考试。虽然青海省学前教育专业通过“五年一贯制”的招生形式所招学生人数并不多，但也是培养学前教育专业人才的一种途径，并有其独特的优势。

初中毕业生可塑性与学习能力强，可以更好地培养优秀幼儿教师所需要的艺术能力。高职学前教育培养存在一定的缺陷，刚进入高职后，学生的专业基础较低，需要花费较多的时间去研习专业基础知识和专业技能，而“五年一贯制”培养模式有充足的时间让学生接触专业知识和专业技能，可以学得更扎实、更系统，有利于培养优秀的幼儿教师。“五年一贯制”实际上比读完高中再参加单招的学生学习时间要缩短一年，不仅节省一年时间，而且也能接受到更系统的职业教育，具有一定的连贯性。

三、青海省高职院校学前教育专业课程设置

青海省三所设有学前教育专业的高职院校在学前教育专业的课程设置

上有很大的相似之处，就通识教育课程而言，三所院校均设置《毛泽东思想与中国特色社会主义理论体系概论》《思想道德修养与法律基础》《形势与政策》《体育与健康》《大学生心理健康等公共课程》，对学生综合素质的培养与道德、情感、品质等方面的全面发展具有积极作用。三所高职院校都设有乐理、声乐、钢琴、舞蹈、美术与手工制作等艺术相关课程，幼儿园教师面对对象的特殊性导致学前教育专业学生学习艺术课程的必要性，学前教育是终身教育的奠定阶段，艺术可以培养幼儿教师的艺术素养和审美能力，而学前教育专业的学生在校期间学习此类与艺术相关的课程，不仅可以提升自身综合素质，提升学生修养，也更符合社会对幼儿教师的要求，为今后从事学前教育工作打下坚实的基础。但在高职院校中艺术课程设置存在不合理现象，例如，缺乏艺术领域课程的贯通，学前教育艺术课程与艺术类专业课程相混淆，前者只在注重表演，而后者更加注重专业，不少学校会将两者混淆，出现学生课业压力过大的情况。这就要求学校要根据实际情况评估并改革课程模式，为学生提供一个合适的培养模式。

学前教育教师要充分掌握幼儿发展规律、健康教育、幼儿卫生保健等专业知识，以应对教学过程中出现的各种问题。青海省这三所高职院校均设有学前儿童发展心理学、学前教育学、学前卫生学等专业课程，保证学生充分了解幼儿发展有关知识，有利于更好地完成幼儿教育工作和幼儿健康发展。由于幼儿教育学主要是依据活动进行，三所高职院校均设有幼儿园教育活动设计课程，可以提高学生在教学过程中的活动设计能力，保证设计的教育活动有效且有教育意义，符合幼儿发展规律，提升课堂教学效果。由于青海省是一个多民族省份，学前教育专业设置民族理论政策课程有利于学生更好地了解各民族的不同情况，更好地投入学前教育工作。

青海省高职院校学前教育专业课程设置比较广泛，包含各种艺术相关课程、通识教育课程和专业教育课，不仅考虑到学前教育的特殊性，也考虑到青海省民族组成情况，设置民族理论政策课程，让学生在学习期间学到基本理论和专业技能，为培养高素质、高技能的优秀幼儿教师奠定了坚实的基础。

四、青海省高职院校对学前教育专业学生技能的培训情况

青海省高职院校同样注重学生技能的培训，采用学校培训和校企合作等多种方式对学生技能进行培训，多次开展专题讲座培训。

西宁城市职业技术学院为提升教育系学前教育专业学生的个人职业素养，培养其树立科学教育观和教育理念，将校内所学知识和技能与幼儿园实际工作紧密相连，定期邀请省内外学前教育专业相关专家，面向学前教育专业师生开展专业学术讲座，为师生引领专业发展方向，开拓专业建设思路，明确人才培养目标，提升学生对专业学习的认同感，进一步激发专业探求欲望。

另外，还定期邀请优秀的幼儿园教师加入日常教学，同时派遣专业教师进入幼儿园开展企业实践工作，通过校企互聘，激发教师的工作热情，为高校学前教育教学注入新的活力。

此外，为了解决理论与实践教学脱节的问题，开展“走园”实践教学，帮助学生将所学知识和技能在幼儿园真实岗位中即学即用，从而巩固专业知识，提升专业能力，缩短适岗时间。“走园”实践教学通过“校中学、园中训”“双导师教学、双主体育人”的形式，加深校企合作，通过每周一天的幼儿园实践，引导学生将校内模拟的教学活动在幼儿园真实情境中组织实施，通过幼儿园教师、校内教师、学生互评、自评等多主体参与的评价方式，帮助学生获取更直观的教学体验和岗位经验。

青海省高职院校为促进学前教育专业学生实践能力，与多所幼儿园进行合作，共同培养优秀幼儿教师。西宁城市职业技术学院学前教育专业与省内20家省市级示范园共建校外实训基地并签订校企合作协议，从而建立长期校企合作关系。

为了让学生有更多实践和实习的场所，青海高等职业技术学院教育系专业教师奔赴海东市乐都区、平安区、西宁市、湟中县，经对幼儿园的管理、师资设施及环境等方面进行考察，征得幼儿园的同意，与西宁市城南区爱尚幼儿园、西宁万伦幼儿园、西宁宏博幼儿园、湟中多巴康川新城幼儿园、城北心悦幼儿园、城南宏博幼儿园、海东市乐都区幼儿园、海力幼

儿园、星光幼儿园、乐都区师范附中幼儿园等幼儿园签订校企合作协议，建立合作关系。

青海省高职院校与幼儿园签订协议，并持续深入院园合作，增强院园合作交流。共同探讨合作机制、制定“院园”融合教师联合工作制度、课程建设制度和科研工作制度等，提高校外实训基地质量，为“院园”融合发展、专业群与学前教育事业一体化发展提供了保障。

第三节　青海省学前教育专业成人继续教育

幼儿教师普遍存在学历水平偏低的情况，对于已经走上工作岗位的低学历幼儿教师来说，进行继续教育是提升学前教育师资质量与水平的重要途径。

一、成人继续教育的形式

成人继续教育是指有别于普通全日制教学形式的教育形式，也是终身教育体系的有机组成部分。它与普通教育是一种相互依存、相互完善的关系。它们共同组成一个有机的教育体系，即终身教育体系。参加高考并且成绩达到各大院校录取分数线的学历，统一称为全日制学历，即统招学历。高考落榜后，包括后续工作后修得的学历统一称为成人继续教育，即非统招学历。成人继续教育学历通常有四种主要形式，分别是成人高考、自学考试、电大现代远程开放教育和网络教育。教育形式各有特点，除成人高等教育以外，报考其他三种不需参加全国统一入学考试。

成人高等学校招生全国统一考试，简称“成人高考”，是高等教育的重要组成部分。经教育部审定核准举办成人高等学历教育的广播电视大学、职工高等学校、职业技术学院、农民高等学校、管理干部学院、教育学院、独立设置的函授学院和普通高校所属的成（继）教院（以下统称成人高校）实行全国统一招生。分专科起点升本科（简称专升本）、高中起点升本科（简称高起本）和高中起点升专科（简称高起专）三种。学习形式分脱产、业余和函授三种，其中脱产最短学习年限为：专升本两年，高起本四年，高起专两年；业余和函授最短学习年限为：专升本两年半，高起本五年，高起专两年半。

高等教育自学考试是对自学者进行以学历为主的高等教育国家考试，是个人自学、社会助学和国家考试相结合的高等教育形式。简称“自考”，是我国规模最大的开放的高等教育形式。中华人民共和国公民，不受性别、年龄、民族、种族和已受教育程度的限制，均可依照国务院《高等教育自学考试暂行条例》的规定参加自学考试。考生自学为主，根据需要和可能，自考生还可以选择面授、函授、广播、电视、音像等方式接受指导和帮助。部分应用技术类专业需参加全日制学习，有相应毕业年限。

电大开放教育是相对于封闭教育而言的一种教育形式，基本特征为：以学生和学习为中心，取消和突破对学习者的限制和障碍。比如开放教育对入学者的年龄、职业、地区、学习资历等方面没有太多的限制，凡有志向学习者，具备一定文化基础的，均可以申请入学，入学考试根据不同地区电大办学具体情况各自安排；学生对课程选择和媒体使用有一定的自主权，在学习方式、学习进度、时间和地点等方面也可以由学生根据需要决定；在教学上采用多种媒体教材和现代信息技术手段等等。招生类型有专科和专升本两种。主要的学习形式为远程教育，结合面授，实行学分制，毕业年限最长可达 8 年。

网络教育是一种新兴的教育模式。网络教育和传统教学方式不同，主要通过远程教育实施教学，学生点击网上课件（或是光盘课件）来完成课程的学习，通过电子邮件或贴子的方式向教师提交作业或即时交流，另有一些集中面授。招生类型有高起专、高起本和专升本。网络教育通常实行弹性学制，允许学生自由选择学习期限，高中起点专科、专科起点本科一般学制 3 年，学习期限 2-5 年；高中起点本科一般学制 5 年，学习期限 4—7 年。

二、青海省学前教育专业成人继续教育发展基本情况

青海省设有学前教育专业的两所普通本科院校均有成人继续教育。青

海师范大学继续教育与培训学院和青海民族大学继续教育学院成人教育招生均设有学前教育专业，招生形式有专科升本科和高中升专科两种，学制均为2.5年，专科升本科学院达到学位申报条件后，可以授予学士学位。西宁城市职业技术学院、青海高等职业技术学院和青海柴达木职业技术学院也都承接继续教育工作。

国家开放大学是以中央广播电视大学和地方广播电视大学为基础组建的一个完整的教学和管理体系。目前，国家开放大学的办学组织体系由总部、分部、地方学院、学习中心和行业、企业学院共同组成，国家开放大学充分发挥系统优势和现代信息技术优势，实现办学网络立体覆盖全国城乡，为我国社会成员提供多样化继续教育服务和学习机会的重要保障。

青海开放大学学历教育招生包含开放教育、网络教育和成人高考三种招生形式，开放教育设有学前教育专业，有本科（专科起点）和专科（高中起点）两种形式，成人高考（专科）并没有学前教育专业。

三、成人继续教育是幼儿教师提升专业素质的重要途径

教师应树立终身学习的理念，对于已经投身于学前教育事业的幼儿教师来说，成人继续教育是提升自身专业素质水平的重要途径。成人继续教育对于幼儿教师而言，有很大的辅助作用。

时间上有较强的便捷性，已经参加工作的幼儿教师，平常没有足够的闲暇时间进行系统的学习，只能通过幼儿园组织的培训和自身经验对综合素质进行提升，但大部分幼儿园外出培训的机会少，并不能保证每一位教师获得培训机会，而参加成人继续教育的幼儿教师可以接触到高校学前教育的丰富资源，学习先进的理论知识和教学技能，不断更新知识库。

成人继续教育可以根据社会发展变化，不断调整课程结构，让参加成人继续教育的学生接触现代化的教学手段，对教学方法进行改革和创新，营造良好的课堂氛围，提升自身综合素质，对幼儿身心健康教育起到潜移默化的作用，有利于素质教育的实施。成人继续教育不仅可以提升幼儿教师整体学历水平和综合素质，深化教育改革，同时也能满足幼儿教师对自身素质发展的需要，为基础教育事业的发展和社会进步做出积极贡献。

第十一章　青海省乡村学前教育发展情况

我国教育发展的重要方向是关注公平，加大对贫困地区的教育投入，让更多贫困儿童获得接受教育的权利，用知识摆脱世代贫困，让他们在成长中改变自己的命运，学前教育是国民教育体系的重要组成部分，是人生的开端，对于塑造个体的性格具有启迪作用，是终身学习的保障，是教育脱贫、阻断贫困代际传递的重要工程，学前教育促进社会和谐、改善人民生活。

我国发展研究基金会秘书长卢迈提出，一定要把学前教育办进农村，普及学前教育必须根植于村庄，因为乡村的孩子是国家未来的主力军，乡村学前教育可以让每个孩子都有一个阳光起点。卢迈在《中国儿童发展报告 2017：反贫困与儿童早期发展》中提出，应该尽快普及一村一园的学前教育。自从 2009 年 8 月，中国发展研究基金会在青海省海东市乐都区率先启动“贫困地区儿童早期发展项目”，随后试点扩展至其他贫困地区。从 2012 年起，“山村幼儿园计划”作为“早期发展项目”学前教育的核心部分，在贵州、四川等地逐步推行。一所山村幼儿园，给贫困乡村孩子们带来的是摆脱贫困、通向光明未来的希望。教育是今天的事业，明天的希望，应当努力推进教育公平和质量提升。

青海省的学前教育与全国水平相比存在一定的发展差距，近年来，青海省依据人口分布和流动趋势等情况，将幼儿园建设纳入城乡公共服务设施配套建设规划，不断向农牧区和贫困地区及困难群体倾斜，把 90%的资金投向这些地区。目前学前教育经费支出，大部分用于幼教机构建设和其他支出上，2017 年用于幼教机构建设占 36.86%，在青海省“州办高中，县办初中，乡办寄宿制小学，村办学前教育”的指导思想下，大力推进学前教育跨越式发展，在保证现有成效的情况下，进一步提高幼儿入园率。为深入了解青海省乡村学前教育的具体情况，进行了调查研究。

一、研究对象与方法

（一）研究对象

以青海省乡村学前教育机构的教师、幼儿园园长及教育行政管理部门为调查总体。课题组从乡村抽取学前教育机构（含幼儿园、附设幼儿园、“走教点”）为调查和访谈对象，以照片方式留存有特色的内容。调查了 94 所学前教育机构。

（二）研究方法

1. 调查法与调查过程

（1）调查形式

设计《学前教育调查问卷》进行实地调查，问卷一共 102 道题，主要调查包含 7 个维度，分别为：第一，学前教育机构的基本情况；第二，园舍场地情况；第三，保育和教育设施；第四，师资队伍；第五，幼儿基本情况；第六，家园合作；第七，课程设置与教学目标。其中，学前教育机构包含的主要内容为办学归属、财政拨款、办园许可证、相关制度。园舍场地情况包含的主要内容为场地隶属情况、场地资金来源。师资队伍包括学历、职称、工资、每班配备保育和教育教师人数、教师体检、培训、资格证、教职工人数与幼儿人数比例。幼儿基本情况包括班级设置、体检、收费、伙食、监护人、学习教材、学习语言、在校时间、入学时间。为进一步了解学前教育的具体信息，设计了针对教师、行政管理人员和教育行政部门的领导的访谈和座谈提纲。

（2）调查过程

课题组教师和学生分阶段在当地教育部门的协助下，深入青海省乡村学前教育机构走访调查。

2. 观察法

采用观察法对乡村学前教育机构的园舍场地、保育和教育设施、幼儿一日活动情况、教师教育教学活动等进行观察，并用文字、录影和图片的形式加以记录。

二、青海省乡村学前教育发展情况

（一）学前教育机构的基本情况

1. 办学归属

抽取的学前教育机构中幼儿园66所，占70.2%，“走教点”9所，占9.6%，个人办园4所，占4.3%，附设幼儿园15所，占16%。

2. 财政拨款

抽取的学前教育机构中没有财政拨款的13所，占13.8%，有财政拨款的81所，占86.2%。

3. 办园许可证

抽取的学前教育机构中没有办园许可证的14所，占14.9%，有办园许可证的80所，占85.1%。

4. 相关制度

表11—1 学前教育机构相关制度

存在的制度	幼儿园数（所）	百分比（%）
无任何制度	3	3.19
AB	9	9.57
ABC	13	13.83
ABCD	36	38.30
ABD	11	11.70
AC	1	1.06
B	17	18.09
BC	2	2.13
BCD	1	1.06

续表

存在的制度	幼儿园数（所）	百分比（%）
BD	1	1.06
合计	94	100.00

注：A. 门卫管理制度　B. 安全卫生制度　C. 食堂管理制度　D. 保健室管理制度

青海省抽取的学前教育机构中，同时有门卫管理制度、安全卫生制度、食堂管理制度和保健室管理制度的只有36所，占38.3%，没有任何制度的3所，占3.2%。

（二）园舍场地情况

1. 场地隶属

青海省抽取的学前教育机构中政府划拨场地的66所，占70.2%，租用场地的28所，占29.8%。

2. 场地具体信息

（1）场地总面积

青海省抽取的学前教育机构中总面积最小的68平方米，1000平方米以下的49所，占52.1%，1000—2000平方米的8所，占8.5%，2000—3000平方米的2所，占2.1%，3000—4000平方米的5所，占5.3%，4000—5000平方米的5所，占5.3%，5000平方米以上的25所，占26.6%。

（2）是否有独立园舍

抽取的学前教育机构中有独立园舍的60所，占63.8%，没有独立园舍的34所，占36.2%。

（3）教室数量

抽取的学前教育机构中只有1间教室的15所，占16.0%，有2间教室的17所，占18.1%，有3间教室的6所，占6.4%，有4间教室的6所，占6%，有5间教室的3所，占3.2%，有6间教室的8所，占8.5%，有7间教室的3所，占3.2%，有8间教室的2所，占2.1%，有9间以上教室的34所，占36.2%。

（4）盥洗设施

青海省抽取的学前教育机构中有盥洗设施的60所，占63.8%，其他

34 所没有盥洗设施，占 36.2%。

(5) 标准活动室

抽取的学前教育机构中有标准活动室的 22 所，占 23.4%，没有标准活动室的 72 所，占 76.6%。

(6) 户外活动场地

抽取的学前教育机构中有户外活动场地的 88 所，占 93.6%，没有户外活动场地的 6 所，占 6.4%。在乡村的学前教育机构中，有户外活动的场地比较多，但是，不像城镇幼儿园是封闭的空间。

(7) 园舍资金

抽取的学前教育机构中园舍资金完全自筹的有 5 所，占 5.3%，其他 89 所，占 94.7%，学前教育机构的资金由多渠道筹措。

（三）保育和教育设施

表 11—2 青海省抽取的学前教育机构保育和教育设施情况（*n*=94）

保育和教育设施项目	有保育和教育设施的幼儿园数（所）	有保育和教育设施的幼儿园比例（%）
墙面布置	90	95.74
洗手设施	90	95.74
厕所（简易）	94	100.00
炊事房（简易）	68	72.34
桌椅	94	100.00
黑板	94	100.00
玩具架	82	87.23
幼儿书架	71	75.53
电视	86	91.49
电脑	68	72.34
投影仪	40	42.55
VCD/DVD	74	78.72
录音机	59	62.77
体育用品	83	88.30

续表

保育和教育设施项目	有保育和教育设施的幼儿园数（所）	有保育和教育设施的幼儿园比例（%）
户外大型玩具	15	15.96
一般玩具/游戏材料	87	92.55
乐器	80	85.11
美工教具	73	77.66
学校配备文具	63	67.02
规定教材	74	78.72
教学挂图	70	74.47
教材外的幼儿读物	78	82.98
生均读物	5	5.32
药品柜	27	28.72
茶水壶	80	85.11
毛巾	79	84.04
消毒设施	14	14.89
常见药品	22	23.40
暖瓶	42	44.68
水杯	62	65.96
床	70	74.47

有57所学前教育机构在最近三年增加了保育和教育设施。

（四）师资队伍

1. 编制和待遇

青海省抽取的学前教育机构中，大部分教师没有编制，调查的94所学前教育机构中有36所机构没有一个带编制的教师，占38.3%，并且最近三年幼儿园教师的编制没有变化。有34.0%的学前教育机构的教师认为近三年来教师待遇改善了。

2. 学历

青海省抽取的学前教育机构中，大专学历的人数最多，占61.3%，其次为本科学历的教师，占 34.4%，中专学历的教师人数占 3.2%，其他学历的教师占 1.1%。

3. 职称与收入（不含已统计的）

经过不重复统计，一个学前教育机构，由高级职称开始，统计过就进入下一级别的统计。青海省抽取的学前教育机构中有高级职称教师的幼儿园有 2 所，占 2.1%，平均每个月工资 5000 元以上；有中级职称教师的幼儿园 4 所，占 4.3%，平均每个月工资 5000 元以上；有初级职称教师的幼儿园有 52 所，占 55.3%，平均每个月工资 4000—5000 元；没有职称的教师平均每个月工资 3000—4000 元；聘用的幼儿园有 36 所，占 38.3%，聘用的教师平均每个月工资 2000 元以下。

4. 五险一金

表 11—3　幼儿园教师五险一金情况表

五险一金	幼儿园数（所）	百分比（%）
ABCDE	2	2.13
ABCDEF	9	9.57
ABCDF	16	17.02
ABCEF	1	1.06
ABCF	3	3.19
ABDEF	2	2.13
ABDF	2	2.13
ABEF	2	2.13
ABF	1	1.06
B	1	1.06
BDEF	1	1.06
D	2	2.13
无	52	55.32
合计	94	99.99

注：A. 养老保险；B. 医疗保险；C. 失业保险；D. 工伤保险；E. 生育保险；F. 住房公积金。

青海省抽取的学前教育机构中有 52 所学前教育机构的教师没有五险一金中的任何一项。

5. 每班配备教师人数

表 11—4　每班配备教师人数

保育和教育类型	幼儿园数（所）	百分比（%）
两教一保	41	43.62
一教一保	38	40.42
一教	15	15.96
合计	94	100.00

6. 体检

青海省抽取的学前教育机构中，有 52 所学前教育机构的教师有健康卡，占 55.3%，其他 42 所没有教师健康卡，占 44.7%。

7. 培训

青海省抽取的学前教育机构中，有 89 所学前教育机构的教师有机会参加培训，占 94.7%，其他 5 所机构没有参加培训的机会，占 5.3%。

8. 资格证

青海省抽取的学前教育机构中，有 60 所学前教育机构的教师有教师资格证，占 63.8%，其他 34 所机构没有教师资格证，占 36.2%。

9. 教职工人数与幼儿人数比例

表 11—5　教职工人数与幼儿人数比例

比例	幼儿园数（所）	百分比（%）
1 : 5 以下	22	23.41
1 : 5—1 : 10	19	20.21
1 : 10 以上	53	56.38
合计	94	100.00

（五）幼儿基本情况

1. 班级设置

青海省抽取的学前教育机构中，有 8 所学前教育机构有小小班，占 8.5%；有 82 所学前教育机构有小班，占 87.2%；有 82 所学前教育机构有中班，占 87.2%；有 86 所学前教育机构有大班，占 91.5%；有 31 所学前教育机构有混龄班，占 33.0%。

2. 体检

青海省抽取的学前教育机构中，有 46 所学前教育机构的幼儿有健康卡，占 48.9%；其他 48 所教育机构没有幼儿健康卡，占 51.1%。

3. 收费

（1）学费

青海省抽取的学前教育机构中，有 19 所学前教育机构的幼儿收学费，占 20.2%；75 所学前教育机构的幼儿不收学费，占 79.8%。

（2）伙食费

青海省抽取的学前教育机构中，有 48 所学前教育机构的幼儿收伙食费，占 51.1%，有每周食谱；46 所学前教育机构的幼儿不收伙食费，占 48.9%。

（3）借读费

青海省抽取的学前教育机构中，有 1 所学前教育机构的幼儿收借读费，占 1.1%；93 所学前教育机构的幼儿不收借读费，占 98.9%。

4. 学习教材

青海省抽取的学前教育机构中，有 2 所学前教育机构有小学教材，占 2.1%；其他 92 所没有小学教材，占 97.9%。

5. 学习语言

表 11—6　幼儿学习时使用的语言

语言	幼儿园数（所）	百分比（%）
国家通用语言	80	85.11
两种语言	6	6.38

续表

语言	幼儿园数（所）	百分比（%）
英语	0	0.00
少数民族语言	8	8.51
合计	94	100.00

6. 在校时间

青海省抽取的学前教育机构中，有 7 所机构开设周一至周五全托班，占 7.4%；有 4 所机构开设按月寄宿制的班级，占 4.3%；其他 83 所为单开日托班的机构，占 88.3%。

7. 入学时间

表 11—7　幼儿入学最小年龄

最小年龄	幼儿园数（所）	百分比（%）
2.5 岁	2	2.13
3 岁	84	89.36
3.5 岁	3	3.19
4 岁	4	4.26
5 岁	1	1.06
合计	94	100.00

8. 幼儿园一日活动安排表

青海省抽取的学前教育机构中，有《幼儿园一日活动安排表》的机构 70 所，占 74.5%，基本内容包括预备、教学活动、户外活动、幼儿游戏、如厕、洗手、离园。一般的幼儿园是 9：00 入园，16：20 离园。

（六）家园合作

青海省抽取的学前教育机构中，有 88 所学前教育机构开家长会，占 93.6%；有 51 所学前教育机构有入户指导，占 54.3%；有 77 所学前教育机构有家长联系卡，占 81.9%；有 70 所学前教育机构有家长开放日，占 74.5%。

（七）课程设置与教学目标

1. 课程表及主要课程

青海省抽取的学前教育机构中，有 87 所学前教育机构有课程表，占 92.6%；有 7 所学前教育机构没有课程表，占 7.4%。主要课程有：语言、数学、健康、舞蹈、音乐、社会、科学、安全、美术、手工、礼仪、游戏、户外活动。

2. 学前教育机构的教育目标

青海省抽取的学前教育机构的教育目标主要包括知识传授、能力培养和看护，三者统一。53 所学前教育机构以知识传授为主，占 56.4%；88 所学前教育机构以能力培养为主，占 93.6%；36 所学前教育机构以看护为主，占 38.3%，学前附设班存在小学化倾向，教育目标不是单一的，知识传授，能动培养和看护同时进行。

（八）访谈与座谈结果

访谈与座谈中教师最大的心愿是：

1. 每位幼儿都能够得到最好的教育

教师最大的心愿是每一个孩子都能健康成长，能给孩子的童年带来快乐，能更好地教育幼儿，健康完满的带出每一届孩子，孩子能快乐地度过幼儿园生活。许多教师的第一心愿是希望“每个孩子健康快乐的度过幼儿园生活，开心每一天”，希望“幼儿在幼儿园里开开心心，健健康康，快快乐乐地成长”，希望“孩子在幼儿园每一天都开心、快乐”。

条件薄弱地区的教师特别希望“孩子们能够享受平等的教育，能够拥有快乐的童年”，老教师希望“后继有人”；“尽己所能，让幼儿在园的时光能够快乐地学习和成长，更希望有年轻的工作者加入这个行列”；“每天尽职尽责对待工作，对每一位幼儿进行有耐心、爱心、恒心的培养”；“为学前教育事业尽自己的一份责任，努力取得更优异的成绩”。

贫困乡村幼儿园教师的担忧是幼儿安全方面没有保障，希望有门卫，在班级教学中，每班再多一名教师，为幼儿的安全提供更好的保障；幼儿没有大型玩具，教师希望增加资源的配置，让幼儿有一个舒适的学习环境，愉悦师生的身心。“能给幼儿更好的办学条件，给孩子们配备多媒体设备。”

从孩子的心理发展上，教师希望在各部门举行“大型的活动后，对参加表演的孩子们有适当的小礼品，鼓励孩子们是‘最棒的’”。幼儿园的孩子免费义务表演节目很开心也很自豪，但是关心和鼓励可以促进幼儿健康成长，不要单纯下单、派任务。

2. 成为专业的幼儿园教师，提高专业能力

许多教师的困惑是不知如何支持和引导游戏活动，直接对调研的老师说：“我们通过培训老师知道了城里的幼儿园有区角材料投放，但是不懂区角材料怎么投放，就是过一段时间换一个摆法，特别想学会具体的操作。”不太会环境创设与利用。在乡村有许多本土化的材料可以利用，但是，幼儿园教师不知道如何把它们用到课堂中。缺乏相应的保育和教育能力，“知道看住孩子，管住孩子就行了”“不知道如何更好地与家长沟通”。

3. 丰富教师培训

教师希望增加培训，通过培训，让幼儿园教师提高能力，“希望自己能从更多的培训中获得更多的知识和经验，并把所学到的东西带到自己的幼儿园和教师们分享”；“教育机构多支持教师接受培训，而且培训要多样化，让幼儿园教师有机会与内地有特色的教育机构的教师多交流，学习别人先进的教学方法”；多参加培训后“愿自己能在学前教育道路上越走越远”；“能够有更多的学习机会，提升自身的素质”。

4. 提高教师待遇，解决幼儿园教师编制

“让幼儿园教师获得社会认可，愿教师这个行业更有尊严，得到社会的尊重。”“通过教师本身的努力，改变社会对幼儿园教师的偏见，赢得家长的信任。”“希望领导提高对学前教育工作者的关注，希望有关部门能考虑和解决幼儿园教师编制问题，希望通过考试获得编制”。

在稳定师资队伍上，通过提高教师工资待遇，稳定人心，“使教师不为生计发愁，而是把更多的精力放在工作上，工资能与付出相平等”；“我最大的心愿是工资能涨到2000元左右”；“让幼儿园教师拥有五险一金”。

5. 工作环境能够改善

增加教学设施，改善教学环境，增加资源配置，有更多的学习机会，减少班容量，或者每个班多配备一名教师减少工作量，教师工作可以轻松一点、愉快一点；做好教学常规工作，愿家长多深入了解学前教育，多理解、多体会、多包容、多支持。

第十二章　青海省幼儿园教师培训情况

《青海省中长期教育改革和发展规划纲要（2010—2020）》和《青海省学前教育三年行动计划》中提出加快普及学前教育，加大学前教育投入力度，每个县建设1—2所标准化幼儿园，每个乡镇建设1所以上中心幼儿园，形成以县级标准幼儿园为骨干和示范，以乡镇中心幼儿园、小学附设学前班和村级办园为主体的农牧区学前教育格局。新建幼儿园后，幼儿园教师队伍扩大，为了提高教师教育质量，有效培训是关键环节，在师资队伍建设方面，《青海省学前教育三年行动计划》要求实施幼儿园教师培训计划，加大幼儿园教师培训力度，将幼儿园教师培训列入省级中小学培训计划，对转岗幼儿园教师、招聘志愿者进行岗前培训，对在园教师进行定期轮训。建设一支师德高尚、业务精良、热爱儿童、结构合理的幼儿园教师队伍，建立幼儿园教师教育质量保障体系，不断提高幼儿园教师培训质量。为了进一步完善培训内容，改变培训方式，作为培训者在青海省进行了全面的调查，深入基层了解幼儿园教师培训的心理需求。

一、研究对象和研究方法

（一）研究对象

参加调研的幼儿园教师共510名，其中，男教师20名，占3.9%，女教师490名，占96.1%。25岁以下的116名，占22.7%，26—34岁的203名，占39.8%，35—44岁的127名，占24.9%，45岁以上的64名，占12.5%。教龄3年以下的124名，占24.3%，4—9年教龄的159名，占

31.2%，9—14 年教龄的 72 名，占 14.1%，15—19 年教龄的 71 名，占 13.9%，20 年以上教龄的 84 名，占 16.5%。职称分布：无职称的 207 名，占 40.6%，幼教 248 名，占 48.6%，小教 47 名，占 9.2%，中教 8 名，占 1.6%。学历分布：大专及以下 294 名，占 57.6%，本科 212 名，占 41.6%，硕士及以上 4 名，占 0.8%。

（二）研究方法

调研采用自编的《学前教育培训项目需求调查问卷·教师培训心理需求问卷》，问卷的维度包括：培训目的、培训困难、培训内容、培训形式、培训心理需求 5 个部分。此外，为了能够搜集更多资料，抽样的每个幼儿园组织了教师座谈会，就教师培训的具体问题进行了讨论。

二、教师培训心理需求分析

（一）教师培训现状分析

教师参加过的主要培训类型有“国培计划”、青海省幼儿园骨干教师培训、转岗教师培训；主要的培训内容依次为：《3—6 岁儿童学习与发展指南》解读、奥尔夫音乐教学法、蒙特梭利教学法、幼儿园文化环境建设与教育、幼小衔接、课堂教学；培训机构分布在：北京、浙江、甘肃、青海；给教师留下印象较深的培训单位有：首都师范大学、北京师范大学、北京丰台第一幼儿园、北京红缨幼儿园、兰州民族幼儿园、青海师范大学附属幼儿园、青海省武警总队幼儿园、62201 部队机关幼儿园、青海省三毛幼儿园。目前教师培训中最有成效，后续效果最好的是：北京丰台第一幼儿园与青海省海北藏族自治州幼儿园结对子的“跟园培训”。

教师培训的影响因素依次为培训方式、培训内容、培训条件、培训者的水平、参加培训的态度、参训教师的基础水平（各项具体分值见表 12—1）。影响培训最重要的因素是培训方式，座谈会中教师反映，目前的培训更多地采用“培训者授课，广大学员听课”的形式，学员积极性不高。

表 12—1　教师培训的影响因素（$n=510$）

项　　目	极小值（分）	极大值（分）	均值（分）	排序
参训教师的基础水平	0	6	0.72	6
参加培训的态度	0	5	0.88	5
培训者的水平	0	6	1.24	4
培训内容	0	6	1.78	2
培训方式	0	6	2.13	1
培训条件	0	7	1.50	3
其他	0	7	0.17	7

（二）教师培训心理需求分析

1. 教师参加培训的目的

首先，教师参加培训主要是为了开阔视野，获得学科发展和专业前沿新知识。其次是为了提高自身素质；更新教育观念；改善教育教学工作；拓展专业知识（各项具体分值见表 12—2）。

表 12—2　教师参加培训的目的（$n=510$）

项　　目	百分比（%）	排序
提高自身素质	20.80	2
改善教育教学工作	19.10	4
拓展专业知识	18.90	5
更新教育观念	19.40	3
开阔视野，获得学科发展和专业前沿新知识	21.60	1
其他	0.20	6
总计	100.00	

（1）不同性别的教师参加培训的目的

男性教师参加培训的前三项目的依次为：开阔视野，获得学科发展和专业前沿新知识；提高自身素质；更新教育观念。

女性教师参加培训的前三项目的依次为：拓展专业知识；开阔视野，

获得学科发展和专业前沿新知识；更新教育观念。女性更注重拓展专业知识。

（2）不同类型学校的教师参加培训的目的

幼儿园教师参加培训的前三项目的依次为：开阔视野，获得学科发展和专业前沿新知识；提高自身素质；更新教育观念。

小学教师参加培训的前三项目的依次为：开阔视野，获得学科发展和专业前沿新知识；提高自身素质；更新教育观念。

中学教师参加培训的前三项目的依次为：开阔视野，获得学科发展和专业前沿新知识；更新教育观念；提高自身素质。

（3）不同地区的教师参加培训的目的

西宁地区教师参加培训的前三项目的依次为：开阔视野，获得学科发展和专业前沿新知识；提高自身素质；拓展专业知识。

海东市教师参加培训的前三项目的依次为：开阔视野，获得学科发展和专业前沿新知识；提高自身素质；更新教育观念。

海西地区教师参加培训的前三项目的依次为：更新教育观念；开阔视野，获得学科发展和专业前沿新知识；提高自身素质。

海北地区教师参加培训的前三项目的依次为：提高自身素质；开阔视野，获得学科发展和专业前沿新知识；拓展专业知识。

海南藏族自治州地区教师参加培训的前三项目的依次为：更新教育观念；改善教育教学工作；开阔视野，获得学科发展和专业前沿新知识。

黄南地区教师参加培训的前三项目的依次为：开阔视野，获得学科发展和专业前沿新知识；改善教育教学工作；提高自身素质和更新教育观念。

（4）不同年龄教师参加培训的目的

25 岁以下教师参加培训的前三项目的依次为：提高自身素质；改善教育教学工作；开阔视野，获得学科发展和专业前沿新知识。

26—34 岁教师参加培训的前三项目的依次为：开阔视野，获得学科发展和专业前沿新知识；更新教育观念；提高自身素质。

35—44 岁教师参加培训的前三项目的依次为：开阔视野，获得学科发展和专业前沿新知识；提高自身素质；更新教育观念。

45 岁以上教师参加培训的前三项目的依次为：开阔视野，获得学科发展和专业前沿新知识；提高自身素质；更新教育观念。

（5）不同教龄的教师参加培训的目的

教龄 3 年以下教师参加培训的前三项目的依次为：提高自身素质；开阔视野，获得学科发展和专业前沿新知识；改善教育教学工作。

教龄 4—9 年教师参加培训的前三项目的依次为：开阔视野，获得学科发展和专业前沿新知识；更新教育观念；提高自身素质。

教龄 9—14 年教师参加培训的前三项目的依次为：提高自身素质；开阔视野，获得学科发展和专业前沿新知识；更新教育观念。

教龄 15—19 年教师参加培训的前三项目的依次为：开阔视野，获得学科发展和专业前沿新知识；提高自身素质；更新教育观念。

教龄 20 年以上教师参加培训的前三项目的依次为：更新教育观念；开阔视野，获得学科发展和专业前沿新知识；提高自身素质。

（6）不同职称的教师参加培训的目的

没有职称的教师参加培训的前三项目的依次为：开阔视野，获得学科发展和专业前沿新知识；提高自身素质；改善教育教学工作。

职称为幼教的教师参加培训的前三项目的依次为：开阔视野，获得学科发展和专业前沿新知识；更新教育观念；提高自身素质。

职称为小教的教师参加培训的前三项目的依次为：开阔视野，获得学科发展和专业前沿新知识；提高自身素质；更新教育观念。

职称为中教的教师参加培训的前三项目的依次为：开阔视野，获得学科发展和专业前沿新知识；更新教育观念；提高自身素质。

（7）不同学历教师参加培训的目的

学历为大专及以下的教师参加培训的前三项目的依次为：开阔视野，获得学科发展和专业前沿新知识；提高自身素质；更新教育观念。

学历为本科的教师参加培训的前三项目的依次为：开阔视野，获得学科发展和专业前沿新知识；更新教育观念；提高自身素质。

2. 教师在教学中遇到的主要困难

教师在教学中遇到的主要困难依次为：学生心理问题；教学技能技巧；教学资源的获取与加工；课程内容的选择；班级管理；媒体设备的使

用；教学活动的设计。教师培训中更多的需要学生心理和教学技能技巧等实质性的课程（各项具体分值见表 12—3）。

表 12—3　教师在教学中遇到的主要困难（$n=510$）

项　　目	极小值（分）	极大值（分）	均值（分）	排序
教学活动的设计	0	7	0.64	7
媒体设备的使用	0	7	0.74	6
教学资源的获取与加工	0	6	1.16	3
教学技能技巧	0	7	1.46	2
班级管理	0	7	0.91	5
课程内容的选择	0	6	1.10	4
学生心理问题	0	7	1.54	1

3. 教师通过培训希望改进的内容

教师通过培训希望改进的内容依次为：教学资源的设计与开发；教育技巧；家校合作；班级管理；师生关系；教学科研；课堂教学；其他教师希望在培训中学到教学资源的设计与开发的有关知识（各项具体分值见表 12—4）。

表 12—4　教师通过培训希望改进的内容（$n=510$）

项　　目	极小值（分）	极大值（分）	均值（分）	排序
课堂教学	0	7	0.84	7
教学科研	0	7	1.02	6
教育技巧	0	6	1.74	2
班级管理	0	6	1.40	4
师生关系	0	7	1.04	5
家校合作	0	7	1.62	3
教学资源的设计与开发	0	7	2.32	1
其他	0	8	0.10	8

4. 教师喜欢的培训形式

教师喜欢的培训形式依次为：实地参观考察；同行介绍经验、教学展示、共同研讨；案例评析、参与式培训；在专家的指导下自学—反思；观摩名师课堂教学；在专家的指导下进行课题研究；教育故事；专题沙龙；与专家研讨互动、交流对话；专家讲座、报告；网络在线学习；其他教师最喜欢的培训形式是实地参考观察（各项具体分值见表12—5）。

表12—5　教师喜欢的培训形式（$n=510$）

项　　目	极小值（分）	极大值（分）	均值（分）	排序
专家讲座、报告	0	6	0.50	10
与专家研讨互动、交流对话	0	6	0.90	9
观摩名师课堂教学	0	8	1.53	5
案例评析、参与式培训	0	6	1.70	3
专题沙龙	0	9	0.99	8
同行介绍经验、教学展示、共同研讨	0	7	2.25	2
教育故事	0	10	1.17	7
在专家的指导下自学—反思	0	9	1.58	4
实地参观考察	0	10	2.46	1
在专家的指导下进行课题研究	0	10	1.29	6
网络在线学习	0	11	0.41	11
其他	0	12	0.20	12

5. 教师最接受的培训者

教师最接受的培训者依次为：经验丰富的教学一线教师；教科研人员；高校教师；教育行政部门领导；其他教师最喜欢的培训者是经验丰富的教学一线教师，可以相互学习，又与实践紧密结合（各项具体分值见表12—6）。

表12—6　教师最接受的培训者（$n=510$）

项　　目	百分比（%）	排序
教育行政部门领导	5.60	4
高校教师	16.40	3
教科研人员	19.50	2

续表

项　　目	百分比（%）	排序
经验丰富的教学一线教师	57.70	1
其他	0.80	5
总计	100.00	

6. 教师培训的考核方式

教师培训的考核方式依次为：根据培训内容完成相应的作业；提交教学案例或现场说课；提交论文或者撰写培训心得；建立基于培训课堂表现的纪实或电子档案；考试方式（各项具体分值见表12—7）。

表12—7　教师培训的考核方式（$n=510$）

项　　目	百分比（%）	排序
考　　试	2.10	5
根据培训内容完成相应的作业	36.50	1
提交论文或者撰写培训心得	18.20	3
提交教学案例或现场说课	30.30	2
建立基于培训课堂表现的纪实或电子档案	12.90	4
总计	100.00	

7. 教师最希望的培训内容

教师最希望的培训内容依次为：教学与研究技能的培训；基本能力的提高；管理和教学中的具体问题的研讨；专项能力的培训；高级研修。教师最需要的培训是教学与研究技能的培训，在调研中发现有许多幼儿园教师希望科研能力得到提高（各项具体分值见表12—8）。

表12—8　教师最希望的培训内容（$n=510$）

项　　目	百分比（%）	排序
基本能力的提高	21.40	2
教学与研究技能的培训	36.10	1
高级研修	8.90	5

续表

项　　目	百分比（%）	排序
专项能力的培训	13.30	4
管理和教学中的具体问题的研讨	20.30	3
总计	100.00	

8. 教师最希望的培训方式

教师最喜欢的培训方式依次为：综合；研讨式；授课式；调研（各项具体分值见表12—9）。

表12—9　教师最喜欢的培训方式（$n=510$）

项　　目	百分比（%）	排序
授课式	22.10	3
研讨式	25.90	2
调研	10.90	4
综合	41.10	1
总计	100.00	

9. 教师培训最喜欢的培训时长

教师最喜欢的培训时长依次为：一周；一个月；两周；三个月或三个月以上；3天。教师最喜欢的培训时长为一周，培训时间太长会影响工作，培训时间太短起不到培训的作用（各项具体分值见表12—10）。

表12—10　教师最喜欢的培训时长（$n=510$）

项　　目	百分比（%）	排序
3天	6.90	5
一周	31.50	1
两周	20.20	3
一个月	30.30	2
三个月或三个月以上	11.10	4
总计	100.00	

10. 教师培训最喜欢的培训时间

教师最喜欢的培训时间依次为：学期中间；学期初；假期。教师希望在学期中间参加培训，因为在学期初期教师的工作任务重，无法离开工作岗位；而假期是休息的时间，还要备课，需要做身体和心理的调整，最好不要安排培训（各项具体分值见表12—11）。

表12—11　教师最喜欢的培训时间（$n=510$）

项　　目	百分比（%）	排序
学期初	31.50	2
学期中间	53.30	1
假期	15.20	3
总计	100.00	

11. 教师培训最想交流的主题

在培训中教师最想交流的主题依次为：教学经验；教学技巧；课程设计和授课方法；班级与学生管理；教师与学生的心理；师生关系；校园文化建设；家校共建。教师最想交流的主题是教学经验（各项具体分值见表12—12）。

表12—12　教师最想交流的主题（$n=510$）

项　　目	百分比（%）	排序
班级与学生管理	13.10	4
教师与学生的心理	10.00	5
教学经验	22.20	1
师生关系	8.90	6
教学技巧	21.10	2
校园文化建设	7.50	7
课程设计和授课方法	14.20	3
家校共建	3.00	8
总计	100.00	

三、结果与建议

（一）结果

1. 培训目的不明确，理论多，实践少

目前，幼儿园教师培训工作中存在重理论轻实践，重讲解轻参与的现状。“培训是个系统的过程，从培训需求分析开始，包含课程设计、资源开发、培训过程及培训效果评价的环节”，而培训者只注重培训内容，不了解培训对象的心理需求。在调查中发现，青海地区的幼儿园教师参加的培训种类比较多，但是与教师心理需求存在差距。部分培训中理论偏多，与教学实际需求存在脱节现象，不能真正达到教师综合能力提升的目的，幼儿园教师在培训期间信心倍增，但是，一旦回到基层单位，由于缺乏实践指导，许多理论无法应用。

目前的培训内容缺少连续性、层次性，不同级别、种类的培训内容重复，培训内容与参训教师的知识结构脱节，培训未考虑参训教师的实际水平，此次调查结果显示，幼儿园教师中无职称的占 40.6%，文化程度大专以下的占 57.6%，很多幼儿园教师文化水平较低，多数是非师范专业毕业的，专业背景和理论基础差。平时工作繁忙，很少接受系统培训，而培训教师介绍的有些理论太深，与实际缺少联系。幼儿园教师更需要教学实践，需要了解“幼儿心理发展特点、区角布置、材料投放、教具、玩具制作”等实际的知识。

培训内容没有考虑不同层次的教师需求。不同教龄、不同年龄教师的实际需求不同，年轻教师更希望获得“教学技能的培训”，工作时间长的教师希望“开阔视野、获得学科发展和专业前沿新知识”，而实际培训时很少考虑参训教师的群体与个体差异。培训内容未形成鲜明的体系。有些课程不适合幼儿园教师，如在已经开设的课程中的“班级管理”的内容不适合幼儿园；有些课程理论多，实际操作少，如奥尔夫音乐，理论多，又很难，幼儿园教师不是专业的音乐教师，音乐基础薄弱，对于奥尔夫音乐的授课方法、活动设计、乐器的使用不清楚，培训结束后，无法使用到教学中，无法传授给幼儿。在座谈中，教师认为，如何结合教师的实际工作经验进行理论的内化是提高培训实效性的关键。

2. 专职幼儿园教师编制少，教师队伍不稳定，培训效果无法延续

根据调查发现，幼儿园教师流动快。目前幼儿园教师培训结束后没有长期的跟踪式评价，无法收集参训教师和所在单位的反馈信息，较难衡量培训效果，培训部门没有建立完整的过程性评价体系，没有在培训中设计评价内容和方法，不能全面有效地反映参训教师所学的知识，很难体现教师通过培训发展变化的情况，不能获得培训的后续效果。

幼儿园教师队伍不稳定，二级培训跟进不及时，部分参加过培训的教师很快转岗到其他行业时，培训效果缺乏连续性，国培的名额少，到基层时只有一园一人或者更少的名额，不利于教师之间的沟通和交流，不利于知识的补充。培训的“面”小，在培训结束后，培训教师很少进行实际指导，较少到幼儿园观察、听课，现场发现和解决教学中存在的问题。如果培训教师能在基层多坚持一段时间，带出团队，培训的实效性会更好，教师希望：“有专家指导的集体研讨，能与优秀幼儿园建立长期稳定的合作机制，开展人才互动、跟园培训、结对帮扶，增强幼儿园间的凝聚力。”

3. 培训形式单一，未考虑个体差异，教师沟通缺乏有效性

目前大多数的培训是集中培训，没有考虑参训教师的个体差异，没有通过系统评价确定培训目标、培训内容和方式，没有考虑个体的感知、需要、动机、态度以及技能对成人培训的影响，也较少具体分析培训对象的心理特征和实际能力，培训形式单一。

培训者与参训教师间的沟通缺乏有效性，培训教师不了解参训教师的实际水平和个体差异，许多一线的幼儿园教师是非学前教育专业的，需要更多的专业培训，而培训专家对于许多理论的讲解都是建立在参训教师已经知道的假设之上的。实际上多数基层教师学科专业水平欠缺，职前教育所掌握的知识大部分遗忘，对学习不重视。有的教师专业基础知识缺乏、有的教师教学能力差、有的教师管理能力差，不同教师的需求不同。

4. 培训忽视文化差异

青海省幼儿园教师职称分布严重不均衡。高职称的幼儿园教师太少，许多教师没有职称，有职称的教师分布不均衡。有职称的，尤其是拥有高级职称的教师大多分布在城市的公立幼儿园，而民办幼儿园、农村幼儿园

教师则大多没有职称或职称低。在座谈中幼儿园教师反映，培训的课程不合理，实效性差，幼儿园教师不知道如何教研，缺乏专家的专业引领。

农牧区和贫困地区的教育资源集中困难，大部分农牧区学前教育落后，省内学前教育小学化严重，学前教育办学理念与内地差距大。农牧区学前教育的普及程度不高，幼儿园教师培训较少，尤其是民族教师省外培训更少。主要原因是培训大众化，较少考虑民族教育的培训。目前的幼儿园教师培训主要以国家课程的教学要求进行，由于行政习惯和认识视野的限定，边远的幼儿园教师培训目标与内地城市的教师培训在实质上没有大的区别，培训模式以统一的模式为主。因此，培训定位局限，忽视了幼儿园教师特点，忽视文化差异，有的幼儿园教师培训没有凸显各地的实际情况，基本按照统一的标准制订培训方案。

（二）建议

1. 建议安排培训内容时，明确目标，紧密联系实践，增加互动式、参与式培训

幼儿园教师培训的根本目的是提高专业水平，促进专业成长，要关注培训质量和效果，以《3—6 岁儿童学习与发展指南》所提出的幼儿具体发展目标和年龄指标为基准设置课程，帮助幼儿园教师反思教学实践、促进专业发展、推动专业成长。让教师通过培训学习新知识和新技能，获得新的教学理念，在实践经验基础上结合工作实际进行思考，亲自参与培训活动中解决问题。

加强健康、语言、社会、科学和艺术五个领域职业技能的培训，围绕幼儿园教师实践教学活动进行设计课程，增加幼儿美术、幼儿音乐、幼儿体操和舞蹈创编、幼儿园游戏和活动设计、幼儿园环境设计、幼儿心理咨询、儿童玩具设计与制作的培训。

培训者与参训教师间增加互动，多开展系列式培训，注意层次性，由易到难逐步上升，以问题为中心，案例为载体科学设计培训课程，调动幼儿园教师的积极性，开展小组学习，增加学习互动。引导教师学习理论、发现问题、解决问题、提高教育教学实践能力，对课堂教学实际情境与自身教育经验进行多层次的分析与反思，以自身的教育教学活动为思考对

象，对自己的决策、行为进行分析，在体验中领悟道理，建构新的认知结构。

2. 建议建立教师培训档案，衔接培训过程

根据学前教育师资队伍中各类人员的特点进行分类培训，幼儿园园长培训、转岗教师培训、学科教师培训、新进教师培训、骨干教师培训等。培训专家到参训教师学校进行调研和现场指导，跟踪指导教师培训后返岗的实际工作业绩，切实考察参训教师培训后的工作能力、职业发展情况，现场解答参训教师实际工作中的问题，建立教师培训档案，在后续培训中，根据教师的文化基础、个性特点和培训需求提供适合个人水平的培训内容和形式。

衔接培训过程，使评价更加全程化。培训之前根据参训教师的需求设定培训目标、培训内容和方式，了解幼儿园教师的实际情况和发展预期，制订切实可行的培训方案；培训过程中，通过观察、问卷、座谈和讨论、个别访谈进行阶段性评价，反馈培训实施情况，对预案做改进，完善方案；培训结束后，运用终结性评价的方法对培训进行效果评价。对返岗实践的参训教师进行课堂教学实践的微观分析，了解培训对参训教师教学观念和教学行为的影响，反思培训目标、内容、过程等存在的问题和改进的措施。

3. 建议创新培训模式，“母子园”结对子培训，“跟园”培训

北京丰台第一幼儿园与青海省海北幼儿园结对子后，教师深入优质幼儿园“跟园”培训，观摩一线优秀教师的课堂教学，学习直观的教育技能和经验，把学到的教学技能和经验转化为自身能力，应用到工作中，培训效果显著。建议多开展“跟园”培训，不断调整方案，将研修与实践结合，通过同行介绍经验、教学展示、共同研讨的方式，对教学中的问题多方会诊，提高理论和实际教学科研水平。

在“跟园”培训中调动教师学习的积极性，做到教、学、做统一。将培训教师的教学设计、教学技能培训、班级管理和信息技术应用整合到整个培训中，激发学习动机，采用灵活的教学方式，及时反馈，现场指导，帮助受训教师明确目标，通过“跟园”培训使参训教师学会自主、合作、探究的学习方式，提高交流能力。

4. 量身打造民族特色的幼儿园教师培训，送培下乡

根据《3—6 岁儿童学习与发展指南》，深入青海省农牧区开展培训，解决幼儿园教师受工学矛盾影响不能外出培训的问题，以高校教师、教研员和幼儿园园长为送培下乡的培训团队，进行本土化培训。培训教师要熟悉地方学前教育机构，不同地区的基础条件、儿童发展水平、语言文化习俗，考虑实际情况，因地制宜，从实际出发，对儿童发展的目标及指标进行一定的差异化调整。

青海省的幼儿园教师大多来自小学教师转岗和招聘，教师教学水平参差不齐，幼儿园教师小学化、保姆化，脱离幼儿思维发展规律，采取送培下乡的培训模式，按照“一地一策”的原则，分地区、分类别制订培训方案，增加幼儿园活动区域规划和创设、幼儿园一日活动的组织与保育、游戏活动的支持与引导、儿童画与手工技巧、幼儿音乐、幼儿舞蹈、玩具教具制作、家园合作、讲故事技巧、幼儿教学方法和技能、班级管理、幼儿的认知情感发展、教师师德素养、通识知识、专业理念等培训。

第十三章　乡村幼儿园教师专业发展

第一节　访谈问卷的编码

叙事学的研究方法中，不同主体性的展现取决于不同的情景，而处于情景中的“我”又脱离不开过去或现在的“我”的束缚。通过故事叙述能使我们更深入地了解自己，进而了解他人。从这个角度看，叙事学方式可以给我们提供一种挖掘教师个人内隐知识的可能性。

首先，研究者必须努力悬置起自己的所知，用一种类似婴儿的视角来看待问题。从某种程度上讲，进行叙事学研究时，没有态度就是最好的态度。对于叙事学探究而言，“如果研究者没有真实的在场经验就去构思研究文本的揭示图示，这种研究会被认为是缺乏效度的”。

叙事学研究一般也会通过观察、访谈、录音、录像、文件等方式来搜集资料，通过这些资料所要挖掘的不是“事实”本身，而是教师对自身经验的理解及所赋予的意义。研究主要采用“扎根理论”的方式对资料进行分析，理论是通过资料的处理和分析而产生的。在资料的分析和解释的过程中，采取了合作者和接近“参与者”的立场，或者说，变换合作者和参与者的立场。

具体的步骤：首先，选择研究方法，访谈为主，观察为辅。其次，选择研究对象，根据主题搜集研究资料，包括研究对象的生活经历，研究对象的不同态度、相应的价值观以及意识形态等方面的信息。最后，整理分析研究资料。以访谈的方式搜集的研究数据，多数为零散的回溯性资料，因此，以时间和空间为轴心去分析研究对象的生活轨迹，总结归纳出每个研究对象语言生活的核心经历。

一、扎根理论

扎根理论是一种定性研究的方式，其主要宗旨是在经验资料的基础上建立理论。研究者在研究开始之前一般没有理论假设，直接从实际观察入手，从原始资料中归纳出经验概括，然后上升到系统的理论。这是一种从下往上建立实质理论的方法，即在系统性搜集资料的基础上，寻找反映事物现象本质的核心概念，然后通过这些概念之间的联系建构相关的社会理论。扎根理论一定要有经验证据的支持，但是它的主要特点不在其经验性，而在于它从经验事实中抽象出了新的概念和思想。在哲学思想上，扎根理论方法基于后实证主义的范式，强调对已经建构的理论进行证伪。扎根理论的主要分析思路是比较，在资料和资料之间、理论和理论之间不断进行对比，然后根据资料与理论之间的相关关系提炼出有关的类属及属性。

二、编码的基本步骤

编码具体研究需要通过四个步骤进行比较，第一步，根据概念的类别对资料进行比较。对资料进行编码并将资料归到尽可能多的概念类属下面以后，将编码过的资料在不同的概念类属中进行对比，为每一个概念类属找到属性。第二步，将有关概念类属与它们的属性进行整合，对这些概念类属进行比较，考虑它们之间存在的关系，将这些关系用某种方式联系起来。第三步，勾勒出初步呈现的理论，确定该理论的内涵和外延，将初步理论返回到原始资料进行验证，同时不断地优化现有理论，使之变得更加精细。第四步，对理论进行陈述，将所掌握的资料、概念类属、类属的特性以及概念类属之间的关系一层层地描述出来，作为对研究问题的回答。

三、编码的方式

在扎根理论的指导下，借助质性分析软件对访谈资料进行处理，通过开放性编码、主轴编码、选择性编码进行分析。

1. 开放性编码

指将搜集的资料逐步进行概念化和范畴化，也就是根据一定原则逐条将资料记录进行编码，用概念和范畴来代表原始资料的内容，并把资料记录用抽象出来的概念打碎、再重新整合的过程。

目的在于指认现象、界定概念、发现范畴。概念化的过程在软件中表现为自由节点的建立。对访谈数据进行逐词、逐句、逐段和逐事项编码，分析材料本身所呈现的属性，按照扎根理论“契合和相关”的标准逐级缩编，对访谈资料进行开放性编码。通过开放编码阶段发现概念，经过初步压缩，提炼形成范畴。

2. 主轴编码

主轴编码将开放性编码进行连续不断的比较，再加以合并和类聚，使其更具有指向性、理论性，并发展和建立概念间各种关系的过程。

主轴编码的范畴表现在软件中，是建立集合节点的群组。经过仔细梳理开放编码所形成的范畴的内在关系以及本质特征，综合采取多种方法，通过进一步分析和总结，寻找主范畴。

3. 选择性编码

选择性编码是指通过发现核心范畴，把核心范畴与其他的范畴系统地联结起来，搜集新的资料验证其间的关系，进一步建立概念密实、充分发展的扎根理论。通过参考文献，将核心范畴与其他范畴逐渐比较，将范畴更加具体化、精细化。

在此过程中对概念进行提升，选择性编码中的资料统合与主轴编码差别不大，不过它所处理的分析层次更为抽象。

四、产生编码逻辑关系图

使用 NVivo 软件在完成资料导入、节点的建立以及一级一级的编码操作后产生编码逻辑关系图。

第二节　幼儿园教师专业发展问卷的三级编码

一、研究设计

每个人的生活都是一则故事，故事里有丰富的生活经验，故事陈述着个体过往的经历，是一系列静态事件的组合。叙事是经过建构的形式加以呈现的，主要挑选个体生命中的关键事件进行分析，对个人产生的意义是很重要的。叙事同时又是动态的，用自我建构的方式进行，是主观经验世界的一种表达方式。叙述的故事在自我看来仿佛是混沌不明的、片段存在的，但是有着清晰的情境脉络，故事前后连贯，透过叙事可以组织和建构个人的生活方式，解释自己的生活。

（一）乡村学前教育发展的研究步骤

通过一名幼儿园教师对乡村学前教育之经验的叙述搜集资料展开研究。叙事中，乡村幼儿园教师详细诠释自己的过去、现在和未来。此次研究的叙事包括如下内容：

第一，专注于经验，叙事的主人公是一名乡村幼儿园教师，叙述的主要内容是她的工作经历，其中的情境脉络是乡村幼儿园教师的发展，是随着学前教育的发展而变化的。

第二，叙述经验，首先在不给这名教师压力的情况下，让乡村幼儿园教师自我陈述，尽量不打断其思路，访谈全程录音，提前预约时，已经事先将整个访谈的提纲发给了乡村幼儿园教师，特别告诉她需要录音，在征得她的同意后进行了录音，工具为录音笔。

第三，誊写经验，乡村幼儿园教师在工作中的点点滴滴就是此次研究的情境脉络，由于是用当地方言进行的采访，所以最终以听录音的方式整理文本，为了保证幼儿园教师的表述，有些语言文字仍然保留着方言的痕迹。

第四，分析经验，使用 NVivo11.0 软件对文本进行了分析，寻找问卷调查中，找不到的细节，形成文章。

第五，阅读经验，需要乡村幼儿园教师对整理好的文本进行阅读，尝试着再次进入她的内心世界。

（二）研究者的角色

第一，访谈者，研究者仔细聆听并记录乡村幼儿园教师生活中的重要事件，并试着寻找相互的关系。

第二，资料对话的分析者，在进行资料分析工作之前，研究者首先整理了有关学前教育的资料，重点寻找了乡村幼儿园教师的资料，查找了乡村幼儿园的相关资料，在每个叙述的事件中寻找情境脉络。

二、幼儿园教师专业发展分析

（一）采用 NVivo11.0 进行编码

对“一名乡村幼儿园教师的叙述”进行自由节点的编码，产生 63 个自由节点，见表 13—2—1。

1. 自由节点

表 13—2—1　一名乡村幼儿园教师的叙述的自由节点

序号	名　　称	材料来源	参考点
1	打工不稳定	1	3
2	家庭经济困难	1	11
3	幼儿园教师招聘	1	3
4	自己找幼儿园当了教师	1	3
5	离开幼儿园的原因	1	1
6	工资低，没有福利	1	51
7	工作量大	1	5
8	家里照顾不上，家人不同意	1	8

续表

序号	名　　称	材料来源	参考点
9	交通不方便	1	8
10	去过的幼儿园多	1	18
11	干得时间短	1	10
12	去幼儿园的原因	1	3
13	补贴家用	1	1
14	固定的工作	1	1
15	喜欢幼儿园喜欢娃娃	1	3
16	乡村幼儿教育“小学化”	1	6
17	乡村幼儿教育玩中学	1	9
18	乡村幼儿园的等级标准	1	16
19	私立幼儿园的等级	1	14
20	乡村幼儿园的经营私人化教育局监管	1	6
21	乡村幼儿园的开设条件——自己开个幼儿园	1	5
22	自己第二次开幼儿园	1	2
23	大队里不批	1	1
24	娃娃不够只有 15 个	1	1
25	现在资金设备教育局出	1	1
26	以前一所幼儿园至少要 10 万元作押金	1	1
27	自己第一次开幼儿园	1	1
28	北面的房子可以容纳 20—30 个娃娃	1	1
29	大队不同意私人办幼儿园	1	1
30	钱挣得好	1	1
31	责任太大	1	1
32	“三江源”奖补政策的资金等于给幼儿园拨款了	1	2
33	工资教育局发（考上的老师）	1	1

续表

序号	名　　称	材料来源	参考点
34	工资政府购买	1	6
35	幼儿园的收费问题	1	1
36	乡村幼儿园硬件设施的发展变化	1	8
37	“一统天下”的大炕	1	3
38	2012 年撤点并校后，小学教室变成了幼儿园	1	4
39	厕所的变化	1	4
40	慈善机构捐助教学用具	1	2
41	桌椅的变化	1	2
42	工作压力大	1	1
43	万能的幼儿园教师	1	4
44	教师学历低	1	2
45	流动性强	1	1
46	离开幼儿园的原因	1	1
47	工作量大	1	5
48	年龄大	1	4
49	没有档案的乡村幼儿园教师	1	3
50	私立幼儿园里的幼儿园教师——永远是个临时工，没有编制	1	3
51	乡村幼儿园的老师没有退休金	1	2
52	乡村教师的业务能力不断提高，有敬业精神	1	10
53	乡村幼儿家长与教师的关系	1	2
54	乡村幼儿园教师的培训	1	6
55	教育局举办的培训	1	2
56	自己去培训	1	4
57	工资从项目里发	1	3
58	工资园长发	1	1

续表

序号	名　　称	材料来源	参考点
59	私人幼儿园	1	9
60	管理严格	1	2
61	规定娃娃数量	1	4
62	工资被园长分了	1	3
63	与园长的关系	1	2

2. 三级编码——开放性编码

在扎根理论的指导下，借助 NVivo11.0 质性分析软件对访谈资料进行处理，通过开放性编码、主轴编码、选择性编码等步骤来构建模型。

首先，开放性编码指将搜集的资料逐步进行概念化和范畴化，根据一定原则逐条将记录资料进行编码，用概念和范畴来代表原始资料的内容，并把资料记录用抽象出来的概念打碎，再重新整合的过程。目的在于指认现象、界定概念、发现范畴。

概念化的过程是 NVivo11.0 中的自由节点的建立。对一名乡村幼儿园教师的叙述进行逐词、逐句、逐段地编码，分析材料本身所呈现的属性，按照扎根理论“契合和相关”的标准逐级缩编，进行了开放性编码。初始编码在数字前加上 OC（open coding）进行标注。开放编码阶段发现 63 个概念，经过初步压缩概念，提炼形成了 25 个范畴（见表 13—2—2）。

表 13—2—2　一名乡村幼儿园教师叙述的开放性编码分析

编码	范畴化	概念化	访谈资料
OC—1	打工不稳定	到处打工	“……我跟着老公去打工了……”
OC—2	家庭经济困难	经济困难	“……家里借下了 5 万元……”
OC—3	幼儿园教师招聘	招聘当教师	“……需要教师，招聘 35—45 岁的教师，有经验的，岁数大的……”

续表

编码	范畴化	概念化	访谈资料
OC—4	自己找幼儿园当了教师	离开幼儿园的原因	"……离家远……"
		工资低，没有福利	"……教师的工资低，等级是：1800元、2300元、2500元……"
		工作量大	"……我们是2个教师30个娃娃，既是教师，又是保育员。上课、保育全部都管……"
		家里照顾不上，家人不同意	"……住到那里，语言不通，家里又顾不上……"
		交通不方便	"……我在县城干，15公里的路，也不方便，坐公交，车费低，一天3元……"
		去过的幼儿园多	"……E幼儿园、HE、DC、JMHT、B县、三毛、小精灵、中心幼儿园、C. R. J、JMHT幼儿园……"
		干的时间短	"……一个学期……"
		去幼儿园的原因	"……喜欢幼儿园，喜欢娃娃……"
		补贴家用	"……我的哥哥让我去帮忙……"
		固定的工作	"……我就决定找个固定的工作……"
		喜欢幼儿园、喜欢娃娃	"……（小孩尿裤子）她们嫌弃，洗不了，我就去洗……""……孩子们尿完，我用土盖住……"
OC—5	乡村幼儿教育方法的发展变化	乡村幼儿教育"小学化"	"……每天教三字经、唐诗，娃娃大班毕业的时候最少能背会30首唐诗，三字经也背会了……"
		乡村幼儿教育玩中学	"……小孩儿滑梯的时候，上一个加一个，小孩就学会了加法。下一个呢，减一个，减法就学会了……"
OC—6	乡村幼儿园的等级标准	乡村幼儿园的等级标准	"……村办幼儿园基本上都属于私立幼儿园……"
		私立幼儿园的等级	"……一类幼儿园，娃娃要100个人以上，幼儿园在80分以下就是二类，70分以下就是三类幼儿园……"

续表

编码	范畴化	概念化	访谈资料
OC—7	乡村幼儿园的经营私人化，教育局监管	私人当园长，教育局检查	“……教育局每年年底的考核……”
OC—8	乡村幼儿园的开设条件——自己开个幼儿园	大队里不批	“……村干部就不批……”
		娃娃不够只有15个	“……我们村里的娃娃30个被分开了，上村15个，下村15个……”
		现在资金设备教育局出	“……教育局给的都是大的设备不要钱，盖房子不要钱……”
		以前一所幼儿园至少要10万元作押金	“……先要交10万元作押金，买设备开起来，能开好的话就把10万元退还……”
		北面的房子可以容纳20—30个娃娃	“……就在我们村里开，我们这儿的房子，北面的房子就可以，20—30个娃娃的话，这个房子里能坐下……”
		大队不同意私人办幼儿园	“……等到去大队盖章子的时候，大队不同意，大队说私人开幼儿园不允许，可以和大队搭到一起……”
		钱挣得好	“……我发现开幼儿园钱挣得好……”
		责任太大	“……害怕把娃娃们管不好，或者摔着、绊着……”
OC—9	乡村幼儿园经费来源	“三江源”奖补政策的资金等于给幼儿园拨款了	“……‘三江源’奖补政策的3000多元钱，专门是给达到6岁的小孩享受的……”
		工资教育局发(考上的教师)	“……最高的一个人是考上的，每月2500元的工资，教育局发的工资……”
		工资政府购买	“……政府购买就是教育局发放工资，幼儿园的园长不用自己掏钱了，政府购买分为县级购买、州级购买……”
		幼儿园的收费问题	“……村里头，是三类幼儿园，一学期每个娃娃收1300—1400元，但是，一类幼儿园学费高，一般来说，一学期1700—1800元，二类幼儿园一学期1500—1600元，三类幼儿园一学期1300—1400元……”

续表

编码	范畴化	概念化	访谈资料
OC—10	乡村幼儿园硬件设施的发展变化	“一统天下”的大炕	“……半间有个炕，是个‘一统天下’的大炕，有床大被子，是我们园长买的……”
		2012年撤点并校后，小学教室变成了幼儿园	“……2012年开始，学校合并了，娃娃们全都去了县里了，这里的小学就变成了幼儿园……”
		厕所的变化	“……娃娃在一个大的垃圾坑旁边上厕所，那样很危险……”“……娃娃们没地方上厕所，我就在树旁边，挖了一排坑……”“……后来就修了厕所……”“……再后来又改成了水厕……”
		慈善机构捐助教学用具	“……幼儿园里面的桌子、凳子，有专门搞福利的人来送，被子、书包、专门的人会来赠送资助……”
		桌椅的变化	“……那时候一张桌子坐四个娃娃，大桌子娃娃也够不着，板凳也很高，娃娃总是摔下来。学校合并以后，用的是小学的桌子和凳子……”“……把那些桌子、凳子的腿截短了，桌面用人造革绷住了，墙面粉刷了，2012年开始，幼儿园变化了……”
OC—11	工作压力大	万能的幼儿园教师	“……幼儿园的教师是万能的，能歌善舞，能唱会跳，能说会道，园长说干什么就要干什么……”
OC—12	幼儿园教师工资低	工资低，没有福利	“……7：30上班，考勤严格，需要打卡，迟到1分钟扣10元，无故请假不行，可以请病假，1天病假扣100元，3天扣300元，旷工1天扣200元，园长做主……”
OC—13	幼儿园教师学历低	学历低	“……初中，高中只上了一学期……”

续表

编码	范畴化	概念化	访谈资料
OC—14	流动性强	工作量大	“……班主任写班务计划、晨间、午间登记、药物登记，班主任要操心娃娃，娃娃的药拿来后，学生名字写到药袋子上，详细登记娃娃的病情。消毒、扫地、记录、每天很忙碌……”
		家里照顾不上，家人不同意	“……干的时间长了，家里面没人管啊……”
		交通不方便	“……幼儿园离我们家有 5 公里远……”“……在县城干，15 公里的路……”
		去过的幼儿园多	“……10 个幼儿园……”
		干的时间短	“……一学期的，两学期的……”
OC—15	年龄大	快退休了	“……35—45 岁……”“……快 46 岁了……”
OC—16	社会认同感低	没有档案的乡村幼儿园教师	“……没有人管我们，我们连个档案也没有……”
		私立幼儿园里的幼儿园教师——永远是个临时工，没有编制	“……干到老了也白干，干的时间长了，也白长……”
		乡村幼儿园的教师没有退休金	“……给上一点点退休费……”
OC—17	乡村幼儿园教师的业务能力不断提高，有敬业精神	上五大领域的课	“……我五花八门所有的课都上了，主要上五大领域的课，绘画、唱歌、跳舞全都会，体育、健康、社会科学全都会，全都上……”
OC—18	乡村幼儿家长与幼儿园教师的关系	家长对幼儿园教师好	“……家长们对教师们特别好……”
OC—19	乡村幼儿园教师的培训	教育局举办的培训	“……在北京培训……”
		自己去培训	“……党校开了个培训班，专门培训学前教育的教师……”

续表

编码	范畴化	概念化	访谈资料
OC—20	乡村幼儿园的等级低	乡村幼儿园的等级标准	“……三级……”
		私立幼儿园的等级	“……私立幼儿园的标准……”
OC—21	幼儿园教师成长途径单一	自己去学习	“……我报了名……”
OC—22	幼儿园教师培训机会少	没有机会培训	“……自己报名去的，自己掏了三年……”
OC—23	幼儿园经费来源不足	工资从项目里发	“……教育局又来了个项目，每个人每月补助700元……”
OC—24	幼儿园经营与管理私人化	工资园长发	“……园长开工资的人，最低的工资是1900元，最高的能开到2300—2400元……”
		私人幼儿园	“……没有编制，什么也没有……”
		管理严格	“……请一天假，扣100元，娃娃的鞋穿反了，娃娃拉到裤子里、尿到裤子里，扣50元，制度非常严格，干的活也很辛苦……”
		规定娃娃数量	“……30—40个娃娃……”“……二十几个娃娃混合班……”
OC—25	政策执行不到位	工资被园长分了	“……如果我一分钱也不给园长，那我就不能继续干下去了……”
		与园长的关系	“……上一个学期，那我每个月给园长300元，6个月是1800元。于是，我找了园长给她说：我给你2000元……”

3. 三级编码——主轴编码

主轴编码将开放性编码进行连续不断的比较，再加以合并和类聚，使其更加具有指向性、理论性，并发展和建立概念间各种关系的过程。主轴编码的范畴表现在NVivo11.0软件中，是建立集合节点的群组。经过仔细梳理开放编码所形成的范畴的内在关系以及本质特征，综合采取多种方法，通过进一步分析和总结，抽取了“步入学前教育”“乡村学前教育发展”“乡村幼儿园教师专业发展”和“乡村幼儿园教师专业发展影响因素”四个主范畴（详细信息见表 13—2—3）。

表 13—2—3　一名乡村幼儿园教师的叙述的主轴编码分析

编码	范畴化	概念化	访谈资料
OA—1	步入学前教育	打工不稳定	“……我就和老公去 A 打工了，在工地上打工……”“……卖鞋、卖衣服……”
		家庭经济困难	“……家里经济困难，地少，有 2.5 亩地。把我娶进门的时候，家里只有我老公和他的爸爸，十分困难，桌子、凳子没有个像样的……”“……欠了一堆债……”
		幼儿园教师招聘	“……面试问我的问题是：娃娃受伤怎么办？第一时间怎么处理？等等，我都回答了，面试通过了……”
		自己找幼儿园当了教师	“……我喜欢幼儿园，喜欢娃娃，就自己找着干去了……”
OA—2	乡村学前教育发展	乡村幼儿教育方法的发展变化	“……让小孩从 1 到 10 使劲写……”“……比方吃饭的时候，碗里有几勺饭，也能数出来的，‘一勺子，两勺子’‘老师，我吃了十勺子饭’，小孩子就学会数数了……”
		乡村幼儿园的等级标准	“……乡村幼儿园也分等级，一级幼儿园、二级幼儿园、三级幼儿园，是根据设备、环境来分的……”
		乡村幼儿园的经营私人化，教育局监管	“……教育局每年年底的考核，看教师备课是否备完了，各项纪律是否记下来了……”
		乡村幼儿园的开设条件——自己开所幼儿园	“……我们试一下吧，就在我们村里开，我们这儿的房子……”“……教育局的工作人员说，让我看好地方，只要娃娃的数量达到就行……”
		乡村幼儿园经费来源	“……‘三江源’奖补政策的资金等于给幼儿园拨款了……”
		乡村幼儿园硬件设施的发展变化	“……把那些桌子、凳子的腿截短了，桌面用人造革绷住了，墙面粉刷了……”

续表

编码	范畴化	概念化	访谈资料
OA—3	乡村幼儿园教师专业发展	工作压力大	“……1 个班只有 1 位教师，我也忙，30—40 个娃娃，吃喝拉撒我一个人管，不能请假……”
		教师工资低	“……工资只有 200 多元，240—280 元……”“……一直干到 2017 年的第一学期了。工资从每个月 1300 元涨到每个月 1400 元、1500 元、1600 元，一直涨到 1700 元后，再不涨了……”
		教师学历低	“……我中学毕业的时候是初中，高中只上了一学期……”“……中专的毕业证，资格证也拿上了……”
		流动性强	“……那里又开了所幼儿园……”“……去年一学期……”
		年龄大	“……到现在，我已经快 46 岁了，如果说 50 岁退休，没有一分钱，我还想着我再年轻一点就好了……”
		社会认同感低	“……虽然，考上的教师目前没有编制，但是将来希望很大，我们是不可能的，一点希望也没有……”
		乡村教师的业务能力不断提高，有敬业精神	“……娃娃的吃喝拉撒，我也管……”娃娃拉了、尿了，我也洗，“……我会弹电子琴，幼儿园里除了电脑不会，其他我都会……”
		乡村幼儿家长与教师的关系	“……这里的家长对教师们特别好……”
		乡村幼儿园教师的培训	“……自费在学前教育培训……”
		乡村幼儿园的等级低	“……70 分以下就是三类幼儿园……”

续表

编码	范畴化	概念化	访谈资料
OA—4	乡村幼儿园教师专业发展影响因素	教师成长途径单一	“……我一边带着小丫头上班，一边学习，学习学前教育……”
		幼儿园教师培训机会少	“……除了这个培训，以后基本上没有什么培训……”
		幼儿园经费来源不足	“……补助700元的就是给你们这种人补助的，因为政府购买的1800元，工资太低了，幼儿园又不再发钱给你们，增加的700元就是你们的……”
		幼儿园经营与管理私人化	“……园长是开工资的人……”
		政策执行不到位	“……园长来了，说：我把8400元拿上是不对的，你要给我分4200元……”

4. 三级编码——选择性编码

选择性编码是指通过发现核心范畴，把核心范畴与其他的范畴系统地联结起来，搜集新的资料验证其间的关系，进一步建立概念密实、充分发展的扎根理论。将核心范畴与其他范畴逐渐加深比较，将范畴更加具体化、精细化。在此过程中对概念进行了提升，把“步入学前教育”和“乡村学前教育发展”归为“乡村学前教育的发展变化”，把“乡村幼儿园教师专业发展”和“乡村幼儿园教师专业发展影响因素”归为“乡村幼儿园教师专业发展及影响因素”。选择性译码中的资料统合与主轴译码差别不大，不过它所处理的分析层次更为抽象（详细信息见表13—2—4）。

表 13—2—4　一名乡村幼儿园教师叙述的选择性编码分析

范畴	包含内容	次要范畴
乡村学前教育的发展变化	步入学前教育	打工不稳定
		家庭经济困难
		幼儿园教师招聘
		自己找幼儿园当了教师
	乡村学前教育发展	乡村幼儿教育方法的发展变化
		乡村幼儿园的等级标准
		乡村幼儿园的经营私人化，教育局监管
		乡村幼儿园的开设条件——自己开所幼儿园
		乡村幼儿园经费来源
		乡村幼儿园硬件设施的发展变化
乡村幼儿园教师专业发展及影响因素	乡村幼儿园教师专业发展	工作压力大
		教师工资低
		教师学历低
		流动性强
		年龄大
		社会认同感低
		乡村教师的业务能力不断增强，有敬业精神
		乡村幼儿家长与教师的关系
		乡村幼儿园教师的培训
		乡村幼儿园的等级低
	乡村幼儿园教师专业发展影响因素	教师成长途径单一
		幼儿园教师培训机会少
		幼儿园经费来源不足
		幼儿园经营与管理私人化
		政策执行不到位

（二）构建影响因素模型

使用 Nvivo11.0 软件分别制成了步入学前教育的项目模型图（见图 13—2—1），乡村幼儿园教师专业发展的项目模型图（见图 13—2—2），乡村幼儿园教师专业发展影响因素的项目模型图（见图 13—2—3），乡村学前教育发展的项目模型图（见图 13—2—4），乡村幼儿园教师与乡村学前教育的关系概念图（见图 13—2—5）。

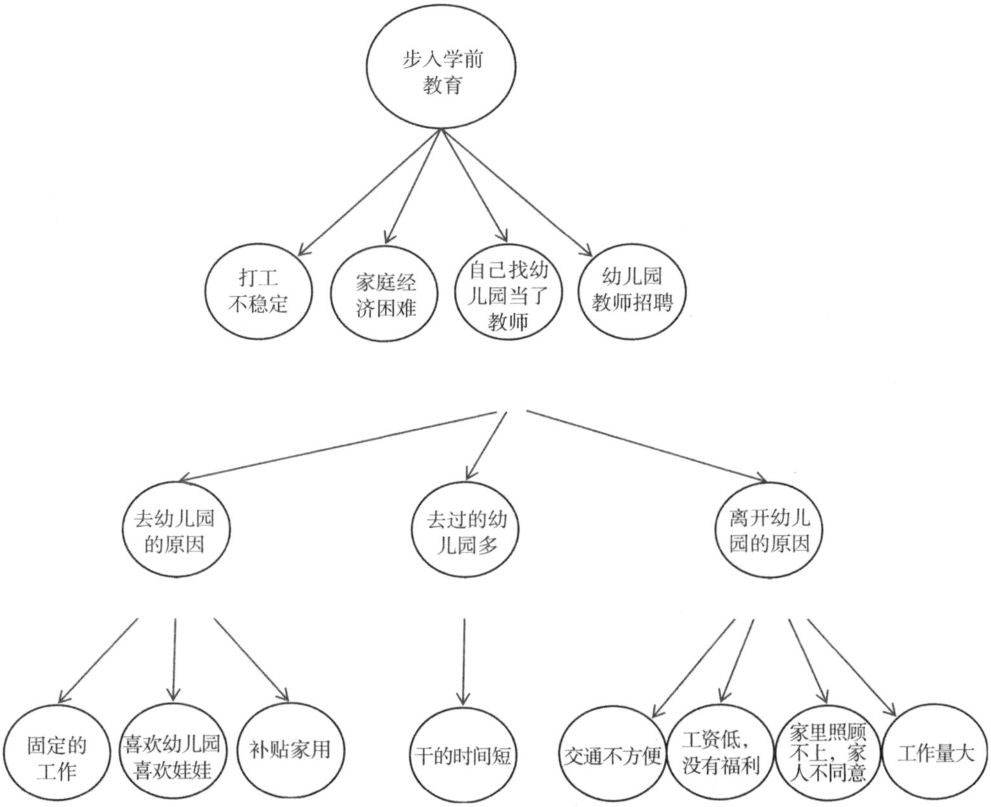

图 13—2—1　步入学前教育的项目模型图

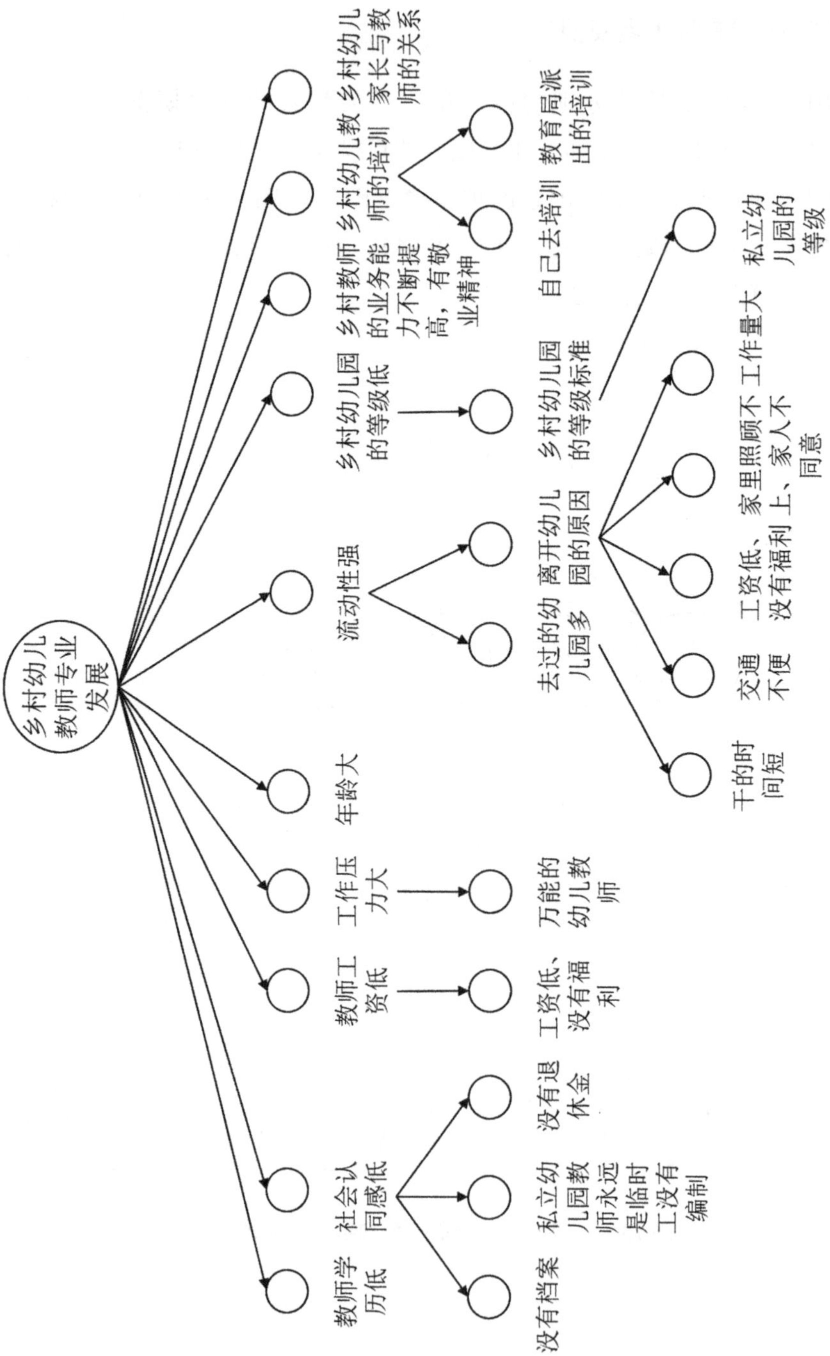

图13—2—2　乡村幼儿园教师专业发展的项目模型图

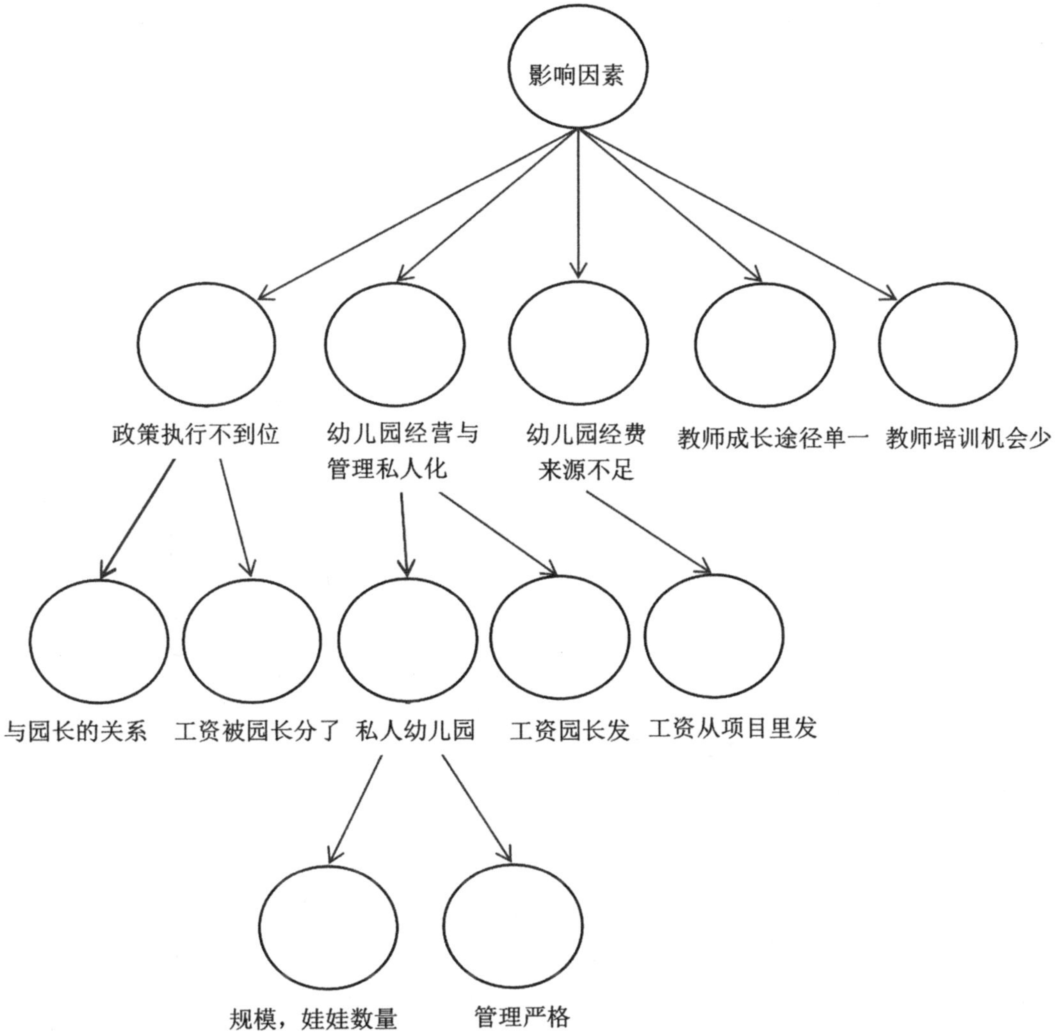

图 13—2—3　乡村幼儿园教师专业发展影响因素的项目模型图

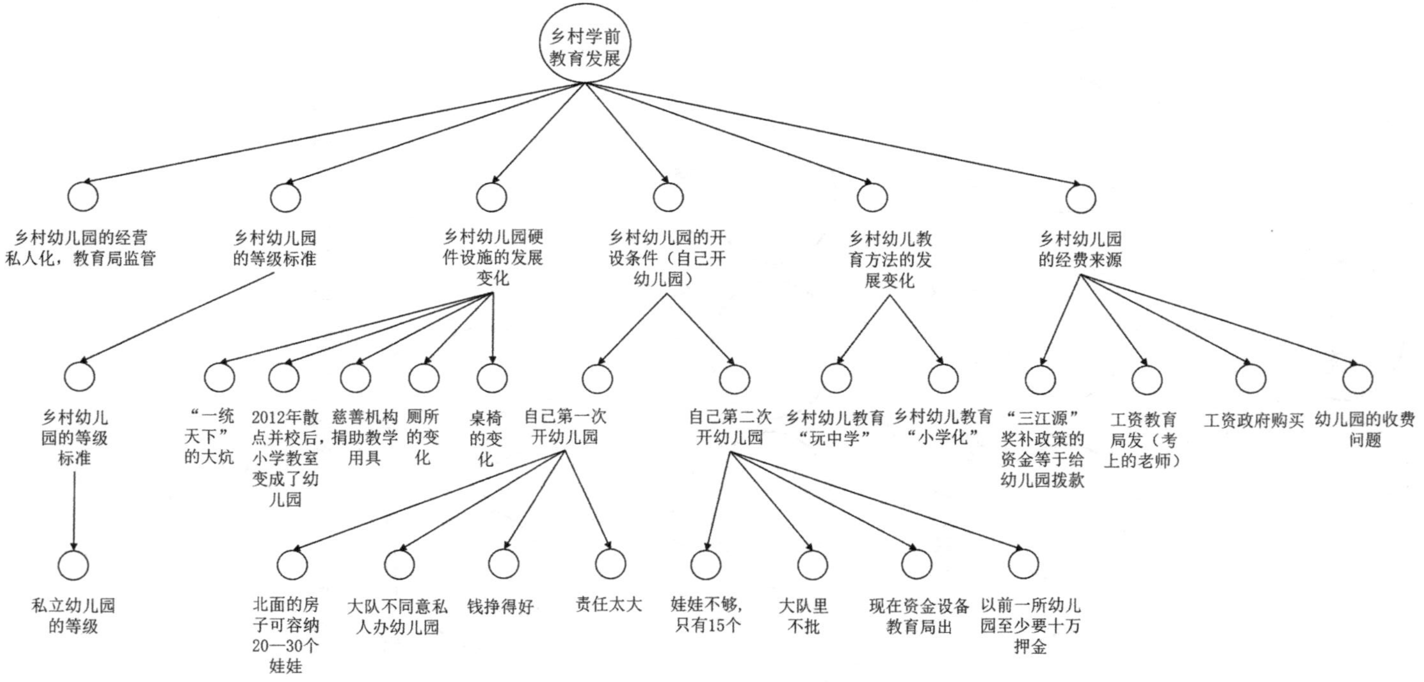

图13—2—4 乡村学前教育发展的项目模型图

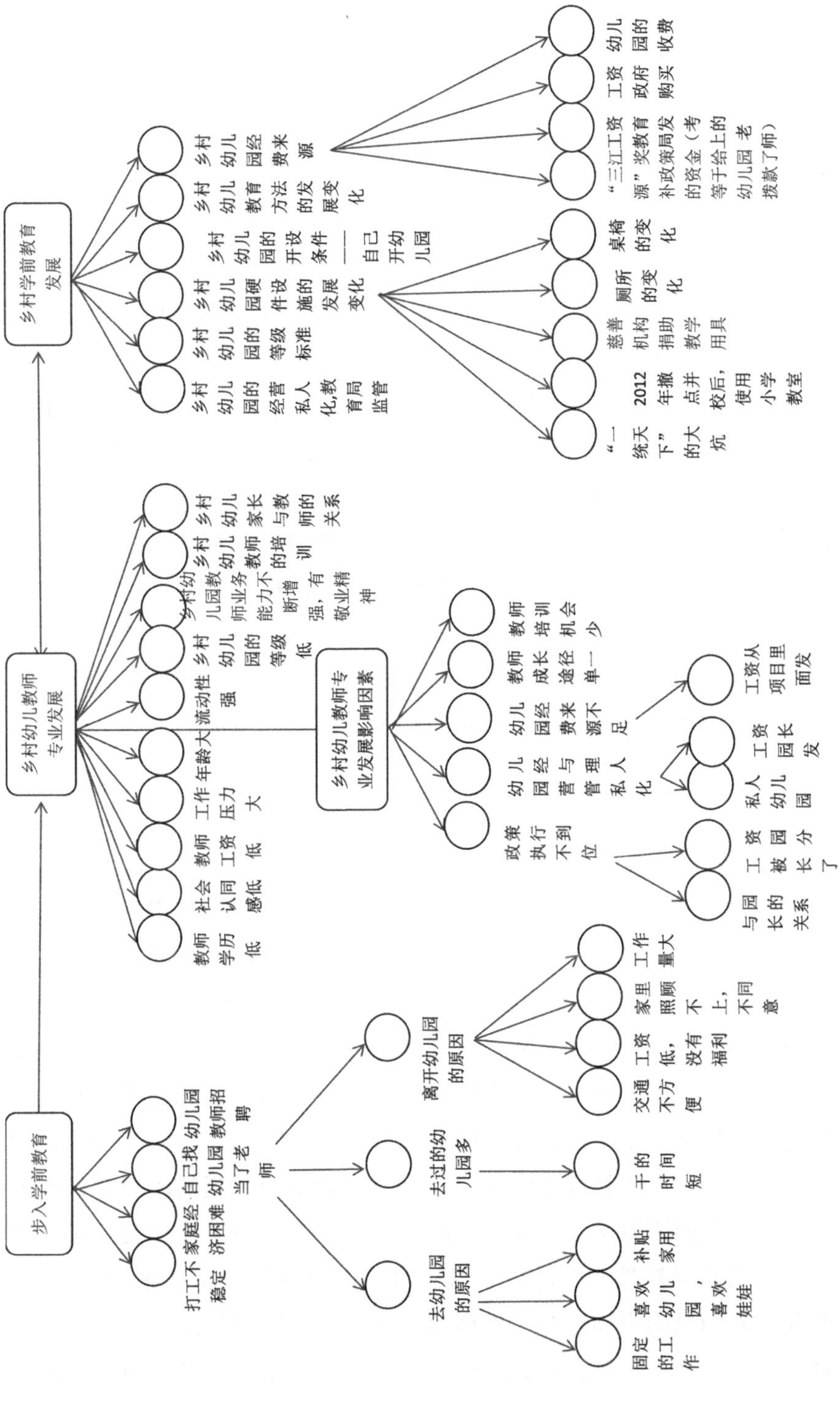

图13—2—5　乡村幼儿园教师与乡村学前教育的关系概念图

三、研究结论

（一）乡村幼儿园教师的特点

1. 乡村幼儿园教师从事学前教育的原因

乡村幼儿园教师选择从事学前教育的原因，一部分是由于经济所迫，家庭经济困难，到处打工，为了还债，找个工作，当幼儿园教师的优点是工作稳定，可以照顾自己的孩子，还可以有一份收入。在最早期，认为幼儿园教师就是哄娃娃，管好孩子，帮着家长带孩子。所以，乡村幼儿园在教师的选择上，要求低，只要能管住孩子就行，对于教师的专业发展考虑不多。

2. 乡村幼儿园教师从事学前教育的途径

由于管理不规范，加上幼儿园教师奇缺，所以，一部分教师是没有相关的资质，以保育员的身份自己去当幼儿园教师的。在访谈和调查中发现，大部分乡村幼儿园是私人管理，幼儿园教师、保育员、厨师等相关人员都是聘用的，大部分是临时工，由于工资待遇低，招聘到的人员流动性大，幼儿园为了正常运转，临时招聘的情况也很多，有时，在急需人员的情况下，招聘条件比较低。

3. 乡村幼儿园教师队伍不稳定，流动性大

由于乡村幼儿园效益低，以私营为主，资金来源少。对于乡村幼儿园教师的工资发放需要资助管理，因此，幼儿园园长做主，工资低，没有福利，与考勤和工作量挂钩，奖惩都是从工资入手。因此，幼儿园教师一方面工作量大，另一方面工资不能固定，为了生计，幼儿园教师流动性大，一学期或者一年就换一所幼儿园，对教师专业发展不利。由于工资低，幼儿园教师得不到家庭的支持，工作的连续性差，能找到幼儿园的时候是幼儿园教师，如果中断了工作，又会回家务农或者继续打工，没有幼儿园教师的专职身份，不利于教师专业发展。幼儿园教师招聘到的教师有些离家远，加上乡村交通不发达，来回上班的时间长，交通费、住宿费又是一笔支出，导致幼儿园教师实际的收入低，也没有更多的职称、编制的条件，乡村幼儿园教师离岗率高。对于从事学前教育工作时间长的教师给予一定的支持，他们“和打了江山的人一样，是走在乡村学前教育最前面的人”，

一直工资低没关系，但是当他们老了，退休以后，最大的愿望是“希望或多或少，给上一点点退休费”，毕竟在学前教育的行业干了一辈子。

4. 乡村幼儿园教师自己寻找培训机会

乡村幼儿园教师为了生计步入学前教育，为了保住工作，不断努力发展自己的专业水平，自费参加培训，提高业务水平，通过提高学历，努力达到合格的幼儿园教师的水平。由于乡村幼儿园教师没有固定的工作单位，基本没有公费培训的机会，所以，为了提高幼儿园教师专业水平，需要自己寻找培训机会。

（二）乡村幼儿园教师专业发展

教师专业发展是教师专业成长或教师内在专业结构不断更新、演进和丰富的过程。教师专业发展包括学科专业性和教育专业性，教师任职的条件包含学历标准、教育知识、教育能力和职业道德的要求，教师专业发展是持续的过程。幼儿园教师专业发展是幼儿园教师在整个职业生涯中，通过终身专业训练不断习得教育专业知识技能，专业自主，形成很强的专业道德和自身素质的过程。幼儿园教师的专业发展具体表现在幼儿园教师在职业生涯中，习得幼儿教学的专门知识与技能、内化幼儿园教师的专业规范、形成幼儿园教师的专业精神，表现出专业自主性，实现专业责任。

《国家中长期教育改革与发展规划纲要（2010—2020年）》认为，教师专业发展是努力造就一支师德高尚、业务精湛、结构合理、充满活力的高素质专业化教师队伍。《幼儿园教育指导纲要（试行）》中指出，幼儿园教师是对孩子一生发展具有深远影响的专业人员。

幼儿园教师专业发展是增进幼儿园教师专业化、提高幼儿园教师职业素养的过程，强调幼儿园教师从个人发展角度对自己的职业发展目标做出设想，通过学习进修、培训提高教育教学能力，最大限度地实现自己的人生价值。

乡村幼儿园教师的学前教育发展较慢，主要原因是乡村幼儿园教师的工作不稳定、流动性强、工作量大，工作压力大。乡村幼儿园教师工资低，个人提高专业水平的能力低，乡村幼儿园教师所属的乡村幼儿园的等级低，多数属于私立幼儿园，没有经费支持幼儿园教师培训。乡村幼儿园教师心理上没有安全感，今天不知道明天是否有工资，心理不安定，不能尽心提高自己的专门知识与技能。

乡村幼儿园教师多数学历低、年龄大，接受新知识和新技能的途径少，学习机会少，知识更新慢，五大领域的课程，专业技能的培训需要专门的机构支持，对于乡村幼儿园教师需要终身专业训练，最终才能得到专业发展。

乡村幼儿园教师有敬业精神，但是社会认同感低，虽然在不断磨砺中，可以不断提高自己的学习能力和业务能力，但是，系统性的培训进修、教研活动，园际交流、教师之间的交流、与幼儿家长的交流需要定期进行，不断开展教研活动，教师相互学习，在不断学习与反思中成长，才能保证乡村幼儿园教师的专业发展。

（三）乡村幼儿园教师专业发展影响因素

1. 政策执行不到位

由于幼儿园教师不在义务教育的范围之内，对乡村学前教育的管理比较松散，没有长期规划，缺少严格有效的监督机制，对于乡村幼儿园教师的投入少，幼儿园教师的专业发展受限。对乡村幼儿园教师缺乏保育和教育开支，有些项目的投入到最基层的乡村幼儿园时，不能真正落实到幼儿园教师的身上。乡村幼儿园大多是私立幼儿园，缺乏改善幼儿园的条件、幼儿园规模小，需要保证运营，还有获利，所以，教师工资没有进入统筹安排，教师待遇低，工资由园长发放，出现克扣情况。另一方面，乡村幼儿园教师信息获得途径少，对于一些政策性的文件获悉少，影响了幼儿园教师的工作积极性，对于自身专业发展的态度不积极，没有把学前教育当成一份事业，只是当成了生计手段。

2. 教师成长途径单一

由于乡村幼儿园经营与管理私人化，没有经费用于幼儿园教师培训，加上幼儿园教师基本是聘任制，没有编制，教师与幼儿园之间的关系不稳定，幼儿园担心幼儿园教师培训后，教师会流动到更好的幼儿园。因此，不愿意对不属于本园的教师进行额外的投入。长期下去，乡村幼儿园教师没有公费培训的机会，只能靠自费提高专业能力、专业技能，如果自己没有钱，又没有培训的时间和精力，教师只能自己成长。幼儿园教师专业发展困难，缺少统一的职后教育，幼儿园教师整体队伍质量不高，幼儿园教师由于自身的专业能力不足会影响当地学前教育的发展。

幼儿园教师专业发展中受影响的主要因素是：学历较低、专业意识不强、缺乏良好的教育理念、工作反思不足，与经济发展落后和社会习俗教育有关。从具体工作分析，幼儿园教师教学任务繁重，没有精力和时间提高自身专业水平。社会对幼儿园教师职业的评价、对幼儿园教师的自我专业发展也有影响，主要影响幼儿园教师的专业理想，对幼儿园教师的社会认可能推动幼儿园教师在教育实践中积极进取。教师自身的专业人格的形成，是影响幼儿园教师专业化发展的因素。幼儿园教师自己认为教师的职责就是看好孩子，缺乏学习动力，制约幼儿园教师的专业发展。

（四）乡村学前教育发展的特点

1. 乡村学前教育的经费来源扩大

政府购买解决了乡村幼儿园教师的基本工资问题，2016 年“两免一补”解决了乡村学前教育经费；2017 年“三江源”政府购买解决了部分乡村教师的工资。2019—2025 年的目标是：每个幼儿园教师的工资达到 2500 元。

2. 乡村学前教育硬件设施出现了转机

2012 年撤点并校后，乡村小学合并，腾出了空置的小学，为乡村建立幼儿园提供了场地，把空置的小学改造成了幼儿园，教室的布置也按照幼儿的要求进行，教学环境适合幼儿的心理发展。小学的桌椅板凳经过处理变矮了，让幼儿坐着舒服，不容易摔倒，减少了安全隐患。有些乡村在教育部门投资下，新建了幼儿园，慈善机构捐助了相关教学用具，一座座新幼儿园在乡村拔地而起，幼儿园教师和家长十分珍惜。幼儿园的卫生状况得到了改善，从没有厕所发展到“有了水厕”，乡村的学前教育得到了大力发展。

四、展望

相关部门需要完善幼儿园教师专业发展机制，对于乡村学前教育经费管理中存在的问题，如工作人员对乡村教育资金的侵占和挪用的问题，面向贫困地区的教育资金被非贫困人员享用的问题，幼儿园教师培训经费少的问题，需要落实到位。

对于学历低、无编制、没有职称的乡村幼儿园教师，可以根据工龄长短、经验是否丰富、业务水平高低来划分，给予相应的支持。对于长期奋战在学前教育一线的乡村幼儿园教师，能提供一个稳定的工作，给予一个合理的位置，保证乡村幼儿园教师“缺位”与“补位”需要的平衡，让乡村幼儿园教师有安全感，得到社会认可，专心服务于学前教育，为乡村的学前教育奋斗终生。

地方政府及教育主管部门对幼儿园教师规范管理，建立严格有效的监督机制，对没有职业资格证，其他方面达不到条件又长期在幼儿园当教师的进行培训，达到任职资格。幼儿园制定幼儿园教师专业发展计划，通过组织专业活动来提高幼儿园教师的专业能力。教育主管部门在专业发展上进行投入，为乡村幼儿园教师提供阶段性的专业培训机会，保证教育开支、改善办园条件、明确经费来源，提高教师专业能力。

营造幼儿园教师专业发展的氛围，组织幼儿园教师集体讨论、举行观摩课，交流教学经验，不断促进幼儿园教师间的相互学习。为幼儿园教师专业发展构建好的平台，发展幼儿园教师的专业空间。给予每位幼儿园教师同等的发展机会，倡导理论与实践相互结合，使每位教师都有学习和提升的机会。

幼儿园教师承担着保育和教育的双重任务，对儿童一生的发展有重要责任，幼儿园教师是教师行业工资福利待遇最低的一群人，收入低、工作压力大，导致幼儿园教师专业发展动力不足、人员流失。要通过国家或政府提高幼儿园教师工资待遇水平，让乡村幼儿园教师愿意在幼儿园工作，促进幼儿园教师专业发展，教育主管部门要重视对幼儿教育的财政投入，提高幼儿园教师的待遇，使之能安心从事幼儿教学工作。努力减轻教师工作负担，乡村幼儿园教师每天工作量很大，需要充分考虑农村教师的实际情况，合理安排活动时间，正确处理教师日常工作与教师专业发展的关系。

第十四章　青海省学前教育新发展

为深入贯彻落实《中共中央国务院关于全面深化新时代教师队伍建设改革的意见》《教师教育振兴行动计划（2018—2022 年）》《教育部关于加快建设高水平本科教育全面提高人才培养能力的意见》《中共青海省委青海省人民政府关于全面深化新时代教师队伍建设改革的实施意见》，进一步深化卓越教师培养模式改革，全面提升卓越教师培养质量，青海省以本科教育和研究生教育为引领发展学前教育。

一、青海省学前教育卓越教师培养计划

（一）学前教育卓越教师培养模式

学前教育卓越教师培养模式是根据幼儿园的培养特点而制定的。卓越幼儿园教师培养的重点是培养适应学前教育改革发展要求，构建厚基础、强能力、重融合的培养体系，培养一批热爱学前教育事业、综合素质全面、保育和教育能力突出的卓越幼儿园教师。

主要任务是建立高校与地方政府、幼儿园“三位一体”协同培养新机制，强化招生就业环节，推动教育教学改革创新，整合优化教师教育师资队伍四个方面的主要任务。在建立高校与地方政府、幼儿园“三位一体”协同培养新机制方面，明确了高校与地方政府、幼儿园全方位协同的具体内容，提出要建立“权责明晰、优势互补、合作共赢”的长效机制。

在强化招生就业环节方面，提出通过自主招生、入校后二次选拔、设立面试环节等多样化的方式，遴选乐教适教的优秀学生攻读师范专业；要

求开展生动有效的就业教育，鼓励引导师范生到基层任教。

在推动教育教学改革创新方面，提出建立模块化的教师教育课程体系，将社会主义核心价值观纳入教师教育课程体系之中；突出实践导向的教师教育课程内容改革，在教师教育课程中充分融入优秀教育教学案例；推动以师范生为中心的教学方法变革，充分利用信息技术变革教师教学方式和师范生学习方式；开展规范化的实践教学，提出将实践教学贯穿培养全过程，分段设定目标，确保实践成效；探索建立社会评价机制，提出试行卓越教师培养质量年度报告制度。

在整合优化教师教育师资队伍方面，提出高校建立教师教育师资队伍共同体，聘请幼儿园、教研机构、企事业单位和教育行政部门的优秀教育工作者、高技能人才担任兼职教师，形成教师教育师资队伍共同体持续发展的有效机制。

（二）青海省学前教育卓越教师培养

2013 年青海师范大学学前教育卓越教师培养计划启动，2019 年根据《教育部关于实施卓越教师培养计划 2.0 的意见》，青海省的学前教育卓越教师培养计划 2.0 开始实施。

1. 总体思路

深入贯彻习近平新时代中国特色社会主义思想和党的十九大精神，围绕全面推进教育现代化的时代新要求，落实立德树人的根本任务，坚持以师范教育为主业，创新人才培养模式，深化协同育人，建设一流师范大学和一流师范专业，全面提高教师培养质量，引领青海省乃至西部基础教育和民族教育改革与发展，彰显学校教师教育和民族教育办学特色，立足青海，面向西部培养造就一批教育情怀深厚、专业基础扎实、勇于创新教学、善于综合育人和具有终身学习发展能力的高素质专业化创新型幼儿园、中小学教师。

2. 目标要求

针对现行卓越教师培养的薄弱环节和突出问题，以学生发展为中心，通过实施师德养成计划、三类培养模式改革计划、一流师范专业建设计划、一流师范课程建设计划、实践教学质量提升计划、协同培养提升计划、教师教育师资振兴计划、高原教育教学成果凝练计划、教师教育交流合作计划、卓越质量保障计划10项计划，落实“双导师制”、建立“四位一体”协同培养新机制等22条具体措施，全面提升卓越师范生培养质量。

3. 改革任务与措施

（1）实施师德养成计划

将师德教育贯穿师范生培养全过程。将学习贯彻习近平总书记对教师的殷切希望和要求作为师范生师德教育的首要任务和重点内容，将“四有”好老师标准、四个“引路人”、四个“相统一”和“四个服务”等要求细化落实到教师培养全过程。通过《中小学心理健康与道德教育》《教师职业道德与专业发展》等课程教学，主题活动开展、日常技能训练、教育见习、顶岗支教实习等教学环节，强化理想信念教育和职业认同教育，坚定师范生长期从教、终身从教的意愿，引导师范生到农牧区任教。

持续推进大学生德育提升工程。完善以德育实践学分制为主体，文明修身工程为支撑，涵盖道德与传统文化教育、马克思主义理论教育、民族文化与团结教育的德育工程工作体系，做到德育实践考评成绩化、学分化，进一步规范师范生言行，提高师范生道德素质。

（2）推进三类培养模式改革计划

推进卓越幼儿园教师培养模式改革。以学校正在实施的教育部“卓越中小学教师培养模式创新”示范项目中幼儿园教师培养为基础，适应学前教育改革发展要求，以教师职后培训成果反哺职前培养学前教师，引领青海省学前教育改革与发展。职前培养突出厚基础、强能力，培养一批幼儿为本、擅长保育和教育的卓越幼儿园教师。职后培养通过实施青海省农村幼儿教师能力提升计划，推动青海省乡村学前教师教育模式改革。

（3）实施一流师范专业建设计划

修订师范专业人才培养方案。深化学分制改革，压缩总学分和总学时，降低必修学分，增加选修学分，设置15学分的专业自修网络课程学分，鼓励学生个性化发展。深化通识教育改革，增加美育学分，实行小学期，扩大知识获取渠道，促进学生全面发展。

确保师范生招生规模。加大师范专业招生计划、扩大师范专业招生规模，优化师范生招生结构，招生计划重点向优势特色师范专业倾斜，向通过师范专业认证的专业倾斜。加大师范专业招生宣传工作，通过多种方式吸引优质生源报考师范专业，提高生源质量。

加强一流师范专业建设。启动一流师范专业建设计划，办强办优师范专业。对照《普通高等学校师范类专业认证标准》《普通高校本科专业类教学质量标准》，在人才培养模式、教师队伍、课程教材、教学方式、教学管理等影响师范专业发展的关键环节进行综合改革。

（4）实施一流师范课程建设计划

优化师范专业课程体系。优化通识课课程体系，为学生个性化发展提供课程资源平台。优化专业课程体系，打破学院、学科专业通识教育课程、专业选修课程开设壁垒，推动学生跨学院、跨学科选修课程。部分专业选修课程实施本研共享，学分互认。根据基础教育发展需要，进一步优化教师教育课程体系，丰富课程资源，强化教育实践，提高师范生从教能力和信息技术素养。教师教育课程同时作为非师范类专业通识选修课，为非师范专业学生从事教师教育工作奠定基础。

推进一流师范课程建设。充分依托对口支援高校，引进与自建并举，充分利用中西部高校支持政策，共享引入一批对口支援高校及其他国内外高水平大学优质师范慕课，加强教师教育慕课的推广使用，鼓励教师多模式应用、学生多形式学习。

“互联网+教师教育”创新行动。推动人工智能、智慧学习环境等新技术与教师教育课程全方位融合，充分利用虚拟现实、增强现实和混合现实等，建设开发一批交互性、情境化的教师教育课程资源。建立短小实用的微视频和结构化、能够进行深度分析的课例库。推广翻转课堂、混合式教学等新型教学模式，形成线上教学与线下教学有机结合、深度融通的自主、合作、探究学习模式。

（5）实施实践教学质量提升计划

坚持开展顶岗支教实习工作。坚持师范生一个学期集中赴农牧区开展顶岗支教实习，分阶段明确实习的具体要求，完善教育实践规范标准，稳定教育实践基地建设。探索顶岗支教实习驻县教师现场指导和学科专业教师远程网络指导相结合的指导模式。用好实践教学管理系统平台，实施师范生实习档案袋制度，推进教育实践全过程管理，做到实习前有明确要求、实习中有监督指导、实习后有考核评价，实习档案规范齐全。

坚持师范生教育见习制度。坚持2-6学期每学期一周的教育见习制度，分段设定目标，明确见习主题，精细化设计见习内容，强化见习过程管理，增强教育见习的针对性和实效性。

实施未来教师技能训练计划。依托教师发展中心，推进师范专业教学实验室、师范生教育教学技能实训教室和师范生自主研训与考核数字化平台建设，强化师范生教学基本功和教学技能训练与考核。实施好小黑板制度，建设好基础教育教材库。每学期开展由师范生基本技能、学科教学技能、现代教育技术技能组成的专项实践技能训练，在反复训练中提高师范生的教育教学能力。充分利用信息技术变革学生学习方式，广泛开展说课、案例分析、课堂片段模拟教学等实训教学，提升学生信息素养和利用信息技术促进教学的能力。坚持每学期基础教育教师讲学和师范生教学技能竞赛，提升师范生基本教学技能和职业认同感。

（6）实施协同培养提升计划

建立“四位一体”协同培养新机制。建立支援高校、师范大学与地方政府、幼儿园“四位一体”协同育人新机制，建设以北京师范大学和青海师范大学为主体，地方人民政府和中小学共同参与的国家级高水平教师教育改革试验区，打造高原教育发展共同体。深化学校与支援高校、地方政府、幼儿园合作，协同设计卓越教师培养课程体系、建设课程资源、组织教学团队、建设实践基地、开展教学研究、评价培养质量，“四位一体”共同推进卓越教师的培养。注重职前培养和职后培训相衔接。

落实“双导师制”。学校对卓越教师培养实行“双导师制”，专业内分小组分别配备学科性导师和实践性导师。学科性导师由学校具有学科理论教学背景的高级职称教师承担，负责学科知识学习。实践性导师由幼儿园具有高级职称的优秀教师承担，负责实践性技能的训练与指导。教育硕士阶段以专业导师组成导师组，共同指导学生发展。通过实施卓越教师“双导师制”等形式，建立师生学习、生活和成长共同体，进一步发挥导师在学生品德提升、学业进步和人生规划方面的作用。

加强专兼职教师教育师资队伍建设。通过自主培养、积极引进、加强外聘等方式，配齐配强教师教育类课程教师。引导学校不同学院学科专业的优秀教师积极参与到卓越教师的培养工作中。积极聘请省内外基础教育名师，教育科研机构、教育行政管理部门优秀教育工作者等到校担任兼职教师，共同开展卓越教师培养工作，聘任幼儿园优秀教师承担的学科教学论课程比例不少于20%。

（8）实施高原教育教学成果凝练计划

凝练教育教学成果。组织校内外教育专家、优秀教育工作者等组建专门的研究团队，依托卓越教师培养模式改革，强化研究，深入总结，进行不同层面的实地调查和理论研究，凝练教学成果，力争获得国家级教学成果奖。

（9）实施教师教育交流合作计划

加强卓越师范生联合培养。与陕西师范大学、首都师范大学、山东大学、兰州大学和北京师范大学五所高校，联合开展“2+2”师范生联合培养工作，选派优秀卓越师范生赴对方院校交流学习。

优质慕课等活动，共享优质教师教育资源。加强与境外高水平院校的交流与合作，推进师范生赴境外观摩学习工作。加大教师教育师资国外访学支持力度，学习借鉴国际先进教育理念经验。

（10）实行卓越质量保障计划

构建追求卓越的质量保障体系。落实《普通高等学校师范类专业认证实施办法》，分级开展师范类专业认证，全面保障、持续提升师范类专业人才培养质量。推进由领导、教师、督导、学生及第三方共同参与的多元化的教学质量评价与监控体系建设，全程监控与持续改进教师培养质量，改进师范毕业生持续跟踪反馈机制，将评价结果进行综合分析并应用于教学，推动师范生培养质量的持续改进和提高。

4. 保障机制

构建校院两级实施体系。学校将卓越教师培养计划纳入整体发展规划，完善领导小组，建立卓越教师项目负责人制度，以总项目负责下的分项目协同推进方式进行。总项目由学校教务处负责，负责总体计划的实施和管理，分项目由相关学院具体实施，负责项目实施的日常工作。

加强政策支持。用足用好教育部、省教育厅关于计划实施高校教师教育师资国内访学和出国进修、学生参与国际合作交流等政策，对实施专业增加教育硕士招生计划和免试研究生名额。将分项目实施情况特别是指导师范生情况作为教师考核评价、职称晋升、评优评选的重要依据。为学科课程与教学理论教师设立专门的岗位职数，单列支撑评聘指标，创设更多的职务（职称）晋升机会。

加大经费保障。继续将卓越教师培养计划的实施纳入我校教师教育改革专项基金支持，通过中央财政、省财政支持地方高校发展等途径，提供配套经费予以支持。积极争取青海省财政厅对师范生顶岗支教实习专项经费的支持力度，多渠道获取实施经费支持，坚持师范类专业生均教学日常运行支出不低于学校平均水平，生均教育实践经费支出不低于学校平均水平。

二、青海省学前教育专业研究生培养计划

（一）学前教育专业非全日制研究生培养方案

1. 培养目标

培养适应国家和地方经济与社会发展需要，具备先进的教育教学理念，具有较全面的文化素养和扎实的专业基础知识，较强的专业实践能力和研究能力，热爱学前教育事业，能够从事幼儿园教学指导、教学管理和教学实践的高素质、高层次的幼儿园教师以及学前教育教学管理人员。具体要求如下：

（1）拥护中国共产党领导，热爱教育事业，具有良好的道德品质，遵纪守法，积极进取，勇于创新。

（2）具有扎实的学前教育基础理论和专门知识，掌握学科发展前沿信息，掌握学前教育领域新理念、新内容和新方法，具有较强的教育实践能力及研究能力。

（3）具有较强的教育实践能力，能胜任学前教育的教育教学和管理工作，在现代教育理论指导下，运用所学理论和方法，熟练使用现代教育技术，解决教育教学及管理实践中存在的实际问题，理论结合实践，发挥自身优势，开展创造性的教育教学工作。

（4）掌握一门外国语，能够比较熟练地阅读本学科的外文文献。

2. 招生对象

具有国民教育序列大学本科学历（或本科同等学力）人员。

3. 学习方式与学习年限

基本学制 3 年，在校学习年限最长不得超过 5 年。

4. 培养方式及学分要求

重视理论与实践相结合，实行双导师制，校内外导师共同指导学生的学习和研究工作。根据培养目标、课程性质和教学内容，选择恰当的教学方式与方法，在教学中注重实践与反思，采取案例教学、模拟教学、小组合作学习等方式；注重课内与课外学习相结合，关注学生的主动学习与创新学习；充分利用互联网等现代教学技术手段，开展线上学习与线下学习相结合的混合式教学。

课程分为学位基础课、专业必修课、专业选修课和实践教学。课程学习总学分不少于 37 学分。

5. 课程设置

（1）学位基础课（13 学分）

表 14-1　学前教育专业非全日制研究生学位基础课一览表

课程名称	课时	学分	开设时间
外语	36	2	第一学期
政治理论（含教师职业道德教育）	36	2	第一学期
教育原理	36	2	第一学期
课程与教学论	36	2	第一学期
教育研究方法	36	2	第四学期
心理发展与教育	36	2	第四学期
基础教育改革	18	1	第二学期

（2）专业必修课（10 学分）

表 14-2　学前教育专业非全日制研究生专业必修课一览表

课程名称	课时	学分	开设时间
学前课程理论	36	2	第二学期

续表

课程名称	课时	学分	开设时间
幼儿园教育活动设计与实施	36	2	第三学期
自设课程 1—学前教育原理	36	2	第三学期
自设课程 2—学前儿童发展理论	36	2	第三学期
自设课程 3—学前儿童游戏理论	36	2	第四学期

（3）专业选修课（6 学分）

表 14-3　学前教育专业非全日制研究生专业选修课一览表

课程类型	课程名称	课时	学分	开设时间
专业理论知识类课程	学前教育前沿与热点问题研究	36	2	第四学期
	学前儿童家庭与社区教育专题			
	学前教育评价			
教学专业技能类课程	现代教育技术及应用	36	2	第四学期
	学前儿童行为观察与分析			
	学前教师艺术素养			
教育教学管理类课程	幼儿园管理	36	2	第四学期
	0—3 岁儿童发展与早教指导			
	国际学前教育政策比较研究			

6. 实践环节（8 学分）

实践教学由校内实训和校外实践构成，由学院和实习、实践基地合作，共同管理、共同监督、共同考核。实践教学含校内实训和校外实践，校内实训包括教学技能训练、微格教学、课例分析。校外实践包括教育见习（科研实践）、教育实习、教育研习（学术报告）。实习生须完成实习学校安排的教学、管理和其他任务，并完成实践教学相关文件。实践教学时间原则上不少于 1 学年，其中校外集中实践不少于 1 学期。

采取分散实践和集体实践相结合的形式，坚持课内与课外衔接，校内与校外互补，教育理论与学科前沿相互渗透的原则，结合学前教育发展实际，学校组织教育见习、学术报告等教学实践活动；研究生本人运用所学理论与知识进行社会调查等社会实践。根据学前教育的现状与发展，实践内容不断进行更新（见表13-4）。

表14-4 学前教育专业非全日制研究生实践环节一览表

课程类型	课程内容	学分
校内实训	教学技能训练、微格教学、课例分析	2
校外实践	教育见习	1
	教育实习	4
	教育研习	1

7. 研究方法技能训练

通过开设教育测量与评价、教育研究方法、教学研究方法等课程进行研究方法的理论学习，通过文献综述写作及课程学期、学年论文写作进行研究方法和技能的综合训练。

8. 中期考核和开题报告

在第四学期设置中期考核环节和论文开题环节。教育硕士学位论文实行严格的开题报告制度，学院根据专业实际具体确定开题报告时间，但开题报告到论文答辩的时间不应少于半年。开题报告必须公开进行。开题报告合格后记1学分。

9. 考核方式

学院统一要求所有专业基础课都要有教学大纲、主要教材和参考书。所有课程可根据课程内容由任课教师确定考核方式；课程学习按照培养方案安排课程的考核方式。校内实训由导师负责考查，根据实训情况进行考核，实习由实习单位指导导师负责考核，科研研习由导师负责考核。

10. 学位论文

教育硕士课程学习成绩合格，完成各项必修环节，方可进入学位论文撰写阶段。

（1）论文选题

学位论文选题应与专业领域和专业方向的培养目标相一致，论文选题来源于幼儿园教学与管理实际问题，针对我国学前教育发展、改革与管理现状，做到理论联系实际。

（2）学位论文应符合研究规范并凸显应用价值，论文的形式可以多样化，如专题研究论文、调查研究报告、实验研究报告和案例研究报告等。论文正文部分字数不少于2万字。

（3）论文评阅人和答辩委员会成员中，应至少有一名具有高级职称的学前教育机构教师或教学研究人员。

学位论文答辩在第六学期进行。学位论文答辩应公开举行，论文答辩应有详细的记录。论文答辩未通过，但论文答辩委员会建议修改论文后再重新答辩者，可在半年后至一年内重新答辩一次，答辩仍未通过或逾期未申请者，不授予学位。

11. 毕业与学位授予

修满规定学分，并通过论文答辩者，经学位授予单位学位评定委员会审核，授予教育硕士专业学位，同时获得硕士研究生毕业证书。

12. 导师职责

导师负责全面指导学生的学习、研究及实践，对学生进行中期检查、指导论文的开题及写作。

13. 质量保障体系

我国高等教育的任务是“使受教育者成为德、智、体等全面发展的社会主义事业的建设者和接班人”“培养具有创新精神和实践能力的高级专门人才”，在培养过程中，把获取知识、培养能力、提高素质融为一体，培养品德高尚、知识面宽、能力强、素质高的创新型人才。在坚持知识、能力、素质辩证统一的同时，尤其要注意学术个性发展，培养创新能力和创新精神。我院将从以下几方面入手，建设专业硕士教育管理专业质量保障体系。

（1）严格招生、培养和学位授予过程的各个环节的管理，确保研究生培养的质量。

加强研究生的招生工作，保证生源质量，提高研究生的入学质量，选拔优秀人才，是保证研究生培养质量的基础。

加强招生宣传工作，采取各种激励措施，拓宽招生渠道，从各大学招收优秀的应届毕业生；加强与相关科研机构、院校和单位的横向联系，招收优秀的在职人员。加强入学考试试题命题工作改革，规范命题工作，确保命题的科学化；加强复试中对创新能力和综合素质的考核，并把复试成绩作为研究生录取的一个重要指标。

（2）加强课程教学，优化课程设置和课程教学是提高研究生培养质量的重要环节。

设立完善的开放的培养计划，加强教学方式和教学手段的改革，发挥专硕生学习的主动性，强化其学习能力，注重个性发展。加强实践环节的教学，培养实践能力和创新能力。

（3）加强学位论文与科研工作，提高研究生学位论文质量。

学位论文是对研究生进行科学研究的全面训练，是培养学生综合运用所学知识分析问题和解决问题能力的重要途径，也是衡量培养质量的重要依据。结合研究生在中小学和职业学校的工作实际，采用多种形式设计学位论文，培养研究生的独立开展科研工作的能力，并注重论文撰写的过程管理，加强中期检查工作，提高学位论文质量，突出学位论文的创新性，防止低水平重复。

（4）加强导师队伍建设，发挥其指导和典范作用。

鼓励具有创新意识、创新才能的学术骨干脱颖而出，充实和活跃导师队伍。建立由不同研究方向导师组成的导师组，发挥优势互补作用，学生在研究群体中博采众长，开拓研究思路。在专硕培养过程中，导师通过言传身教，努力培养学生良好的学风和严谨的治学态度，教会学生学习、做人及进行研究，促进学生知识、能力、素质协调发展。

（5）创造良好的培养条件，为研究生提供广阔的发展空间。

良好的培养条件是培养研究生创新精神和创新能力的基础和前提，学院创造条件，开展各种各样的学术活动；对研究生参与学术活动做出明确规定并纳入课程体系，使研究生及时了解本学科或相关学科前沿领域的最新学术动态，拓宽研究思路，提高表达能力，建立自信。

（6）严把论文质量关，确保研究生培养质量。

在学位论文阶段，对论文开题、中期考核和论文答辩等几个具体环节作出明确规定，严把质量关。对于不符合质量要求者，或实行分流，或坚决予以淘汰，确保研究生的培养质量。

（7）加强教育、培训和激励，发挥人的主观能动性。

调动学院管理部门、导师、学生各方面的积极性，最大限度地发挥人的主观能动性，以保证本专业专硕生的培养质量。

（8）通过积极引导，实现研究生自我质量管理。

引导研究生克服对导师的依赖心理，积极主动、创造性地接受知识，发挥自己的潜能，培养自己的创造性思维和自学能力，努力提高自身的综合素质。

（二）学前教育专业全日制研究生培养方案

1. 培养目标

培养适应国家和地方经济与社会发展需要，具备先进的教育教学理念，具有较全面的文化素养和扎实的专业基础知识，较强的专业实践能力和研究能力，热爱学前教育事业，能够从事幼儿园教学指导、教学管理和教学实践的高素质、高层次的幼儿园教师以及学前教育教学管理人员。具体要求如下：

（1）拥护中国共产党领导，热爱教育事业，具有良好的道德品质，遵纪守法，积极进取，勇于创新。

（2）具有扎实的学前教育基础理论和专业知识，掌握学科发展前沿信息，掌握学前教育领域新理念、新内容和新方法，具有较强的教育实践能力及研究能力。

（3）具有较强的教育实践能力，能胜任学前教育教学和管理工作，在现代教育理论指导下，运用所学理论和方法，熟练使用现代教育技术，解决教育教学及管理实践中存在的实际问题，理论结合实践，发挥自身优势，开展创造性的教育教学工作。

（4）掌握一门外国语，能够比较熟练地阅读本学科的外文文献。

2. 招生对象

具有国民教育序列大学本科学历（或本科同等学力）人员。

3. 学习方式与学习年限

基本学制 2 年，最长不得超过 4 年。

4. 培养方式及学分要求

重视理论与实践相结合，实行双导师制，校内外导师共同指导学生的学习和研究工作。根据培养目标、课程性质和教学内容，选择恰当的教学方式与方法，在教学中注重实践与反思，采取案例教学、模拟教学、小组合作学习等方式；注重课内与课外学习相结合，关注学生的主动学习与创新学习；充分利用互联网等现代教学技术手段，开展线上学习与线下学习相结合的混合式教学。

课程分为学位基础课、专业必修课、专业选修课和实践教学。课程学习学分不少于29学分，实践环节8学分。总学分不少于37学分。

5. 课程设置

（1）学位基础课（13学分）

表14-5　学前教育专业全日制研究生学位基础课一览表

课程名称	课时	学分	开设时间
外语	36	2	第一学期
政治理论（含教师职业道德教育）	36	2	第一学期
教育原理	36	2	第一学期
课程与教学论	36	2	第一学期
教育研究方法	36	2	第二学期
心理发展与教育	36	2	第二学期
基础教育改革	18	1	第二学期

（2）专业必修课（10学分）

表14-6　学前教育专业全日制研究生专业必修课一览表

课程名称	课时	学分	开设时间
学前课程理论	36	2	第二学期
幼儿园教育活动设计与实施	36	2	第一学期
自设课程1—学前教育原理	36	2	第一学期
自设课程2—学前儿童发展理论	36	2	第一学期
自设课程3—学前儿童游戏理论	36	2	第一学期

（3）专业选修课（6 学分）

表 14-7　学前教育专业全日制研究生专业选修课一览表

课程类型	课程名称	课时	学分	开设时间
专业理论知识类课程	学前教育前沿与热点问题研究	36	2	第二学期
	学前儿童家庭与社区教育专题			
	学前教育评价			
教学专业技能类课程	现代教育技术及应用	36	2	第二学期
	学前儿童行为观察与分析			
	学前教师艺术素养			
教育教学管理类课程	幼儿园管理	36	2	第二学期
	0—3 岁儿童发展与早教指导			
	国际学前教育政策比较研究			

6. 实践环节

实践教学由校内实训和校外实践构成，由学院和实习、实践基地合作，共同管理、共同监督、共同考核。实践教学含校内实训和校外实践，校内实训包括教学技能训练、微格教学、课例分析。校外实践包括教育见习（科研实践）、教育实习、教育研习（学术报告）。实习生须完成实习学校安排的教学、管理和其他任务，并完成实践教学相关文件。实践教学时间原则上不少于一学年，其中校外集中实践不少于一学期。

采取分散实践和集体实践相结合的形式，坚持课内与课外衔接，校内与校外互补，教育理论与学科前沿相互渗透的原则，结合学前教育发展实际，学校组织教育见习、学术报告等教学实践活动；研究生本人运用所学理论与知识进行社会调查等社会实践。根据学前教育的现状与发展，实践内容不断进行更新（见表 13-8）。

表 14-8　学前教育专业全日制研究生实践环节一览表

课程类型	课程内容	学分
校内实训	教学技能训练、微格教学、课例分析	2

续表

课程类型	课程内容	学分
校外实践	教育见习	1
	教育实习	4
	教育研习	1

7. 研究方法技能训练

通过开设教育测量与评价、教育研究方法等课程进行研究方法的理论学习，通过文献综述写作及课程学期、学年论文写作进行研究方法和技能的综合训练。

8. 中期考核和开题报告

在第二学期设置中期考核环节和论文开题环节。教育硕士学位论文实行严格的开题报告制度，学院根据专业实际具体确定开题报告时间，但开题报告到论文答辩的时间不应少于半年。开题报告必须公开进行。

9. 考核方式

学院统一要求所有专业基础课都要有教学大纲、主要教材和参考书。所有课程可根据课程内容由任课教师确定考核方式；课程学习按照培养方案安排课程的考核方式。校内实训由导师负责考查，根据实训情况进行考核，实习由实习单位指导导师和校内指导教师负责考核，科研研习由导师负责考核。

10. 学位论文

教育硕士课程学习成绩合格，完成各项必修环节，方可进入学位论文撰写阶段。

（1）论文选题

学位论文选题应与专业领域和专业方向的培养目标相一致，论文选题来源于幼儿园教学与管理实际问题，针对我国学前教育发展、改革与管理现状，做到理论联系实际。

（2）学位论文应符合研究规范并凸显应用价值，论文的形式可以多样化，如专题研究论文、调查研究报告、实验研究报告和案例研究报告等。

（3）答辩委员会成员中，应至少有一名具有丰富经验的学前教育机构教师或教学研究人员。

学位论文答辩在第四学期进行，按照《青海师范大学学位授予工作细则》中的有关要求进行。

11. 毕业与学位授予

修满规定学分，并通过论文答辩者，经学位授予单位学位评定委员会审核，授予教育硕士专业学位，同时获得硕士研究生毕业证书。

12. 导师职责

导师负责全面指导学生的学习、研究及实践，对学生进行中期检查、指导论文的开题及写作。

13. 质量保障体系

我国高等教育的任务是“使受教育者成为德、智、体等全面发展的社会主义事业的建设者和接班人”“培养具有创新精神和实践能力的高级专门人才”，在培养过程中，把获取知识、培养能力、提高素质融为一体，培养品德高尚、知识面宽、能力强、素质高的创新型人才。在坚持知识、能力、素质辩证统一的同时，尤其要注意学术个性发展，培养创新能力和创新精神。我院将从以下几方面入手，建设专业硕士教育管理专业质量保障体系。

（1）严格招生、培养和学位授予过程的各个环节的管理，确保研究生培养的质量。

加强研究生的招生工作，保证生源质量，提高研究生的入学质量，选拔优秀人才，是保证研究生培养质量的基础。

加强招生宣传工作，采取各种激励措施，拓宽招生渠道，从各大学招收优秀的应届毕业生；加强与相关科研机构、院校和单位的横向联系，招收优秀的在职人员。加强入学考试试题命题工作改革，规范命题工作，确保命题的科学化；加强复试中对创新能力和综合素质的考核，并把复试成绩作为研究生录取的一个重要指标。

（2）加强课程教学，优化课程设置和课程教学是提高研究生培养质量的重要环节。

设立完善的开放的培养计划，加强教学方式和教学手段的改革，发挥研究生学习的主动性，强化其学习能力，注重个性发展。加强实践环节的教学，培养实践能力和创新能力。

（3）加强学位论文与科研工作，提高研究生学位论文质量。

学位论文是对研究生进行科学研究的全面训练，是培养学生综合运用所学知识分析问题和解决问题能力的重要途径，也是衡量教育培养质量的重要依据。结合研究生在学前教育机构和学前教育教师机构的工作实际，采用多种形式设计学位论文，培养研究生的独立开展科研工作的能力，并注重论文撰写的过程管理，加强中期检查工作，提高学位论文质量，突出学位论文的创新性，防止低水平重复。

（4）加强导师队伍建设，发挥其指导和典范作用。

鼓励具有创新意识、创新才能的学术骨干脱颖而出，充实和活跃导师队伍。建立由不同研究方向导师组成的导师组，发挥优势互补作用，学生在研究群体中博采众长，开拓研究思路。在专硕培养过程中，导师通过言传身教，努力培养学生良好的学风和严谨的治学态度，教会学生学习、做人及进行研究，促进学生知识、能力、素质协调发展。

（5）创造良好的培养条件，为研究生提供广阔的发展空间。

良好的培养条件是培养研究生创新精神和创新能力的基础和前提，学院创造条件，开展各种各样的学术活动；对研究生参与学术活动做出明确规定并纳入课程体系，使研究生及时了解本学科或相关学科前沿领域的最新学术动态，拓宽研究思路，提高表达能力，建立自信。

（6）严把论文质量关，确保研究生培养质量。

在学位论文阶段，对论文开题、中期考核和论文答辩等几个具体环节做出明确规定，严把质量关。对于不符合质量要求者，或实行分流，或坚决予以淘汰，确保研究生的培养质量。

（7）加强教育、培训和激励，发挥人的主观能动性。

调动学院管理部门、导师、学生各方面的积极性，最大限度地发挥人的主观能动性，以保证本专业专硕生的培养质量。

（8）通过积极引导，实现研究生自我质量管理。

研究生克服对导师的依赖心理，积极主动、创造性地接受知识，发挥自己的潜能，培养自己的创造性思维和自学能力，努力提高自身的综合素质。

参考文献

[1]《关于基础教育改革与发展的决定》(国发〔2001〕21号)[EB/OL].[2011-12-13. https://news.qq.com/a/20111213/001134.htm.

[2]《国务院关于当前发展学前教育的若干意见》国发〔2010〕41号[EB/OL].[2010-11-24] http://www.sdchild.com/wjgg/2012-10-28/22871.html.

[3]《中华人民共和国教育法》[EB/OL].[2017-08-25]. http://www.bjlg.cn/lggk/ShowArticle.asp? ArticleID=232.

[4] 3-6岁儿童学习与发展指南[EB/OL].[2012-10-09]. https://baike.so.com/doc/6723882-6938021.html.

[5] 陈小燕. 对学前教育专业实践教学课程体系的探索与思考[J]. 职业教育研究, 2007(12): 125-126.

[6] 程翔宇. 对幼儿园教师职后培训的思考——基于《3-6岁儿童学习与发展指南》[J]. 大庆师范学院学报, 2014(4): 144-146.

[7] 党爱娣, 沈建洲. 西部少数民族地区县域幼儿园教师队伍现状与对策——以甘肃省Y县为例[J]. 黑龙江教育学院学报, 2016, 35(10): 29-32.

[8] 党的二十大报告[EB/OL].[2022-10-26]. https://gongyi.sohu.com/a/595415004_501883.

[9] 邓雷. 基于专业标准的幼儿园园长培训研究[D]. 曲阜: 曲阜师范大学, 2016.

[10] 杜敏. 青海省学前教育发展的现实困境与对策研究[J]. 青海

师范大学学报（哲学社会科学版），2013，35（5）：123.

［11］范明丽，庞丽娟．当前我国学前教育管理体制的主要问题、挑战与改革方向［J］．学前教育研究，2013（6）：3-7.

［12］冯宝安．对中西部农村幼儿园园长培训课程设计的思考［J］．早期教育（教科研版），2016（11）：14-17.

［13］冯江英．学前教育基本公共服务均等化研究［M］．北京：人民出版社，2017.

［14］顾通达．教师培训的实效性问题与需求分析方略［J］．师资培训研究．2002，（4）：24-27.

［15］关于印发青海省发展学前教育实施意见的通知［EB/OL.［2015-05-23］. http://www. qh. gov. cn/zwgk/xwdt/tzgg/.

［16］关宇霞，梁静．农村幼儿教师队伍现状的研究综述［J］．呼伦贝尔学院学报，2016，24（01）：88-92.

［17］郭铁成，双立珍，李小球．国内外幼儿教师职业准入标准及其启示［J］．湖南科技大学学报（社会科学版），2014，17（02）：175-180.

［18］国家教委关于印发《全国幼儿教育事业“九五”发展目标实施意见》的通知［EB/OL］．［1997-07-17］. https://laws. 66law. cn/law-15349. aspx.

［19］国家教育委员会全日制、寄宿制幼儿园编制标准（试行）［EB/OL.［2012-03-10］. https://wenku. baidu. com/view/554a0d6348d7c1c708a14536. html#.

［20］国家中长期教育改革和发展规划纲要（2010-2020年）［EB/OL.［2010-07-29. http://www. moe. gov. cn/srcsite/A01/s7048/201007/t20100729_171904. html.

［21］国务院办公厅关于印发国家贫困地区儿童发展规划（2014-2020年）的通知国办发〔2014〕67号．［EB/OL］.［2014-12-25］. http://www. gov. cn/zhengce/content/2015-01/15/content_9398. htm.

［22］韩尚石．幼儿园标准化、规范化建设浅谈——以吉林省延吉市幼儿园发展建设为例［J］．延边教育学院学报，2013，（5）：87-89.

［23］何聪，王梅．青海省：政府购买学前教育服务（改革追踪看落

实）[N]．人民日报，2016-06-09.

[24] 贺瑞虎．全面贯彻十九大精神加快发展学前教育 [N]．南昌日报，2017-12-10.

[25] 洪秀敏，魏若玉，缴润凯．民办幼儿园园长专业素养的调查与思考 [J]．现代教育管理，2019（01）：41-46.

[26] 洪秀敏，朱文婷，刘鹏，缴润凯．新时代幼儿园园长专业素养的调查与思考 [J]．教育学报，2018，14（05）：82-91.

[27] 侯莉敏．成就与挑战：政府主导下的我国学前教育发展评析 [J]．广西师范大学学报（哲学社会科学版），2016，52（6）：106-110.

[28] 胡玉智．学前教育师资之困如何破解 [J]．中国民族教育，2012（6）：17-19.

[29] 黄晓露．幼儿园园长任职资格培训的必要性及策略研究 [J]．梧州学院学报，2017，27（05）：115-118.

[30] 缴润凯，王贺立，刘丹，李飞飞．我国农村幼儿园园长专业素质现状调查 [J]．陕西学前师范学院学报，2017，33（10）：1-6.

[31] 教育行政部门和各地采取措施促进学前教育的发展 [EB/OL]．[2011-02-22] http：//www. gov. cn/jrzg//content_ 1808183. htm.

[32] 乐都创“走教点”学前教育新模式 [N]．青海日报.2011-11-04.

[33] 李峰，邹曼娜．中芬学前教育师资职前培养模式比较研究 [J]．教育时空，2018（1）：151-153.

[34] 李亚男．幼儿园园长专业素养的个案研究 [D]．张家口：河北北方学院，2021.

[35] 林菁，蔡佳佳．幼儿园园长队伍建设现状与发展策略 [J]．宁波大学学报（教育科学版），2018，40（04）：120-126.

[36] 林媛媛，张克明．贫困地区幼儿园教师培训状况与发展建议 [J]．学前教育研究，2012，（1）：28-38.

[37] 刘军豪．幼儿园教师专业发展的制度支持研究 [D]．武汉：华中师范大学，2018.

[38] 刘霖芳．教育变革背景下幼儿园园长领导力研究 [D]．长春：东北师范大学，2015.

［39］刘鹏．“春苗得到了春雨的滋润”［N］．光明日报，2016-05-30.

［40］刘恬．全纳教育理念下幼儿园教师专业成长路径探究［J］．陕西学前师范学院学报，2016，32（02）：110-112+117.

［41］刘小兰．超越知识不平等的教育平等［J］．教育发展研究，2006，26（23）：74-77.

［42］刘占兰．农村贫困地区幼儿园教育质量现状与提升建议［J］．学前教育研究，2015（12）：13-21.

［43］刘占兰．中国学前教育发展报告［M］．北京：教育科学出版社，2013：52.

［44］柳阳辉．学前教育学教程［M］．上海：复旦大学出版社，2015：4.

［45］卢迈，杜智鑫，曹艳．普及学前教育要“进村”［N］．中国经济时报，2014-1-6.

［46］马峰，吕苹．芬兰早期儿童教育和看护述评［J］．幼儿教育，2011（33）.

［47］马晓红．提升园长“引领教师成长”领导力的策略初探——基于《幼儿园园长专业标准》的几点建议［J］．家教世界，2016（18）：9-10.

［48］牛生才．对学前教育的几点思考［J］．教师，2017（19）：26.

［49］庞丽娟，范明丽．“省级统筹以县为主”完善我国学前教育管理体制［J］．教育研究，2013（10）：24-28.

［50］庞丽娟．国际学前教育法律研究［M］．北京：北京师范大学出版社，2011：11.

［51］乔洋．中小学教师培训评价的问题与对策［J］．教育科学论坛，2011，（9）：58-59.

［52］青海省：15 年免费教育覆盖所有贫困区［EB/OL］．［2016-04-07. http：//society. people. com. cn/n1/2016/0407/c1008-28255727. html.

［53］青海省将投 1500 万元解决 15 个县儿童“入园”难题［EB/OL］．［2011-11-11］. http://www. chinaacc. com/new/184_188_201111/11lu963964036. shtml.

［54］青海省教育厅．青海省“十三五”学前教育事业发展规划（2016-2020 年）［Z］．2016.

［55］青海省教育厅．青海省着力提高学前教育普及程度［Z］．2016.

［56］青海省乐都区在山区设早教点通过“走教”巡回施教［EB/OL］.［2012-01-12］. http://www.jyb.cn/china/gnxw/201201/t20120112_473968.html.

［57］曲正伟. 我国幼儿园园长队伍建设现状、问题及其发展对策——基于城区、镇区、乡村比较的视角［J］. 学前教育研究，2022（02）：27-44.

［58］让学前儿童快乐成长. 青海日报［N］. 2016-07-05.

［59］石晶. 青海省5年新建幼儿园926所［N］. 经济日报，2016-07-09.

［60］苏令. 那些必须跨越的坎和难——学前教育健康发展需要质和量齐头并进［J］. 辽宁教育，2014（6）：10-11.

［61］索长清. 幼儿园园长角色职责与专业核心能力的比较研究——基于美、新、加、中四国园长标准的分析［J］. 外国中小学教育，2019（06）：40-46.

［62］汤慧丽. 卓越幼儿园教师培养困境盘整与突破［J］. 文教资料，2017（3）：155-156.

［63］汪丞，郭跃进，伍香平. 新形势下加强幼儿园教师队伍建设的对策思考［J］. 学前教育研究，2014，（2）：27-31.

［64］王标. 中国学前教育的形成与发展述论［D］. 福州：福建师范大学.

［65］王海帆. 职业生涯规划教育应始于幼儿教育阶段［D］. 贵阳：贵州师范大学，2015.

［66］王海燕. 幼儿园园长补充机制建设研究［J］. 河南教育（幼教），2020（04）：3-5.

［67］王建梁，郭万婷. 强化实践凸显人文：我国学前教育本科课程的调查与思考［J］. 教师教育论坛，2015，（3）：41-46.

［68］王金梅. 撸起袖子加油干，学前教育实现全覆盖［J］. 2017（18）.

［69］王萍. 幼儿园园长专业知识现状研究［D］. 重庆：西南大学，2016.

［70］王文欣，朱莉. 家园合作中存在的误区及其反思［J］. 吉林省教育学院学报，2018（4）：142-144.

[71] 王文卓，赵跟喜．我国西部民族地区学前教育需求研究——以西藏自治区错那县为例［J］．甘肃省高师学报，2013，18（03）：108-112.

[72] 王小英，缴润凯．基于《幼儿园园长专业标准》的园长培训课程构建［J］．学前教育研究，2015（04）：35-39.

[73] 温涛．统筹城乡教育发展模式与投融资体制改革研究——重庆的经验和证据［M］．重庆：西南师范大学出版社，2014.

[74] 我省将投1500万元解决15个县儿童“入园”难题［N］．西海都市报，2011-10-27.

[75] 我省学前教育巡回走教工作正式启动1500万元专项资金解决15个县儿童“入园”问题［N］．青海日报，2011-10-28.

[76] 吴婕．基于《幼儿园园长专业标准》的幼儿园园长培训内容、类型、途径与建议［J］．家教世界，2016（Z2）：7-9.

[77] 吴天武，邹国鲜．论幼儿园生成性主题活动中教师的角色定位［J］．陕西学前师范学院学报，2015，（5）：47-50.

[78] 吴小平．中国、加拿大幼儿园园长标准的比较研究［J］．现代教育管理，2017（01）：123-128.

[79] 西宁市103个农村学前“走教点”改造任务完成［N］．青海日报，2017-01-11.

[80] 夏如波，吉兆麟，谢春姣，赵辛．学前教育学［M］．南京：南京大学出版社，2013.

[81] 熊登秀．对发展青海省学前教育的几点思考［J］．青海师专学报，2006，（3）：4-10.

[82] 杨斌．农村教育投入：绩效、机制与模式［D］．重庆：西南大学，2011.

[83] 杨帆．幼儿园新任园长岗位任职资格培训改进对策研究［J］．陕西学前师范学院学报，2016，32（10）：131-135.

[84] 杨莉君，曹莉．高等师范院校本科学前教育专业人才培养模式的重建［J］．湖南师范大学教育科学学报，2009，8（4）：82-85.

[85] 幼儿园教师专业标准［EB/OL］．https：//baike.so.com/doc/5395510-5632667.html.

［86］幼儿园一日生活优化的 4 大策略［EB/OL］．［2017-05-26］．https：//www. sohu. com/a/143613867_ 764156.

［87］张方山．铸造学生接受的师爱［J］．课程教育研究（新教师教学），2013，（17）：110-111.

［88］张虹．世纪回眸：我们已走过一百年——中国幼教百年纪念活动速记［J］．幼儿教育，2003（13）：9.

［89］张华，王亚军．教师培训的实践检视与理念突围［J］．四川师范大学学报（社会科学版），2014，（6）：78-83.

［90］张洁．规范办园行为提升保育和教育质量——新《幼儿园工作规程》内涵与特点分析［J］．陕西学前师范学院学报，2016（10）：124-130.

［91］张清高，孙剑飞．教师培训目标体系的基本维度、整体结构及构建策略——以厦门湖里区幼儿园园长任职资格培训上海跟岗为例［J］．福建基础教育研究，2021（06）：15-17.

［92］张雅倩，王萍，王丹．美、加两国幼儿园园长专业标准的比较研究及其启示［J］．幼儿教育，2021（Z3）：85-89.

［93］张泽东．中国幼儿园园长任职资格制度的沿革、现状与完善［J］．社会科学战线，2021（08）：255-260.

［94］张芝兰．幼儿园园长任职资格培训的必要性及策略［J］．课程教育研究，2018（36）：33-34.

［95］赵德成，梁永正，朱玉玲．教师培训需求分析研究的回顾与思考［J］．教育科学，2010，（5）：64-68.

［96］赵敏，姜枫．少数农村学前教育的困境与出路［J］．当代教育论坛（综合研究），2011（5）：50-52.

［97］赵伟辰．纽约州幼儿园园长任职资格政策分析［J］．现代中小学教育，2019，35（05）：85-90. DOI：10. 16165/j. cnki. 22-1096/g4. 2019. 05. 021.

［98］中国发展研究基金会．中国儿童发展报告 2017：反贫困与儿童早期发展［M］．北京：中国发展出版社，2018.

［99］钟娟．青海省学前一年纳入义务教育体制研究［D］．西宁：青海师范大学，2011：17-18

［100］周驰亮．广西中小学教师资格考试改革研究［D］．桂林：广西师范大学，2016.

［101］周逸梅．教育部发文提出将建立幼儿园园长任职资格制度［J］．中国校外教育，2013（01）：4.

［102］祝子平．美国幼儿教育的状况与动向［J］．比较教育研究，1981（5）：48-50.

［103］卓玛巴毛．关于农村学前教育发展现状［J］．工作研究，2012，（4）：198.

［104］走教能否激活边远山区幼儿园［EB/OL］．［2010-08-21］．http：//www. hnedu. cn/zx/pl/2173440. shtml.

附　录

附录 1 “十四五”学前教育发展提升行动计划

党的十八大以来，国家连续实施三期学前教育行动计划，推动学前教育取得快速发展，有效缓解了“入园难、入园贵”问题。为深入贯彻落实党的十九届五中全会“完善普惠性学前教育保障机制”“建设高质量教育体系”的部署要求，积极服务国家人口发展战略，进一步推进学前教育普及普惠安全优质发展，现决定实施“十四五”学前教育发展提升行动计划。

一、总体要求

（一）指导思想

以习近平新时代中国特色社会主义思想为指导，立足新发展阶段，贯彻新发展理念，把实现学前教育普及普惠安全优质发展作为提高普惠性公共服务水平、扎实推进共同富裕的重大任务，全面贯彻党的教育方针，落实立德树人根本任务，遵循学前教育规律，强化政府主体责任，健全保障机制，努力满足人民群众幼有所育的美好期盼，为培养德智体美劳全面发展的社会主义建设者和接班人奠定坚实基础。

（二）基本原则

1. 强化公益普惠。践行以人民为中心发展思想，坚持学前教育公益普惠基本方向，健全普惠性学前教育资源配置、师资队伍建设、经费投入与成本分担等方面保障机制，提升学前教育公共服务水平。

2. 坚持巩固提高。优化城乡幼儿园布局，持续增加普惠性学前教育资源供给，进一步提高学前教育普及水平，巩固普惠成果，有效满足适龄儿童就近接受学前教育需求。

3. 推进科学保教。坚持以幼儿为本，遵循幼儿学习特点和身心发展规律。坚持以游戏为基本活动，保育和教育结合、因材施教，促进每名幼儿富有个性的发展。推动幼儿园和小学科学衔接，为幼儿后继学习和终身发展奠定基础。

4. 提升治理能力。加快学前教育立法进程，推进依法治教、依规办园。健全治理体系，加强规范监管，强化安全保障，提升学前教育治理能力现代化水平。

（三）主要目标

进一步提高学前教育普及普惠水平，到2025年，全国学前三年毛入园率达到90%以上，普惠性幼儿园覆盖率达到85%以上，公办园在园幼儿占比达到50%以上。

覆盖城乡、布局合理、公益普惠的学前教育公共服务体系进一步健全，普惠性学前教育保障机制进一步完善，幼儿园保教质量全面提高，幼儿园与小学科学衔接机制基本形成。

二、重点任务

（一）补齐普惠资源短板

多渠道持续增加普惠性资源供给，大力发展公办幼儿园，积极扶持普惠性民办园，支持和规范社会力量办园。加强村级幼儿园建设，城市新增人口、流动人口集中地区新建改扩建一批幼儿园，完善城乡学前教育布局和公共服务网络，切实保障适龄幼儿入园。

（二）完善普惠保障机制

切实落实各级政府发展学前教育责任，优化完善学前教育管理体制、办园体制，落实政府投入为主、家庭合理分担、其他多渠道筹措经费的机制，健全幼儿园教师配备补充、工资待遇保障制度，提升教师专业能力，促进普惠性学前教育可持续发展。

（三）全面提升保教质量

深化幼儿园教育改革，坚持以游戏为基本活动，全面推进科学保育和教育，加快实现幼儿园与小学科学有效衔接。推进学前教育教研改革，强化教研为教师专业成长和幼儿园保育教育实践服务。健全幼儿园保育和教育质量评估体系，充分发挥质量评估对保教实践的科学导向作用，提高教师专业素质和实践能力。

三、政策措施

（一）优化普惠性资源布局

推进教育公平，增加普惠性资源供给，充分考虑出生人口变化、乡村振兴和城镇化发展趋势，逐年做好入园需求测算，完善县（区）普惠性幼儿园布局规划，原则上每三年调整一次。结合“三孩生育政策”实施和地方实际，及时修订和调整居住社区人口配套学位标准，推动城市居住社区、易地搬迁安置区配套建设与人口规模相适应的幼儿园，产权及时移交当地政府，确保提供普惠性服务，满足就近入园需要。完善农村学前教育资源布局，办好乡镇公办中心幼儿园，通过依托乡镇中心幼儿园举办分园、村独立或联合办园、巡回支教等方式满足农村适龄儿童入园需求。充分发挥乡镇中心幼儿园的辐射指导作用，实施乡（镇）、村幼儿园一体化管理。鼓励有条件的地方探索实施学前教育服务区制度。

（二）推进普惠性资源扩容增效

国家实施教育提质扩容工程和教育强国推进工程，新建改扩建一批公办幼儿园，支持人口集中流入地、农村地区、“三区三州”、原集中连片特困地区县和片区外国家扶贫开发工作重点县普及学前教育。各地实施幼儿园建设项目，补齐普惠性资源短板，确保城乡学前教育资源全覆盖。加大扶持力度，落实财政补助、划拨方式供地、减免税费和租金等政策，鼓励支持政府机关、国有企事业单位、军队、街道、农村集体举办公办幼儿园，积极扶持民办园提供普惠性服务。逐步化解和消除学前教育“大班额”现象，防止出现新的无证园。全面改善办园条件，消除园舍安全隐患。各类幼儿园按照国家和地方的有关要求，配备丰富适宜的玩教具和游戏材料。对乡镇公办中心园、企事业单位和集体资产开办的幼儿园，经机构编制部门审批后，依据《事业单位登记管理暂行条例》等相关规定做好事业单位法人登记管理工作，发挥其兜底线、保普惠的重要作用。各省（区、市）要认真部署开展城镇小区配套园治理“回头看”，对治理成效进行全面复查，健全城镇小区配套园建设管理制度，完善扶持政策和监管机制，巩固治理成果，坚决防止出现反弹。

（三）健全经费投入与成本分担机制

各省（区、市）以提供普惠性服务为衡量标准，科学核定普惠性幼儿园办园成本，明确分担比例，统筹制定财政补助和收费政策，合理确定家庭支出水平。优化完善财政补助政策，逐步提高学前教育财政投入水平，保障普惠性学前教育有质量可持续发展。健全学前教育资助制度，切实保障家庭经济困难儿童接受普惠性学前教育。加强幼儿园收费监管，各省（区、市）综合考虑经济发展水平、群众承受能力和办园成本等因素，动态调整公办幼儿园收费标准、普惠性民办幼儿园最高收费限价。各省（区、市）尽快制订完善非营利性民办幼儿园收费的具体办法，可对非营利性民办园实行政府指导价管理，在合理核定办园成本的基础上，明确收费标准，坚决遏制过高收费和过度逐利行为。

（四）提高幼儿园师资培养培训质量

鼓励各地结合实际加大农村和欠发达地区幼儿园教师培养力度。深化学前教育专业改革，完善培养方案，强化学前儿童发展和教育专业基础，注重培养学生观察了解儿童、支持儿童发展的实践能力。在高等学校学前教育专业增加特殊教育专业课程，提高师范生的融合教育能力。各地制定幼儿园教师和教研员培训规划，加大培训力度，实施全员培训，突出实践导向，提高培训实效。鼓励高校、教科研机构和优质幼儿园结对帮扶基层、边远地区和欠发达地区幼儿园。

（五）保障幼儿园教师配备和工资待遇

各地要及时补充公办园教职工，严禁“有编不补”、长期使用代课教师。民办园按照配备标准配足配齐教职工。落实公办园教师工资待遇保障政策，统筹工资收入政策、经费支出渠道，确保育和教育师工资及时足额发放、同工同酬。按照政府购买服务范围的规定，可将公办园中保育、安保、食堂等服务纳入政府购买服务范围，所需资金从地方财政预算中统筹安排，公办园和承接主体应当依法保障相关劳动者权益。民办园要参照公办园教职工工资收入水平，合理确定相应教职工的工资收入。各类幼儿园教职工依法全员纳入社会保障体系，畅通缴费渠道，农村集体办园的教职工社会保险可委托乡镇中心幼儿园代缴，农村小学附属幼儿园由小学代缴。各类幼儿园依法依规足额足项为教职工缴纳社会保险和住房公积金，社会保障、医疗保障、税务等有关主管部门依法依规对幼儿园教职工缴纳社保情况组织检查，积极开展医保参保宣传进校园等活动，切实保障教职工合法权益。

（六）完善幼儿园规范管理机制

落实县级人民政府和各有关部门的监督管理责任，提升跨部门协同治理能力，完善动态监管机制，强化对幼儿园办园条件、教师资格与配备、安全防护、收费行为、卫生保健、保育教育、财务管理等方面的动态监管。完善幼儿园信息备案及公示制度，各类幼儿园的基本信息纳入区（县）政务信息系统管理，定期向社会公布幼儿园教职工配备、收费标准、质量评估等方面信息，幼儿园园长和专任教师变更要主动向教育主管部门备案，一个月内完成信息更新。加强民办园财务监管，非营利性民办园收取费用、开展活动的资金往来，要使用在教育行政部门备案的账户，确保收费主要用于保障教职工待遇、改善办园条件、提高保教质量。严禁非营利性民办幼儿园举办者通过任何方式取得办学收益、分配或转移办学结余。

（七）强化幼儿园安全保障

严格落实幼儿园安全主体责任和有关部门安全监管责任，建立全覆盖的安全风险防控体系。幼儿园要健全房屋设备、消防、门卫、食品药品、幼儿接送交接、幼儿就寝值守和活动组织等安全防护和检查制度，及时排查安全隐患，严防各类事故发生。加强人防、物防、技防建设，幼儿园门口设置隔离栏、隔离墩或升降柱等硬质防冲撞设施，专职保安配备、一键式紧急报警、视频监控装置配备和封闭化管理全面达标。构建联防联控有效机制，公安机关要优化上下学时段幼儿园周边“高峰勤务”机制，强化幼儿园周边重点巡防，组织公安民警、警务辅助人员、学校保卫人员、教职员工和群防群治力量落实好幼儿园“护学岗”机制。各地教育部门要会同有关部门建立健全幼儿园安全日常监管、重大隐患督办、约谈通报等工作机制，及时通报幼儿园安全风险，定期组织开展联合检查和集中整治，落实监督检查常态化措施，确保幼儿园安全运转。

（八）加大不规范办园行为治理力度

加强办园行为督导，重点对存在危房、“三防”不达标等安全隐患及园长和教师不具备规定资格等不规范办园行为进行动态督查，限期整改，整改不到位的依法进行处罚。对出现虐童、体罚及变相体罚等严重师德失范行为的幼儿园，年检实行一票否决，对涉事教职工、管理者和举办者依法追究法律责任。各省（区、市）部署开展幼儿园名称规范清理行动，对冠以“中国”“中华”“全国”“国际”“世界”“全球”等字样，包含外语词、外国国名、地名，使用“双语”“艺术”“国学”“私塾”等片面强调课程特色以及带有宗教色彩的名称，以及民办园使用公办学校名称或简称等进行清理整治，2022 年 6 月前完成整改。加大校外培训机构执法检查力度，对面向学龄前儿童开展线上培训和以学前班、幼小衔接班、思维训练班、托管班等名义开展线下学科类（含外语）培训，以及其他违反儿童身心发展规律和接受能力的培训活动，一经发现，严肃查处，并追究相关人员的责任。

（九）深化幼儿园教育改革

深入贯彻落实《3—6 岁儿童学习与发展指南》《幼儿园教育指导纲要》，以先进的实践经验为引领，切实转变教师观念和行为，促进幼儿在快乐的童年生活中获得有益身心的学习和发展经验，提升教师职业成就感。深入推进幼儿园与小学科学衔接，在认真开展试点、加强实践探索的基础上，全面构建衔接机制，强化幼儿园和小学深度合作，切实提高入学准备和入学适应教育的科学性和有效性，坚决纠正超前学习、拔苗助长等违反幼儿身心发展规律的行为。教育部出台《幼儿园保育和教育质量评估指南》，各省（区、市）完善幼儿园质量评估实施办法，将各类幼儿园全部纳入质量评估范围，树立科学导向，强化过程评估，引领教师专业成长，全面提高幼儿园保教质量。

（十）推动学前教育教研改革

坚持教研为幼儿园教育实践服务，为教师专业发展服务，为教育管理决策服务。加强学前教育教研工作，遴选优秀园长和教师充实教研岗位，每个区县至少配备一名学前教育专职教研员，形成一支专兼结合的高素质专业化学前教研队伍。完善教研指导责任区、区域教研和园本教研制度，实现各类幼儿园教研指导全覆盖。教研人员要深入幼儿园保教实践，了解教师专业成长需求，分类制定教研计划，确定教研内容，及时研究解决教师保教实践中的困惑和问题。充分发挥城镇优质幼儿园和乡镇中心幼儿园的辐射指导作用，推动区域保教质量整体提升。

四、组织实施

（一）加强组织领导

加强党对学前教育工作的全面领导，强化省级统筹，充分发挥市级区域中心作用，落实县级主体责任，以县为基础逐级编制学前教育发展提升行动计划，科学确定学前教育发展目标、重点任务、重要举措，并列入党委政府工作重要议事日程，明确有关部门责任分工，采取有力措施，确保各项目标任务落到实处。

（二）完善激励机制

中央财政继续安排支持学前教育发展资金，重点向中西部农村地区、欠发达地区倾斜。各地要健全激励机制，对完成普及普惠目标、完善普惠性学前教育保障机制、提升保育和教育质量等方面工作成效突出的地方，按国家有关规定予以表彰奖励。鼓励企事业单位、社会团体及其他社会组织等向学前教育捐资助学。

（三）强化督导问责

扎实推进县域学前教育普及普惠发展督导评估工作，压实政府责任，完善督导问责机制。将推进学前教育普及普惠、深化体制机制改革、提升保教质量、完善投入保障政策等情况，纳入对省级人民政府履行教育职责评价和县域学前教育普及普惠督导评估认定重要内容，发生较大社会影响的安全责任事故、重大案事件和师德师风问题的县（市、区）2 年内不得申报学前教育普及普惠督导评估认定。各省（区、市）将行动计划目标任务和政策措施落实情况纳入市县政府工作的绩效考核，促进学前教育普及普惠安全优质发展。

附录2　青海省中长期教育改革和发展规划纲要（2010—2020年）

一、贯彻落实《国家中长期教育改革和发展规划纲要（2010—2020年）》，优先发展教育事业

1. 充分认识《国家中长期教育改革和发展规划纲要（2010—2020年）》（简称《教育规划纲要》的重大意义。《教育规划纲要》的制定和实施是贯彻落实科学发展观的重要体现，是加快教育改革发展、建设人力资源强国的重大战略举措，是教育工作长期理论和实践发展的经验总结，是指导当前和今后一个时期教育事业科学发展、办好人民满意教育的纲领性文件，充分展示了党中央、国务院推进教育改革发展、实现教育现代化的坚强决心。各地党委、政府和各部门要认真学习，深刻领会，广泛宣传，抓好落实。

2. 正确估价青海省教育发展形势。省委、省政府历来重视教育工作，采取一系列重大举措，有力促进教育事业发展。到2009年，全省有各级各类学校3023所，在校生109.62万人。适龄儿童入学率达到99.52%，初中毛入学率达到100.42%，基本普及九年义务教育和基本扫除青壮年文盲，城乡全面实现免费义务教育；高中阶段毛入学率达到67.14%，职业教育快速发展，招生职高和普高比例达到47.8：52.2；高等教育毛入学率达到26.17%，与全国同步进入大众化阶段。教育发展极大提高了全省各族人民的素质，为经济发展、社会进步、民生改善和民族团结作出了重大贡献。目前，我省教育改革发展面临的主要矛盾是：经济社会发展对高质量多样化人才需要与教育培养能力不足的矛盾、人民群众期盼良好教育与资源相对短缺的矛盾、增强教育活力与体制机制约束的矛盾。存在的突出问题是：教育观念相对落后，内容方法较为陈旧，学校管理水平总体不高，中小学生课业负担过重，不能适应素质教育要求；学生适应社会和就业创业

能力不强，创新型、实用型、复合型人才紧缺；教育体制机制不活，学校办学活力不足，总体办学质量不高；教育结构和布局不尽合理，城乡、区域教育发展不平衡；骨干教师和学术带头人严重不足，教师队伍建设亟待加强；教育投入不足，办学条件较为落后，教育优先发展的战略地位尚未完全落实。

3. 必须高度重视优先发展教育。教育是民族振兴、社会进步的基石，是提高国民素质、促进人的全面发展的根本途径，寄托着全省各族人民对美好生活的期盼。强省必先强教，优先发展教育、提高教育现代化水平，对于建设富裕文明和谐新青海具有决定性意义。未来十年，是我省教育事业发展的重要战略机遇期，必须进一步增强紧迫感、责任感和危机感，把优先发展教育放在更加突出位置，作为实施科教兴省、人才强省战略的首要任务，切实保证经济社会发展规划优先安排教育发展。财政资金优先保障教育投入，公共资源优先满足教育和人力资源开发需要，着力构建教育科学发展的长效机制，充分调动全社会关心支持教育的积极性，科学规划，整体推进，重点突破，努力开创全省教育事业优先发展、跨越发展、科学发展新局面。

二、明确总体要求，实现目标任务

1. 总体要求。高举中国特色社会主义伟大旗帜，以邓小平理论和“三个代表”重要思想为指导，深入贯彻落实科学发展观，更好实施科教兴省和人才强省战略，全面贯彻党的教育方针，深刻把握“未富兴教”的基本省情、基本特点、基本规律和基本要求，坚持教育为人民谋幸福的宗旨，坚持以人为本，推进素质教育，按照“优先发展、育人为本、改革创新、促进公平、提高质量”的工作方针，加快转变教育发展方式，进一步加大投入，夯实基础，优化结构，调整布局，提升内涵，全面推进教育事业科学发展，提高教育现代化水平，办好人民满意的教育事业，培养德智体美全面发展的社会主义建设者和接班人。

当前和今后一个时期，青海省教育改革和发展要解决突出问题，缩小发展差距，深化教育改革，打造若干亮点。

——解决突出问题。把解决长期困扰青海省教育发展的主要矛盾作为贯彻国家教育规划纲要的切入点和突破口，围绕突出问题确定教育发展目标，制定政策措施，用重大发展成果检验教育工作成效。

——缩小发展差距。对照国家提出的目标任务，认真梳理、分析存在的问题和制约的因素，进一步转变思想观念，紧紧抓住当前有利条件和难得机遇，努力缩小发展差距，提升全省教育整体水平，跟上教育现代化发展步伐。

——深化教育改革。立足基本省情，借鉴先进经验，突出关键环节，强化保障措施，把握重点领域和政策导向，认真回应社会和群众关切，选准工作路径和着力点，结合创先争优活动开展，鼓励先行先试，及时总结和推广成功经验，最大限度激发教育工作活力。

——打造若干亮点。坚持全面推进抓规划，制度创新抓政策，内涵发展抓质量，外延发展抓项目，紧密结合实际，突出比较优势，以学校布局调整、办学条件改善、教育教学改革、民族教育发展、各级各类人才培养等为重点，以形成富有特色、符合规律的办学理念和办学思路为主线，创造一批具有较高水平、经得起历史检验的改革发展成果，促进教育事业协调可持续发展。

2. 奋斗目标。到 2012 年，基本完成中小学布局结构调整，基本消除校舍安全隐患，基本实现县域内义务教育初步均衡。到 2015 年，基本解决农牧区教师周转房问题，基本普及学前一年教育，基本普及高中阶段教育，高等教育大众化水平进一步提高，15 周岁以上人口人均受教育年限提高到 9 年，全省教育发展总体达到西部平均水平。力争 2020 年达到全国平均水平，初步实现教育现代化，形成学习型社会。实现更高水平的普及教育，形成惠及全民的公平教育，提供更加丰富的优质教育，构建体系完备的终身教育，健全充满活力的教育体制，探索建立具有青海特点的教育科学发展模式，奋力闯出欠发达地区教育科学发展的成功之路。

三、统筹兼顾，促进各级各类教育协调发展

1. 学前教育。学前教育对幼儿身心健康、习惯养成、智力发展，实现

民族地区“双语”教学具有重要意义。把学前教育纳入城镇和新农村新牧区建设规划，加快普及学前教育。鼓励民间举办、公办民助、民办公助，充分调动包括机关事业单位在内的社会各方面力量举办学前教育。采用政府购买服务形式支持民办学前教育发展。建立政府主导、社会参与、公办民办并举的办园体制。城市办好一批公办骨干和示范性幼儿园，大力发展社会力量办园。重点发展农牧区学前教育，提高农牧区学前教育普及程度。农牧区学前教育以财政投入和公办为主，鼓励和支持社会力量举办。充分利用布局调整的富余校舍和师资发展学前教育。到2015年，每县建设1至2所标准化幼儿园；每个乡镇建设1所以上中心幼儿园，形成以县级标准幼儿园为骨干和示范，以乡镇中心幼儿园、小学附设学前班和村级办园为主体的农牧区学前教育格局。加强幼儿师资队伍建设，制定幼儿园教职工编制标准，核定公办幼儿园教师编制，实行幼儿教师资格制度和持证上岗制度，拓宽合格幼儿园教师培养、培训和补充渠道。制定青海省的学前教育办园标准和收费标准。建立健全幼儿园督导评估制度，完善幼儿园内部管理办法和评价标准，规范办学行为，遵循幼儿身心发展特点和规律，加强教育教学指导，防止和克服“小学化”倾向，不断提高办园质量。从学前教育阶段重视研究独生子女教育问题。

2. 义务教育。坚持义务教育的强制性、免费性和普及性，大力巩固提高九年义务教育成果。加强进城务工农牧民子女、农牧区留守儿童少年的义务教育工作，保障弱势群体平等接受义务教育权利。综合运用法律、宣传、保障等手段，提高学生巩固率，努力消除辍学现象。完善学生综合素质评价体系，建立义务教育整体水平和学校教学质量的动态监测机制，继续实施义务教育复查和公告制度。严格执行课程方案，严格规范考试次数和科目，严格规范学生在校作息时间和作业量，严格规范各种社会补习机构和教辅市场，切实减轻中小学生过重课业负担。率先在小学实现减负。建立健全家长学校，引导家长树立正确教育观念，掌握科学的教育方法，充分发挥家庭教育在青少年成长过程中的重要作用。适应城乡发展需要，加大统筹力度，按照“适度集中、规模办学、提高效益、保证质量”原则，科学规划并推动中小学布局调整。加强中小学办学条件达标改造和寄宿制学校建设，按国家中小学办学标准配齐教学仪器、音体美设施、图书等资源。开展学校标准化建设试点。实行县域内校长教师交流和轮岗制度。有计划、分步骤推进区域内义务教育均衡发展，到2015年巩固和提高县域内初步均衡，2020年实现基本均衡，逐步在更大范围实现义务教育均衡发展目标。

3. 高中阶段教育。加快普及高中阶段教育，全面满足初中毕业生接受高中阶段教育需求。优化全省普通高中教育资源布局，到2020年全省普通高中由目前的126所调整到63所左右。加强内涵建设，集中力量改造、提升一批薄弱学校，扩大办学规模。支持西宁市、海东市普通高中布局结构调整，建设一批具有辐射带动作用的示范性学校。支持各州在州府所在地或人口集中的县办好1所规模较大、管理规范、特色鲜明、质量较高的普通高级中学。探索适合青海省各地实际的综合高中办学模式，鼓励普通高中办出特色。大力支持民办高中发展，鼓励和支持省外名优高中在青海省办分校，多渠道扩大优质高中资源。民办高中可自行确定收费标准，自行决定师资待遇。推行国家普通高中课程改革，建立学生发展指导制度，加强对学生的理想、心理、学业等多方面的指导，积极开展研究性学习、社区服务和社会实践，注重培养学生自主学习、自强自立和适应社会能力，促进学生全面而有个性的发展，克服“应试教育”倾向。加强薄弱学科教学与研究，全面提高普通高中教育教学质量。

4. 职业教育。面向人人、面向社会，大力发展职业教育，形成适应经济发展方式转变和产业结构调整要求、体现终身教育理念、中等和高等职业教育协调发展的现代职业教育体系。充分发挥职业教育在促进就业、服务产业、提高城镇化水平、生态移民安置和教育结构调整、普及高中阶段教育中的重要作用，着力培养学生的职业道德、职业技能和就业创业能力。加强职业教育政府统筹，强化州（地、市）、县（区、市）政府发展职业教育责任，优化职业教育发展环境，确保职业教育与其他教育同步协调发展。积极引导和合理分流初中毕业生，分年度制定和落实中职招生计划，完善招生制度，优化招生环境，高中阶段教育招生增量部分主要用于中等职业教育，高中阶段教育招生职高和普高比例达到大体相当水平。加强中等职业教育基础能力建设，逐步使全省中等职业学校达到国家基本办学标准。扶优做强一批特色鲜明，能够起辐射、示范、引领作用的重点中等职业学校，优化职业学校布局。加快推进青海省职业教育公共实训中心、青海藏区职业技术学校和玉树藏族自治州第二职业中学一体化建设，提高职业教育实训能力和藏区职业教育发展水平。围绕青海省支柱、特色、优势产业，新兴战略性产业和循环经济发展，以企业需求和市场就业为导向，调整人才培养结构，加强重点专业建设，到2015年建成40个省级以上中等职业教育重点专业。支持职业学校积极参与培养有文化、懂技术、会经营的新型农牧民，开展进城务工人员、农牧区劳动力转移培训。坚持以提高质量为重点，深化职业教育办学体制和人才培养模式改革，落实工学结合、校企合作、顶岗实习要求，扩大校际合作、城乡合作、区域合作领域。实行更加灵活的学制，拓宽毕业生继续学习通道，增强职业教育办学的针对性和社会吸引力。积极推行学历证书和职业资格证书“双证书”制度，促进职业学校专业课程内容和职业标准相衔接。加强“双师型”教师队伍建设。建立健全技能型人才到职业学校从教制度。建立全省职业院校职业技能竞赛制度。鼓励行业组织、企业举办职业学校，鼓励企业委托职业学校进行职工培训、接受学生实习和教师实践，加大对职业教育投入，建立校企合作、定向培养和有偿培养机制，调动主管部门、行业和企业参与职业教育的积极性，加强职业教育研究和教育教学指导，强化职业教育督导评估。根据国家要求不断完善职业教育支持政策，提高技能型人才的社会地位和待遇，加大对有突出贡献技能人才的宣传表彰力度，形成职业教育发展的良好社会环境。

5. 高等教育。确立“招生跟着就业走，办学跟着市场走”“办学围绕社会需求转，教师围绕学生成才转”的办学思路，转变发展方式，稳步扩大办学规模，注重内涵建设，强化办学特色，全面提高办学质量，充分发挥高校对全省经济社会发展的重要支撑作用。优化层次和科类结构，凝练学科目标，明确各高校办学定位，形成紧密结合市场需求、专业动态调整，各有特色、各有作为、各有贡献的办学格局。青海大学按照省部共建、国家“211工程”重点建设大学要求，以工、农、医、管四大学科为主，建成实力较强、西部一流、国内知名的教学研究型综合性大学；青海师范大学以师范教育为主，兼顾非师范教育，建成师资培养培训基地和师范性综合院校；青海民族大学突出民族特色和地方特色，建成青海省培养少数民族高素质人才、研究民族宗教问题和政策、传承弘扬民族优秀文化的重要基地；高等职业技术院校以行业为依托，与行业企业深度融合，充分发挥行业优势，突出行业特色，适应行业要求，打造一批技能型、复合型高素质专门人才培养基地；青海广播电视大学发挥现代远程教育优势，大力开展面向全省社会从业人员的继续教育，建设成为青海省现代远程开放教育中心、继续教育的中心。加大高层次人才培养和引进力度，“十二五”期间，每年面向海内外聘请20名高水平的特聘教授和讲座教授；面向省内高校选拔10名学术领军人才，30名拔尖学科带头人和50名创新教学科研骨干进行重点培养；每年引进50名左右博士。加强学科专业建设，努力建设一批实力较强、具有高原特色、在西部地区乃至国内外有较大影响、对青海省经济社会发展起重大推动作用的优势学科和特色学科。到2015年，力争有4至7个重点学科、1至2个重点实验室进入国家重点学科和重点实验室建设行列。加强高校研究生教育，支持高校博士授权点建设。深化教育教学改革，推行学分制和弹性学习制度，加强校内外实践基地建设，强化实践环节教学。加强就业创业教育，做好大学毕业生就业指导服务工作。加强高校科学研究和教学科研创新平台建设，推进产学研合作，制定优惠政策，鼓励高校、科研机构和企业联合创建一批高起点、高水平的教学科研创新平台和基地，完善优质资源共享机制，促进紧缺人才和拔尖创新人才培养，提高服务社会的能力和水平。省内各部门、行业和企业要为省属高校开展产学研合作提供有力支持。加大高校师资交流力度，积极探索建立省属高校之间、高等学校和科研机构以及企事业单位之间的协作机制，在师资、设备、图书、课程等方面做到资源共享、优势互补。逐步理顺高职院校管理体制。深化高职院校招生制度改革，逐步扩大高职院校自主招生规模，全面提升高等职业教育水平。改善高校办学条件，加强大学科技园建设，支持青海师范大学等高校入住青海教育园区。创造条件，支持海西蒙古族藏族自治州适时筹建一所为柴达木循环经济区服务的高职院校。

6. 民族教育。全面贯彻党的民族政策和国家有关法律法规，进一步加强民族教育工作，切实解决青海省少数民族和民族地区教育事业面临的特殊困难和突出问题。调整结构，优化布局，改善办学条件，提高学校管理水平，增强办学效益。大力推进“双语”教学改革和发展。坚持以国家通用语言文字教学为主，同时学好民族语言文字，将国家通用语言文字作为教学语言，使少数民族学生基本熟练掌握并使用国家通用语言文字和本民族语言文字。支持民族地区学前“双语”幼儿园建设，积极推行民汉合园、民汉幼儿混合编班。争取对口支援省、市援建一批示范性“双语”幼儿园。鼓励民族中小学与普通中小学资源整合利用，实行民汉合校，改变教学环境，优化培养模式。加强“双语”教材和教师培养培训基地建设。到2015年，小学实现以国家通用语言文字为主、本民族语言文字为辅的“双语”教学，并加快对少数民族中学生实行国家通用语言文字教学、加授本民族语言文字的“双语”教育步伐。加强民族预科教育。按照规模化、规范化思路，整合青海省高校预科教育资源，提高少数民族高层次人才培养质量。制定优惠政策，鼓励支持高等院校毕业生到民族地区任教。支持民族地区发展远程教育，扩大优质教育资源覆盖面。加大省内外异地办校、办班力度，在西宁地区开办高水平的民族中学和中等职业学校；争取在对口支援省、市开办青海省民族普通中学班和民族中职班。到2015年，省外异地就学人数累计达到6000人以上；到2020年，省外异地就学人数累计达到12000人以上。

7. 特殊教育。全社会要关心支持特殊教育。制定青海省特殊教育学校生均经费标准。认真实施国家中西部特殊教育学校建设工程，加强特殊教育学校标准化建设。完善特殊教育学校残疾儿童少年康复、教育功能。加强特教班和随班就读教育教学的指导和评估。注重残疾学生潜能开发和缺陷补偿，培养残疾学生自尊、自信、自立、自强精神，提高综合素质。加强特殊教育教学研究。实现特殊教育学校、特教班、随班就读等三种形式的特殊教育基本覆盖全省各州（地、市），同时在人口较多的大县办好一所特殊教育学校，满足残疾儿童少年接受教育的需求。到2015年，全省义务教育阶段残疾儿童入学率达到85%以上，2020年达到90%以上，为促进残疾人全面发展、帮助残疾人更好地融入社会奠定基础。

8. 继续教育。以加强人力资源能力建设为核心，大力发展非学历继续教育，稳步发展学历继续教育。加快社区教育网络建设，构建终身教育平台，促进各类教育形式相衔接和资源共享，形成广覆盖、多层次、开放式的社会教育网络。鼓励学校、科研院所、企业等相关组织开展继续教育。继续扫除青壮年文盲。建立继续教育学分积累与转换制度，搭建终身学习“立交桥”。大力发展现代远程教育，建设以卫星、电视和互联网为载体的远程开放继续教育及公共服务平台。发挥广播电视大学在全省继续教育中的骨干作用，办好具有青海地方特色的开放大学。成立跨部门继续教育协调机构，加强继续教育监管和评估，统筹指导、推进继续教育发展。倡导全民阅读，推动全民学习。重视老年教育。到2020年，基本形成人人皆学、处处可学、时时能学的学习型社会。

四、深化教育体制改革，扩大对内对外开放

1. 推进人才培养体制改革。深化教育体制改革，关键是更新教育观念，核心是改革人才培养体制，目的是提高人才培养水平。要坚持以人为本、全面推进素质教育，面向全体学生、促进学生全面发展，着力提高学生服务国家服务人民的社会责任感、勇于探索的创新精神和善于解决问题的实践能力。要创新人才培养模式，注重学思结合、知行统一、因材施教。树立人人成才观念，面向全体学生，促进学生成长成才；树立多样化人才观念，尊重个人选择，鼓励个性发展，不拘一格培养人才；树立终身学习观念，为持续发展奠定基础；树立系统培养观念，形成体系开放、机制灵活、渠道互通、选择多样的人才培养机制。要改革教育质量评价和人才评价制度，开展由政府、学校、社会各方面共同参与的教育质量评价活动。改进人才评价及选用制度，强化人才选拔使用中对实践能力的考察，克服社会用人单纯追求学历的倾向，形成各类人才辈出、拔尖创新人才不断涌现的局面。要加强教研机构建设，广泛开展教育教学研究，积极探索和推广先进教改经验，加强对一线教师的专业指导，提高课堂教学效果和育人质量。

2. 推进考试和招生制度改革。按照有利于科学选拔人才，促进学生健康成长，维护社会公平的原则，深化考试招生工作改革。设立省级教育考试指导委员会，研究制订考试改革方案，指导考试改革试点。完善义务教育免试相对就近入学的具体办法。改进高中阶段学校考试招生方式，加大

优质高中招生名额分配到薄弱初中的比例。完善高等学校考试招生制度，积极探索学校依法自主招生、学生多次选择，以及推荐录取、定向录取、破格录取相结合的多元招生办法。研究制定有利于促进青海省农村、牧区，尤其是青南地区少数民族教育发展和人才选拔培养的考试招生办法和措施。深入实施招生录取工作“阳光工程”，加强信息公开和社会监督。加强诚信考试教育，强化考试安全责任。加强招生考试队伍建设，不断提高招生考试的服务和管理水平。

3. 探索建设现代学校制度。围绕推进政校分开管办分离、落实和扩大学校办学自主权、完善中国特色大学制度和中小学学校管理制度，积极推进我省现代学校制度建设，增强各级各类学校办学活力。各级各类学校要提高科学化管理的水平，充分发挥管理育人的作用；提高规范化管理的水平，努力克服办学的随意性、盲目性；提高精细化管理的水平，克服千校一面、趋同发展的现象，努力办出特色，办出水平，出名师，育英才；提高人性化管理的水平，切实将以人为本的要求贯穿到学校工作的各个环节。要突出重点和难点，将扩大高校办学自主权、改革高校内部管理体制作为我省探索建设现代学校制度的突破口。各有关部门要增强服务意识，改进管理方式，完善管理制度，减少和规范对高校的行政审批事项，依法保障高校充分行使办学自主权。保障高校能够按照国家法律法规和宏观政策，自主开展教学活动、科学研究、技术开发和社会服务，自主制定学校规划并组织实施，自主设置教学、科研、行政管理机构，自主设置和调整学科专业，自主确定内部收入分配，自主培养、引进、管理和使用人才，自主管理和使用学校财产和经费。建立高校教育教学质量报告和公告制度。各高校要定期向省级教育行政部门报告教育教学质量情况，省级教育行政部门每年适时向社会公告高校教育教学质量情况。建立学科专业评估和公告制度。省级教育行政部门每 4 年对本科专业评估一次，每 3 年对专科（高职）专业评估一次，并将评估结果向社会公告。建立普通高校毕业生初次就业率统计、监测和公告制度。在充分调研的基础上研究提出青海省实施现代学校制度的具体方案，根据国家要求与全国同步进行。

4. 深化办学体制改革。青海省办学体制改革的重点是大力发展民办教育，目标是坚持教育公益性原则，健全政府主导、社会参与、办学主体多元、办学形式多样、充满生机活力的办学体制，形成以政府办学为主体、全社会积极参与、公办教育和民办教育共同发展的格局。深化公办学校办学体制改革，鼓励行业、企业等社会力量参与公办学校办学，积极探索公办学校联合办学、委托管理等试验，先行在西宁市等地进行试点工作。改进非义务教育公共服务提供方式，完善优惠政策，鼓励公平竞争，引导社会资金以多种方式进入教育领域。允许社会资金以独资、租赁、合资、合作、项目融资等方式参与教育项目建设，鼓励投向高等教育、高中阶段及以上非义务教育学校、薄弱学校、新建学校、幼儿园、后勤项目。依法落实民办学校、学生、教师与公办学校、学生、教师平等的法律地位。财政、税收、金融和土地等部门要进一步研究、完善和落实支持民办教育的优惠政策。鼓励以政府购买教育服务的方式，促进民办教育发展。依法加强民办教育管理。教育行政部门设立专门机构，负责民办教育发展的统筹、规划和管理工作。增强品牌意识，各州、地、市都要积极创办一批具有较高水平的民办学校。

5. 深化教育管理体制改革。以转变政府职能为重点，深化教育管理体制改革，明确各级政府责任，规范学校办学行为，促进管办评分离，形成政校分开、权责明确、统筹协调、规范有序的教育管理体制。省政府发展教育的职责是：统筹管理义务教育，促进普通高中和中等职业学校合理分布，扶持困难地区高中阶段教育发展，合理设置和调整高等学校及学科、专业布局，统筹推进教育综合改革，合理确定各级各类学校办学条件、教师编制等标准；州（地、市）政府的职责是：统筹负责区域内教育发展规划的制定和执行，依法筹措教育经费，加快普及高中阶段教育，推进学校布局结构调整；县（区、市）政府的职责是：统筹实施教育发展规划，统筹教育经费投入，统筹教育资源配置，巩固提高“两基”成果，负责保障学校校舍安全，组织实施学校布局调整，落实本区域义务教育均衡发展，大力发展学前教育，加强以小学、初中为主的教师队伍建设，消除本区域校舍危房，落实有关要求，切实保证师生安全。改变政府直接管理学校的单一方式，综合运用立法、拨款、规划、信息服务、政策指导和必要的行政措施，减少不必要的行政干预。成立各级教育咨询委员会，为教育改革发展提供咨询论证。培育专业教育服务机构，积极发挥行业协会、专业学会、基金会等社会组织在教育公共治理中的作用。规范决策程序，重大教育政策出台前要公开讨论，充分听取群众意见，提高政府决策的科学性和管理的有效性。

6. 加强学校德育和大学生思想政治教育。坚持育人为本、德育为先。大力弘扬社会主义核心价值体系。加强和改进大学生思想政治教育工作。深入推动中国特色社会主义理论体系进教材、进课堂、进头脑。建立省委、省政府领导定期到高校作形势报告的制度。加强高校辅导员和思想政治课程专业教师队伍建设，根据国家有关规定，高等院校按照师生比不低于1∶200的比例配齐配强一线专职辅导员。加强网络思想政治教育工作，建设一批优秀的思想政治专题网站，进一步拓宽大学生思想政治教育的渠道和空间。加强未成年人思想道德建设和中等职业学校学生职业道德教育，充分发挥德育课的主渠道作用，根据不同学段学生身心特点，充实教育内容，改进教学方法，提高德育工作的针对性、实效性。加强马克思主义民族观、宗教观和党的民族政策教育，加强省情教育、“三个意识”教育和感恩励志报国教育，形成青海省学校德育和思想政治工作的特色和亮点。加强劳动教育、安全教育、生命教育、可持续发展教育。完善学生心理健康教育工作体系，学校逐步配备心理健康教育专职辅导教师。加强校园文化建设。文化馆、科技馆、图书馆、体育馆等公共资源要经常性地开展有益学生身心健康的活动，博物馆、纪念馆、展览馆等各类爱国主义教育基地对学生一律免费开放。切实把德育融入各级各类教育，融入学校、家庭和社会教育的各个方面。健全完善党委统一领导、党政群齐抓共管、有关部门各负其责，学校、家庭和社会相互贯通的学校德育体制和工作机制。深入开展和谐校园、平安校园、文明校园和绿色校园创建活动，加强校园网络管理和周边治理，落实校园安全保卫工作责任制，健全校园安全防范工作组织网络，完善学校突发事件应急管理机制，推进人防、物防、技防设施建设，为教育事业健康发展和广大学生、儿童健康成长创造良好的社会治安环境。

7. 加强学校体育卫生、艺术和国防教育工作。牢固树立“健康第一”的理念，促进青少年学生健康成长。建立省级有关部门学校体育、卫生、艺术和国防教育工作联席会议制度，推行“政府负责、部门合作、师生参与、制度保障”的工作体制和“网络完善、设施配套、经费落实”的工作运行机制。新建和改扩建学校基本达到国家体育卫生和艺术场馆设施、器材配备标准。全省85%以上的学校实施《国家学生体质健康标准》，85%以上的学生达到国家体质健康要求。广泛开展“阳光体育”运动，保证学生每天锻炼一小时，促进学生身心健康、体魄强健、意志坚强。培养学生良好的审美情趣和人文素养，积极整合社会相关教育资源，推进高雅艺术进校园，创建艺术特色示范学校。建立学生国防教育基地，推进全省学校国防教育和学生军训工作发展。保护学生视力。

8. 扩大教育对外开放。扩大青海省公派出国留学人员派出规模，加大高等院校教师、博士生和硕士研究生出国学习和访问力度。拓宽合作办学渠道，积极鼓励高校与国内外知名大学合作培养人才、合作开展科技攻关、合作共建学科、实验室和实训基地，提升整体办学实力和竞争力。采取政府与民间并举、双边与多边并行的办法，推进教师互派、学生互换、学分互认和学位互授联授。高校通过实行小学期制度等办法，积极引进国内外知名专家和学者来青海省从事教学、科研和管理工作，加大柔性引智力度。加强与港澳台地区的教育交流。紧紧抓住国家支持青海省藏区发展、深入推进西部大开发战略、中央实施中西部高等教育振兴计划和东部高校对口支援中西部高校计划等机遇，大力开展高等教育、职业教育与省外联合办学，积极协调省外知名高校对口支援青海省院校，充分利用省内、省外乃至国际多种资源，促进青海省各级各类教育发展，提高人才培养能力和培养水平。

五、突出重点，强化教育优先发展的保障措施

1. 加强教师队伍建设。加强教师职业道德教育，将师德表现作为教师工作业绩考核、职务评聘和评先评优的重要依据，将师德建设纳入学校办学水平评估内容，完善教师队伍管理的激励和约束机制。大力表彰和宣传模范教师先进事迹，完善教师表彰奖励办法。严把新聘教师入口关，坚持凡进必考、择优聘用，积极引导优秀大学毕业生到农牧区学校任教，逐步提高新聘教师综合素质。制定切实可行的措施，确保教育部直属师范大学

免费师范毕业生回青海后有编有岗。加强区域内学校之间教师交流，合理配置教师资源，不断优化教师队伍结构，促进义务教育教师资源均衡配置。建立和实施城乡学校之间、优质学校薄弱学校之间教师交流激励机制。制定教师培训中长期规划，优先保证培训经费落实。按照“统筹规划、分级实施、学用结合、注重实效”的原则，开展以师德教育和新理念、新方法、新技术为重点的培训。中小学教师每5年须参加不少于240学时的专业培训。定期开展教师岗位大练兵和教学技能竞赛活动。建设以青海师范大学、青海民族大学为重点的省级中小学教师培训基地，同时充分利用省外优质培训资源开展骨干教师集中培训。加强教师远程培训网络建设，形成以省级师资培训平台为龙头，州（地、市）、县（区、市）为骨干，中小学为延伸的全省师资培训网络，开展大规模、高质量、低成本的中小学教师全员培训，实现优质教育资源共享。建立由大学教授、中小学优秀教师、优秀教研员组成的专家资源库，为教师培训提供高水平的专业支持。倡导教育家办教育，实行校长任职资格和持证上岗制度，促进校长队伍专业化。教育、财政等部门可以采取特聘、特设等方式，及时满足教师补充需要。省级教育行政部门会同省级机构编制部门根据中小学教师需求情况，统筹全省中小学教师招聘工作。实施省内应届师范生顶岗实习计划、中等职业学校特聘教师计划、中小学和中等职业学校教师见习岗计划、高校“昆仑学者”计划、“135高层次人才培养工程”。到2015年，本科高校具有硕士以上学位专任教师达到50%以上，其中博士学位专任教师达到20%以上。高职院校具有硕士以上学位专任教师达到20%以上，“双师型”专任教师达到75%以上。逐步实行城乡统一的中小学编制标准。创新教师编制管理体制，省级机构编制部门按照全省统筹、地区统筹、城乡统筹、结构调整原则，根据学生人数逐步核定近年“普九”地区教师编制，落实和完善动态管理机制，保证教育教学基本需要。制定高等学校、中等职业学校、幼儿园教师编制标准，促进全省教师编制规范化管理。落实教师绩效工资。依法保证教师平均工资水平不低于或者高于当地公务员的平均工资水平，并逐步提高。对长期在农村基层和艰苦边远地区工作的教师，在工资、职务（职称）等方面实行倾斜政策，完善津贴补贴标准。有计划地建设农牧区学校教师周转房。落实完善教师医疗养老等社会保障政策。关心教师身心健康，分级建立教师定期体检制度。完善教师高级职称评审办法，对基层和艰苦边远地区的教师给予倾斜。省人事部门会同教育行政管理部门建立统一的中小学教师职务（职称）系列，中小学、职业院校设置正高级教师职务（职称）。中小学教师职称评聘要强化实绩考核，淡化论文要求。努力造就一支师德高尚、业务精湛、年龄和专业结构合理、充满活力的高素质专业化教师和校长队伍。

2. 建立健全教育经费增长机制。健全以政府投入为主、多渠道筹集教育经费的体制，大幅度增加教育投入。各级政府要优化财政支出结构，统筹各项收入，加大对教育的投入力度，确保把教育作为财政支出重点领域予以优先保障。依法足额征收教育费附加，并全部用于教育。年初预算和预算执行中的超收收入分配都要体现教育经费法定增长要求。逐步加大财政对教育的投入，发挥财政性资金引导作用，确保2012年全省财政教育支出达到中央核定的比例目标。各州（地、市）、县（区、市）政府要从省对下转移支付增量中安排不少于20%的资金用于教育发展，保证对教育的投入，防止出现“挤出效应”，确保教育支出占财政支出的比重逐步提高。调整和优化教育投入结构，使资金支持和投向逐步向提高教育质量、实现教育跨越发展方面转变。进一步提高国家财政性教育经费占国内生产总值的比例，在2009年6.7%基础上，2012年达到7.2%。制定优化教育投资环境的政策措施，充分利用政府信用平台、教育基金会等平台，广泛吸收金融资金、社会资金，扩大社会资源进入教育的途径，多渠道增加教育投入。

3. 完善各级各类学校经费投入保障机制。切实落实各项义务教育经费保障政策，逐步提高保障水平。清理化解农村牧区义务教育债务，严格控制学校超能力举债。加大对学前教育投入力度，逐步实行牧区学前一年“双语”免费教育。逐步提高高中阶段教育财政投入水平，建立支持高中阶段教育发展的财政政策。研究制定支持加快发展职业教育投入政策，实行藏区户籍职业学校学生免费教育。建立和完善高等教育以开办者投入为主，受教育者合理分担培养成本，学校设立基金、接受社会捐赠等多渠道筹措教育经费投入机制。加大高等教育专项资金投入，支持学生思想政治教育、高层次人才引进、学科和实验室建设、研究生教育等项目；进一步优化高等学校预算方式，按照培养层次和学科特点，确立科学合理的生均拨款标准，并逐年提高。根据实际情况，逐步调整高等学校学费标准。省级财政、教育部门根据国家办学条件基本标准和教育教学基本需要，制定并逐步提高青海省各级各类学校生均经费基本标准和生均财政拨款基本标准。对高等职业教育涉农专业学生，实行免学费和提供生活补助政策。加强教育财务管理。健全和完善学校内部财务特别是内控和稽核管理制度。建立教育项目信息库，科学合理安排教育项目，实行教育项目绩效考评制度，充分发挥投资效益。加强学校国有资产管理，完善实施教育项目和捐赠形成资产的登记入账制度。逐步在高等学校实行政府委派的总会计师制度。完善学校收费管理办法，规范学校收费行为和收费资金使用管理。坚持勤俭办学，严禁铺张浪费，建设节约型学校。

4. 完善各级教育经费投入监督考核制度。进一步明确各级政府的教育投入责任。教育部门按照统筹考虑、统一安排的原则，提出本级教育投入资金分配建议。加强对教育投入的指导和监督，建立省、州（地、市）、县（区、市）三级政府教育投入增长监测、评估、公告、通报制度，采取以奖代补等方式鼓励各地不断加大教育投入，加强对各级政府教育投入责任的考核，并纳入各级政府基本财力保障机制考核体系。

5. 健全家庭经济困难学生资助政策体系。对农村家庭经济困难和城镇低保家庭子女接受学前教育予以资助。提高农村义务教育寄宿生生活补助标准。通过争取国家支持和社会力量援助，制定以省级财政投入为主、社会援助为辅的青海省普通高中家庭经济困难学生资助政策。逐步实施残疾学生高中阶段免费教育。完善中等职业学校国家助学金和免学费政策，逐步实现中等职业学生免费教育全覆盖。完善普通高等学校家庭经济困难学生资助政策体系，建立青海省普通高等学校毕业生到艰苦边远地区基层单位就业学费补偿和贷款代偿制度，逐步提高资助比例和资助标准。按国家要求建立健全县（区、市）学生资助工作管理中心。推进生源地信用助学贷款政策的落实，做到应贷尽贷，确保家庭经济困难学生不因贫失学、辍学。

6. 加强教育规划工作。围绕全省经济社会发展的总体规划和部署，依据今后5至10年经济社会发展趋势、人口出生和流动情况，与全省工业化、城镇化建设、生态建设和社会主义新农村新牧区建设紧密结合，制定教育改革和发展规划、学校布局规划和校园建设规划，科学合理调整学校布局结构，优化教育资源配置，避免低水平重复建设和资源浪费，全面提升办学质量效益。建立健全省、州（地、市）、县（区、市）分级管理、相关部门各负其责的教育规划工作机制，确保规划制定的严肃性和执行的有效性。各地调整学校布局规划要经当地政府审定、人大通过。今后凡没有进入布局规划、不按程序审核批准的项目，政府将不予审批和安排资金。社会力量办学、社会捐助资金都要执行学校布局规划和校园建设规划。做好校园规划与土地利用总体规划修编衔接工作。各地在土地利用总体规划修编中，应充分考虑教育长远发展用地需要，将教育发展用地纳入土地利用总体规划建设范围内，切实保障教育项目建设的用地需求。

7. 加快教育信息化建设。将教育信息化纳入全省信息化发展整体战略，完善覆盖各级各类教育的教育信息化基础设施，促进教育内容、教学手段和方法现代化。建设省远程教育中心。到2015年，州（地、市）、县（区、市）政府所在地中小学建设校园网络；乡（镇）政府所在地学校建设校园局域网络；其他学校实现“班班通”；建设州（地、市）教育城域网，建成省级基础教育资源中心。学校入网率和教室入网率大幅度提高。到2020年，建成全省教育城域网。建设教育信息资源开发、共享与服务体系，构建完善的教育信息化支撑与保障体系，促进信息技术在教育领域全面应用。加强教育信息化队伍建设，健全各级电教机构，制定州（地、市）、县（区、市）两级电教机构建设标准。构建基于远程教育平台的基础教育教师专业发展新体系，提高教师应用信息技术水平。构建全省教育管理信息系统，制定学校基础信息管理标准，促进学校管理标准化、规范化。

8. 加强公共资源配置向学校倾斜。实施省内机关、部队、事业单位和社团机构结对帮扶学校计划，促进公共资源优先满足教育和人力资源开发需要，引导、鼓励、支持社会公共资源向学校配置，扩大社会资源进入教育的途径。省内实施的重大电力、通信、道路、农林牧水、广播电视等基础设施建设项目，都要安排支持项目周边学校建设内容，帮助改善学校用水、用电、通路、绿化以及实施远程教育等条件，为促进当地教育发展作出应有贡献。

9. 加强教育改革试点。成立省教育体制改革领导小组，研究、部署指导实施全省教育体制改革工作。根据统筹规划、分步实施、试点先行、动态管理原则，认真组织开展国家级教育改革发展实验试点，选择部分地区和学校开展省级教育改革试点，创造出具有青海特点的教育体制改革成果。

10. 实施重点教育工程。在全省实施中小学布局调整和校舍安全、学前教育发展、特殊教育学校建设、示范性高中建设、中等职业学校基础能力建设、支持高校服务地方经济发展基础建设、民族教育“双语”教学改革、基础教育信息化建设、教育技术标准化建设、农牧区教师周转房、中小学教师素质提升、青海教育园区建设十二大工程。作为青海省实施《教育规划纲要》的配套措施，由省发展和改革部门牵头，会同教育、财政、建设等有关部门研究制订具体实施方案，明确重点，完善机制，一次性确定需求，分年度落实投入。通过这些教育工程的实施，加强青海省教育发展关键领域和薄弱环节，增强可持续发展能力，跟上全国教育现代化步伐。适应教育和城市发展需要，在西宁市建设青海教育园区，着力解决目前高校办学空间不足等问题。实行统一规划，引入市场机制，探索教育发展和资源共享的新模式。加强玉树学校灾后重建，确保学校工程建设进度和质量，全面改善办学条件，整体提升当地教育发展水平。

11. 积极推进依法治教。修订完善地方教育法规，加强教育法治建设，为各级政府依法履行教育发展职责奠定基础。落实教育行政执法责任制，及时查处违反教育法律法规、侵害受教育者权益、扰乱教育秩序等行为。完善教育信息公开制度，保障公众对教育的知情权、参与权和监督权。大力推进依法治校。健全教育督导制度。建立相对独立的教育督导机构，独立行使督导职能。加强专职督导队伍建设。实行督导检查结果公告制度、限期整改制度和问责制度。坚持督政与督学、监督与服务并重，丰富和创新督导内容，充分发挥教育督导职能。

六、加强领导，建立健全工作责任制

1. 加强学校党建工作。高等学校要坚持和完善党委领导下的校长负责制，充分发挥党组织在学校改革发展中的领导核心作用；中小学党组织要充分发挥在学校工作中的政治核心作用。认真贯彻执行民主集中制，积极推进党内民主建设，大力加强学校领导班子和领导干部队伍建设，切实加强教育系统党风廉政和行风建设。深化干部人事制度改革，加大学校领导干部培养培训和交流任职的力度。推行高校校、系（处）领导任期制。加强高校领导干部配备，将高校领导班子建设成为政治过硬、开拓进取、奋发有为的坚强集体。广泛开展学习型党组织创建活动。建立健全各级各类学校党的组织，扩大党组织的覆盖面。完善学校基层党组织设置形式，加强学生党支部和教工党支部建设。坚持“早选苗、早培养、早发展”的工作方针，大力推进在青年教师和大学生中发展党员，特别是发展少数民族大学生党员工作。确保高校本科班级“低年级有党员、高年级有党支部”。结合实际把学校党建工作纳入领导班子和领导干部年度目标责任考核，实行高校党委书记党建工作专项述职制度。逐步理顺基层党组织和行政领导关系，建立健全学校党政联席会议制度，进一步加强学校群团工作，建立党建工作长效机制，努力提高教育系统党建工作科学化水平。

2. 落实责任分工。成立青海省教育规划纲要实施领导小组。全省各部门、各单位要围绕全省教育工作大局，积极配合，密切协作，创造性地开展工作，共同抓好《教育规划纲要》的贯彻落实。总体职责分工是：

——省级教育行政部门负责青海省《教育规划纲要》的组织协调与实施。

——组织部门会同教育部门加强学校领导班子建设，推动人才工程实施，为教育发展提供有力的组织保证。

——宣传部门和新闻媒体要大力宣传党和政府有关教育工作的方针政策，宣传教育改革的新理念、新思路和新经验，宣传兴教重教、教书育人的典型事迹，为全省教育改革发展和《教育规划纲要》实施营造良好的社会环境。

——统战、民族宗教部门要充分调动一切积极因素支持教育发展，尤其要为民族教育改革、“双语”教学推进创造有利条件。

——发展和改革部门要全面行使统筹规划和宏观管理职能，加强学校基础设施建设，及时筹措和安排教育项目建设资金，改善办学条件。

——财政部门要认真履行公共财政职能，健全教育投入保障机制，为《教育规划纲要》实施提供财力保障。

——编制、人事和社会保障部门要落实教师编制管理，加强人才资源配置，促进职业教育发展，做好大中专学生就业服务工作。

——政法综治、工商、文化等部门要加强学校及周边治安综合治理，净化校园周边环境，维护学校及周边治安秩序，保障师生安全。

——青海省经济委员会和国有资产管理部门要加强工业企业人才需求预测，积极促进行业、企业参与职业教育，加强职工技能培训，为学校实验室建设、学科建设以及大中专学生实践实习等提供有利条件。

——农业、水利、科技、卫生、交通、商务、外事、广电、体育、旅游等部门，要依据职责，积极支持和参与《教育规划纲要》实施，促进青海省教育事业发展。

——工会、共青团、妇联、残联等人民团体要切实发挥作用，共同推进青海省教育工作。对于《教育规划纲要》涉及的部门职责，由省委、省政府督查室会同省教育厅提出具体的任务分解落实方案，以省委、省政府办公厅名义下发实施。

3. 开展创建“全省教育强县”活动。强化《教育规划纲要》实施的监督和考核，在现有基础上进一步充实细化考核指标，将教育发展总体水平、责任落实情况纳入各级党政班子重点工作考核内容。创新工作举措，围绕《教育规划纲要》实施，以省政府名义开展创建“全省教育强县”活动，使教育发展与当前正在开展的创先争优活动结合起来，总结推广经验，树立先进典型。同时，每年以省委、省政府名义表彰10名兴教尊师的州（地、市）、县（区、市）委书记，10名州、县长（市长、专员）和10名社会人士（包括企业家），充分调动各级党委、政府和全社会发展教育的积极性、创造性，形成全党重教、全民兴教的浓厚氛围。创建“全省教育强县”活动办法由省教育行政部门牵头会同有关部门制定。

4. 加强对教育工作的领导。推动教育事业优先发展、跨越发展、科学发展是各级党委、政府的重要职责。要健全领导体制和决策机制，及时研究解决教育改革发展的重大问题和群众关心的热点问题。建立各级党委、政府每年听取教育工作汇报制度。各级政府要定期向同级人民代表大会或其常务委员会报告教育工作情况、向同级政协通报教育工作情况。建立各级党政领导班子成员定点联系学校制度。党和政府的有关部门要切实履行好各自的职责，支持教育的改革和发展。要切实加强教育系统干部队伍建设，舍得和敢于将优秀干部配备到各级教育领导岗位，建设一支政治坚定、业务精湛、热爱教育、敢于创新、善打硬仗的教育干部队伍，以适应新形势、新任务的挑战。加强教育宏观政策和发展战略研究，提高教育决策科学化水平。

附录3 青海省人民政府办公厅关于进一步加快学前教育发展的意见

根据《国务院关于当前发展学前教育的若干意见》(国发〔2010〕41号)、《国务院办公厅关于加快中西部教育发展的指导意见》(国办发〔2016〕37号)等文件精神，为进一步加快推动青海省学前教育改革发展，努力构建覆盖城乡、布局合理的学前教育公共服务体系，保障适龄儿童接受基本的、有质量的学前教育，自2017年12月31日青海省人民政府办公厅印发《青海省人民政府办公厅关于进一步加快学前教育发展的意见》(以下简称《意见》)(发至县人民政府)，该《意见》自2018年1月30日起施行。

《意见》指出要充分认识加快学前教育改革发展的必要性和紧迫性，学前教育是国民教育体系的重要组成部分，对人的终身学习和发展具有重要意义。省委省政府高度重视发展学前教育，近年来采取一系列政策措施，大力推动学前教育发展，学前教育办学资源逐步扩大，普及程度进一步提高，“入园难”问题得到有效缓解，呈现出蓬勃发展的良好态势。但总体来看，省内学前教育仍存在办学资源短缺、教师队伍建设滞后、保育和教育质量参差不齐等问题，尤其是教师数量短缺、待遇偏低、职业吸引力不强已经成为青海省学前教育发展的瓶颈，实现“幼有所育”目标任务艰巨。各地区、各部门要深刻认识发展学前教育的重要意义，进一步增强责任感、使命感和紧迫感，坚持问题导向，采取有效措施，切实推动学前教育改革发展。

《意见》的总体要求包括：

（一）指导思想

深入学习贯彻党的十九大精神，以习近平新时代中国特色社会主义思想为指导，坚持教育优先发展战略，坚持问题导向，坚持软硬件建设并举并重，按照“扩资源、保基本，强队伍、提质量，抓规范、促发展”的思路，进一步健全完善学前教育普惠健康发展的体制机制，突出标准化建设、教师队伍建设和规范化管理，进一步提升全省学前教育发展水平，不断满足人民群众对接受良好学前教育的需求，实现“幼有所育”目标。

（二）基本原则

坚持分级管理，合理布局。加强省级和市（州）级政府统筹规划和监督管理职能，落实县级政府主体责任。根据人口和经济社会发展趋势，科学规划，合理布局，优化资源配置，保障绝大多数适龄儿童就近接受学前教育。

坚持公益普惠，多元办学。坚持政府主导、社会参与、公办民办并举并重，充分调动各方面积极性，鼓励社会力量以多种形式举办幼儿园，引导和扶持民办幼儿园提供普惠性服务，提升学前教育公共服务水平，促进教育公平。

坚持标准引领，规范建设。强化标准意识，依据国家规定，结合青海省实际，健全完善相关标准，严格执行标准要求，实行标准化建设，加强规范化管理，提升幼儿园办园质量。

坚持遵循规律，科学保育和教育。遵循幼儿身心发展规律，关注个体差异，以游戏为基本活动，注重语言教学，保育和教育结合，寓教于乐，防止和纠正“小学化”倾向，促进幼儿健康快乐成长。

（三）发展目标

到2020年，青海全省幼儿园办学条件基本达到省级标准，学前教育教师配备机制和工资待遇保障机制初步建立，幼儿园规范化管理水平显著提高，办园行为进一步规范，覆盖城乡、布局合理、适应需求、就近方便的县乡村三级学前教育网络进一步完善，全省学前教育三年毛入园率达85%以上，其中西宁市、海西蒙古族藏族自治州达到105%，海南藏族自治州、海北藏族自治州达到93%，海东市达到85%以上，玉树藏族自治州、果洛藏族自治州、黄南藏族自治州达到70%以上。国家通用语言文字教育薄弱地区基本普及学前两年双语教育。

（四）科学规划学前教育布局

对接青海全省教育脱贫攻坚计划、城镇化进程、计划生育政策调整等，以县为单位制定学前教育建设规划，并将其纳入城乡公共服务设施配套建设规划。按照幼儿园办园规模一般不超过360人的标准，科学规划，合理布局，完善以独立设置幼儿园为主、中小学附设幼儿园（班）为辅、巡回支教点为补充的学前教育办学格局，满足幼儿接受学前教育需求。

（五）大力发展公办幼儿园

学前教育基础设施建设项目向农牧区、城乡接合部公办幼儿园倾斜，重点建设村级幼儿园，大村独立办园、小村联合办园，着力加强民族地区幼儿园建设。中小学布局调整后的富余教育资源和其他富余公共教育资源优先用于开办公办幼儿园，扩大学前教育办学资源。

（六）落实城镇小区配建幼儿园

省级教育部门牵头会同住建等部门制定《城镇小区配套幼儿园建设管理办法》。老旧城区、棚户区改造和新城区建设要结合实际按需配建幼儿园。新建小区配套幼儿园要与小区同步规划、同步建设、同步交付使用，未按规定安排配套幼儿园建设的小区规划不予审批。对不具备配套幼儿园建设条件的城镇住宅小区，开发商要上缴幼儿园建设费，由当地政府统筹用于配建幼儿园和学前教育设施建设。城镇小区配套幼儿园作为公共教育资源由当地政府统筹安排，开办公办幼儿园或委托办成普惠性民办幼儿园。各级政府要开展城镇小区配套幼儿园专项整治，对未按规定建设或移交、没有办成公办或普惠性民办幼儿园的要全面整改，2018年年底前整改到位。

（七）积极扶持普惠性民办幼儿园

鼓励社会力量、公民个人投资开办民办幼儿园，满足社会多元化需求。民办幼儿园依据相关标准建设和管理。对经县级教育部门认定后的普惠性民办幼儿园在分类定级、幼儿资助、教师职称评审、表彰奖励等方面与公办幼儿园享受同等政策。各地可通过减免租金、政府购买服务、生均经费补贴等方式，支持普惠性民办幼儿园。到2020年，普惠性幼儿园覆盖率（公办幼儿园和普惠性民办幼儿园在园幼儿数占在园幼儿总数的比例）达到80%左右。

（八）加强幼儿园标准化建设

制定《青海省幼儿园基本建设标准》《青海省幼儿园设施设备配备标准》，设置幼儿园建设规模、建设项目选址、规划布局、建筑面积等标准，依据不同年龄儿童的保育和教育需求，对幼儿园生活类和教学类设施设备、玩教具及图书设置相应标准。相关标准作为幼儿园建设、审批、评估和管理的主要依据。新建幼儿园应依据标准建设，确保幼儿园活动用房、服务用房、附属用房符合保育和教育需求。现有幼儿园对照标准进行改扩建和补配，到2020年，全省各类幼儿园建设达标，设施设备、玩教具及图书等满足需求。

（九）加强教职工配备

制定《青海省幼儿园教职工配备标准》，明确教职工与幼儿、保育和教育人员与幼儿的配备比例，明确园长、教师、保育员等岗位学历、职称等具体要求。教职工配备情况作为幼儿园督导、检查、评估的重要内容。各市州政府要加强督导，县级政府要落实主体责任，园所负责具体实施，力争到2020年，幼儿园师生比总体达到1：15，教师数量基本满足需要。

（十）健全学前教育成本分担机制

全面落实六州所有学生和西宁市、海东市贫困家庭学生15年免费教育政策。实行15年免费教育的地区，进一步完善学前教育生均公用经费补助政策，建立公办幼儿园办学成本核定和动态调整机制。尚未实行15年免费教育的地区，按照非义务教育成本分担的要求，建立起与管理体制相适应的生均公用经费补助、收费、资助一体的学前教育经费投入机制；根据培养成本和经济发展水平、学生资助水平、群众承受能力等因素，合理确定学费标准，建立学费标准动态调整机制，保障幼儿园正常运转和稳定发展。

（十一）规范幼儿园登记管理工作

新设立公办幼儿园经县级教育部门审核同意后，机构编制部门按相关规定审批。县级及以上事业单位登记管理机关对本地区由教育、机构编制部门批准成立，并符合登记条件的公办幼儿园进行事业单位登记管理。已开办、尚未进行事业单位登记的公办幼儿园，符合《事业单位登记管理暂行条例》及实施细则的应及时进行登记，确保合法办园。民办幼儿园应依照相关规定及时进行登记。

（十二）多渠道补充幼儿教师

各地区制定具体政策，积极吸纳高校毕业生到幼儿园任教。建立幼儿园教职工编制统筹配置机制，有条件的地区，在事业单位编制总量内，逐步调剂富余编制增加到公办幼儿园，严禁挤占、挪用幼儿园教职工编制。全面实施政府购买学前教育服务政策，逐步扩大购买服务范围，实现全省全覆盖，着力解决师资力量不足问题。鼓励各地通过生均财政拨款、专项补助等方式，加强公办幼儿园教师队伍建设。各地还可通过高校毕业生顶岗支教、志愿者服务等方式补充学前教育教职工岗位。引导、监督民办幼儿园依法配足配齐教职工。

（十三）实施幼儿教师资格制度

依据国家《幼儿园教师专业标准》，严格实行幼儿园教师资格准入制度。新任幼儿园园长、教师、保育员、卫生保健人员应取得相应的资格证书。现有教师要通过专业培养培训，帮助其取得合格学历和教师资格。到2020年，幼儿园教职工实现全员持证上岗，专任教师达到国家学历要求，取得职称（职务）的教师比例明显提高。

（十四）注重教师培养培训

完善学前教育教师培养体系，加大学前教育本专科生培养力度，办好省内高等院校学前教育专业，积极探索初中毕业起点五年制学前教育专科学历教师培养模式。加强师德教育和职业道德教育，强化综合素质、专业能力和实践能力培养，提高培养质量。实行幼儿园教师全员培训制度，采取多种形式，加强教师培训，注重增强培训的针对性和实效性，着力提升教师专业能力和保育和教育水平，重点要面向基层、面向农牧区培养一批骨干园长和教师。

（十五）努力提高教师待遇

幼儿园开办者应与公办幼儿园非在编教师和民办幼儿园教师依法签订劳动合同，其工资待遇由开办者依据社会平均工资水平依法保障，并应足额足项为其缴纳社会保险和住房公积金，到2020年，基本实现幼儿园教师全员纳入社保体系。逐步提高公办幼儿园非在编教师、民办幼儿园教师工资待遇，解决同工不同酬的问题。落实乡村教师生活补助和工作补贴制度，实施岗位绩效工资制度，完善幼儿园教师职称（职务）评审制度，重点向农牧区幼儿园教师倾斜，乡镇（不含县城所在地）及乡镇以下学校任教的教师，累计任教20年、10年以上，且历年年度考核合格以上，经所在单位推荐，教育主管部门审核，公示无异议的，可不受专业技术岗位结构比例限制，直接参加高级、中级专业技术资格评审。

（十六）实施科学保育和教育

遵循幼儿身心发展规律，尊重个体差异，坚持以游戏为基本教学活动，确保幼儿身心全面健康发展。幼儿园不得使用小学低年级教材，严禁提前教授小学教育内容，切实避免和纠正“小学化”倾向。以县为单位组建专兼职教研员队伍，建立教研指导机制，实施区域教研和园本教研。鼓励各地积极创建省级、市（州）级示范幼儿园，不断扩大优质教育资源。深入推进示范园与城乡薄弱园结对帮扶工作，发挥辐射带动作用，提升各级各类幼儿园保育和教育质量。

（十七）提高民族地区幼儿园保育和教育质量

依据《幼儿园工作规程》《青海省幼儿园基本办园标准》和等级评定办法，探索开展民族地区学前教育发展第三方评估，加强办园行为监管，规范学前保育和教育活动，不断提高保育和教育质量。鼓励民族地区通过多种方式培养培训学前教育教师，支持学前教育教师赴省内东部地区或省外接受专业培训。加强对民族地区学前教育的帮扶指导，结对帮扶民族地区幼儿园达标晋级，促进民族地区学前教育发展。

（十八）发展学前特殊教育

支持普通幼儿园接收残疾儿童。在特殊教育学校和有条件的儿童福利机构、残疾儿童康复机构增加学前部或附设幼儿园（班）。有条件的地区设置专门招收残疾儿童的特殊幼儿园。整合特殊教育资源，为符合条件的残疾儿童提供功能评估、训练、康复辅助器具等基本康复服务，幼儿园特殊教育班探索开展为残疾儿童提供半日制、小时制、亲子同训等多种形式的早期康复教育服务。

（十九）强化统筹，明确责任

实行“省市（州）两级统筹、协调督导，以县为主”的学前教育管理体制，落实县级政府主体责任，充分发挥乡镇政府作用。健全教育部门主管、有关部门分工负责的工作机制，各司其职，齐抓共管，协同推进学前教育发展。教育部门要进一步完善相关政策措施，加强监督管理和科学指导，提高保育和教育质量，确保安全办园。机构编制部门要加强公办幼儿园编制管理，在事业编制总量内合理调剂。发展改革部门要把学前教育纳入经济社会发展规划，支持幼儿园建设。财政部门要加大财政投入，强化专项资金监管，扩大政府购买服务范围。城乡规划部门要将学前教育建设规划纳入当地城乡公共服务配套设施规划。国土资源部门要将学前教育建设规划用地纳入当地土地利用总体规划，预留幼儿园建设用地指标。人力资源社会保障部门负责落实幼儿园教职工的社会保障、工资待遇等相关政策。综治、公安、卫生、民政、工商、质检、食药、妇联、残联等部门根据职责分工，切实做好相关工作。

（二十）加大投入，扶持引导

各地要将学前教育经费列入财政预算，切实加大财政投入力度，财政性学前教育经费在同级财政性教育经费中要占合理比例。完善学前教育经费投入稳定增长机制。各地根据实际研究制定本地区公办幼儿园生均经费标准和生均财政拨款标准。积极争取中央财政支持，加大省级财政投入力度，最大限度地向农村、贫困和民族等薄弱地区倾斜。按照市（州）县为主、省级合理补助的原则，完善全省学前教育补助政策。建立奖补机制，开展发展学前教育先进县创建活动，提高县级政府发展学前教育的积极性。

（二十一）评估督导，促进发展

严格执行幼儿园准入制度，未经批准，任何单位和个人不得开办幼儿园，消除无证幼儿园。探索以中心园为依托的业务管理模式，指导和帮助偏远幼儿园和支教点提高保育和教育质量。完善社区和家长参与的幼儿园管理和监督机制，实现民主管理和有效监督。进一步充实学前教育管理力量，加强对幼儿园办园资质、师德师风、教师资格、办园行为、财务管理、校园安全等方面的监督管理。实行公办幼儿园年度考核制度和民办幼儿园年检制度，及时向社会公布考核和检查结果，接受社会监督。各级政府教育督导部门要加强对学前教育事业发展、经费投入、标准化办园、教师配备、教师待遇等方面的督导检查，确保政策落实。

（二十二）强化宣传，营造氛围

充分利用网络、电视、报纸杂志等媒介，采取多种形式加大宣传力度，广泛宣传学前教育相关政策法规、发展学前教育的重要意义、优秀典型办园经验及学前教育规律、科学育儿知识等，提高社会、家长对学前教育的认知度，营造全社会关心支持学前教育发展的良好氛围。

附录4　青海省幼儿园基本办园标准

第一章　总则

第一条　为进一步加强幼儿园建设和管理，规范办园行为，促进幼儿园办园标准化、科学化、规范化，推进全省学前教育事业科学发展，依据《中共中央 国务院关于学前教育深化改革规 范发展的若干意见》《幼儿园管理条例》《幼儿园工作规程》《幼儿园教育指导纲要（试行）》《幼儿园建设标准（建标 175-2016）》《幼儿园标准设计样图》《中小学幼儿园安全防范工作规范（试行）》和《青海省人民政府办公厅关于进一步加快学前教育发展的意见》，结合实际，修订本标准。

第二条　本标准是全省各级教育行政部门规划、设置、建设、评估和管理幼儿园的重要依据，是青海省举办各类幼儿园的基本标准。

第三条　新建幼儿园办园条件不低于本标准，改扩建幼儿园参照本标准执行。鼓励有条件的地区在达到本标准的基础上，可适当提高办园标准。

第四条　各地在建设、评估和管理幼儿园过程中，应按照因地制宜、分级负责、分类实施的原则逐步推进。

第二章　设置与规模

第五条　幼儿园布局要纳入当地土地利用总体规划、城乡规划和学前教育发展规划，结合人口密度、生源发展趋势、交通、环境、服务半径等因素综合考虑，合理布点，保证幼儿就近入园，方便家长接送。城镇幼儿园的服务半径宜为 300 米~500 米。城镇居住小区应按居住区规划设计配建幼儿园。服务人口 3000 人的，宜按 3 班（90 人）规模设置幼儿园；服务人口 3001 人至 6000 人的，宜按 6 班（180 人）规模设置幼儿园；服务人口 6001 人至 9000 人的，宜按 9 班（270 人）规模设置幼儿园；服务人口 9001 人至 12000 人的，宜按 12 班（360 人）规模设置幼儿园。服务人口不足 3000 人的，宜按 3 班规模人均指标设办园点。

第六条　幼儿园选址要按照《幼儿园建设标准》（建标 175－2016）、《幼儿园标准设计样图》，选择地质条件较好、环境适宜、空气流通、日照充足、交通方便、场地平整、排水通畅、基础设施完善、周边绿色植被丰富、符合卫生和环保要求的宜建地带建设幼儿园。应避开易发生自然地质灾害的地段；要与易发生危险的建筑物、仓库、储罐、可燃物品和材料堆场等，保持安全距离，符合国家环保、消防安全等有关规定。

第七条　幼儿园建设用地包括园舍建筑用地、室外活动场地、绿化用地等。其中：室外地面活动场地人均面积不应低于 4 平方米，共用活动场地人均面积不应低于 2 平方米，分班活动场地人均面积不应低于 2 平方米。分班活动场地宜邻近活动室布置。室外地面活动场地宜为软质地坪，铺设塑胶场地要符合国家安全标准，应保证冬日二分之一以上的活动场地日照时间不少于 2 小时。

第八条　幼儿园园舍建设应符合《托儿所、幼儿园建筑设计规范（JGJ－39－2016）》和《幼儿园建设标准（建标 175－2016）》要求。园舍应合理布局，功能分区，安全、美观，便于管理，与保育教育及幼儿生活、游戏活动要求相适应。原有幼儿园生均园舍建筑面积不低于 9 平方米；后续新建幼儿园生均园舍面积不低于建设标准。

第九条　幼儿园办园规模以有利于儿童身心健康、便于管理为原则，不宜超过 12 班，城镇标准化幼儿园办园规模不宜少于 6 班。农村幼儿园宜按照行政村或自然村设置，办园规模不宜少于 3 班。每班幼儿班级规模人数一般为：小班（3 周岁至 4 周岁）25 人，中班（4 周岁至 5 周岁）30 人，大班（5 周岁至 6 周岁）35 人，混合班 30 人。寄宿制幼儿园每班幼儿人数适当酌减。

第十条　在园幼儿少于 3 个班规模的幼儿园，应设有独立或相对独立的园舍、场地，有适应保育和教育活动需要的室外活动场地和绿化用地，有围墙、大门和传达室。在遵循安全、适用、经济、美观的原则前提下，幼儿班级活动用房应包括活动室、寝室、卫生间，其中活动室与寝室也可合并设置。

第三章 设施与设备

第十一条 幼儿园设施与设备要适应不同年龄儿童的身心发展水平和个体差异，满足保育教育和儿童自主活动的需求。

第十二条 室外活动场地应设置活动器械，并结合当地实际和办园需要，设置沙池（沙箱）、水池（水箱）、种植养殖园（角）等，面积大小与办园规模相适应，器材之间保持足够的安全距离，幼儿园不能种有毒、有刺的植物。

第十三条 根据各类用房的不同功能，按需配备防暑、取暖和消毒设施。

第十四条 活动室桌椅配备应符合《青海省幼儿园桌椅型号参数标准》，桌椅使用环保材质，无棱角，与幼儿身高相适宜。玩具柜、图书架等设备能满足各类游戏材料和玩具的摆放，玩具柜尺寸参照《青海省儿童玩具柜、图书书（架）规格参考表》，便于儿童自由取用。

第十五条 每班配备保温桶、水杯柜、毛巾架、消毒柜等生活设备。保温桶应加盖、上锁。幼儿水杯及毛巾应专门配备，并有明显区分标记。

第十六条 卫生间通风良好，地面防滑、易清洗。严禁在盥洗室安装煤气、燃气热水器。有符合幼儿年龄特点的厕所，提倡男女分厕。盥洗池大小高度要方便幼儿使用。

第十七条 幼儿园应为幼儿午睡提供方便。床铺的尺寸应符合《青海省幼儿园儿童床铺基本尺寸参照标准》。寝具须符合国家相关质量检验要求，不宜采用高低床。

第十八条 各级各类幼儿园须按照《青海省幼儿园设施设备配备标准（90人/3班）》，配置安全卫生、数量充足、丰富多样、符合幼儿年龄特点的玩具和游戏操作材料。玩教具配备必须符合《玩具安全》国家标准（GB6675-2014），确保幼儿健康、安全。

第十九条 有多功能活动室并具备开展体育活动、艺术活动、全园集会、观摩教学等综合性功能，并根据功能配备所需设施设备。

第二十条 幼儿园图书、杂志、儿童读物及幼儿音像制品配备内容应健康向上，符合儿童身心发展特点，满足保育教育需要。幼儿生均读物不少于5册，教师专业用书不少于20种，专业报纸杂志不少于3种。

第二十一条 有卫生保健室，并按《青海省幼儿园卫生保健配备标准（90人/3班）》配备相关卫生保健设备。

第二十二条 有满足幼儿园教职工办公所需的设备，如办公桌椅、资料柜、储物柜、电脑、打印机等，有条件的可配备多媒体设备。

第二十三条 食堂设置应符合《餐饮服务食品安全操作规范》（国家市场监管总局2018年第12号公告）和《青海省幼儿园生活设施设备配备标准（90人/3班）》等相关要求，配备符合要求的厨具、炊具、冰箱、留样柜、防蝇、防鼠、防虫、防尘、消毒等设施设备。应在食堂食品库房、操作间、洗消间、备餐间等功能区安装视频监控设备，并做到全覆盖。

第二十四条 在园幼儿少于3个班的幼儿园，其设施设备及玩教具配备，要按照幼儿生均设备标准配备，结合本地区实际和在园幼儿规模，以适应不同年龄儿童的身体发育、心理发展差异和行为、反应水平为原则，充分体现培养儿童主动探索、自主构建的保育和教育原则，满足儿童活动和游戏的需求。

第二十五条 在园幼儿少于3个班的幼儿园，须设立1间共用活动用房或多功能活动室。

第四章 教职工配备

第二十六条 严格幼儿园教师准入制度。幼儿园保育和教育人员应具有中等幼儿教育或幼儿中等师范教育及以上学历，取得幼儿园教师资格证书。保育员、卫生保健人员、炊事员、财会人员和其他工作人员等应当具有相关岗位资质，持证上岗。民族地区配备双语兼通的幼儿教师。

第二十七条 按照国家及我省相关规定，各级各类幼儿园参照以下要求配齐各类人员。

园长：根据幼儿园规模大小，配备园长、副园长。3个班以下的幼儿园设园长1名，4个班以上的幼儿园增设副园长或保育和教育主任1名，10个班以上的可增设副园长或保育和教育主任2名。幼儿园园长原则上应具有学前教育专业专科及以上学历、具有3年以上学前教育工作经验和组织管理能力。

专任教师和保育员：全日制幼儿园每班配专任教师2名，保育员1名。不开餐幼儿园可两班配一名保育员。寄宿制幼儿园每班配专任教师2名，保育员2名。

炊事员：三餐一点的幼儿园每50-60名幼儿配1名炊事员，少于三餐一点的酌减。

卫生保健人员：全日制幼儿园按国家《幼儿园教职工配备标准》和《托儿所、幼儿园卫生保健工作规范》（卫妇社发〔2012〕35号）的规定，配备卫生保健人员1名，幼儿超过150名的酌情增加。寄宿制幼儿园配备卫生保健人员2名，幼儿超过150名的酌情增加。

财务人员：幼儿园设专职或兼职财务人员，会计、出纳分设。

安保人员：根据幼儿园办园规模，合理配备专职安保人员。

第二十八条 在园幼儿少于3个班的幼儿园，应结合在园幼儿规模，合理配备管理和保育和教育人员，满足幼儿园保育和教育工作的需要。

第五章 园务管理

第二十九条 幼儿园实行园长负责制，全面贯彻执行《幼儿园管理条例》《幼儿园工作规程》《幼儿园教育指导纲要（试行）》《3-6岁儿童学习与发展指南》，接受当地人民政府及教育行政部门的领导和管理。

第三十条 加强党组织建设，通过单独组建、联建和挂靠中心学校党组织等多种方式，实现党的工作全覆盖。充分发挥党组织政治核心和战斗堡垒作用。为工会、共青团等其他组织开展工作创造有利条件，充分发挥其在幼儿园管理和教师队伍建设中的作用。

第三十一条 建立园务委员会，园长定期召开园务委员会会议，对重大问题进行审议。建立教职工大会或教职工代表大会制度，重大事项由教职工大会或教职工代表大会民主决议，依法加强民主管理与监督。

第三十二条 幼儿园应制定园务工作计划，建立健全各项管理制度，包括园务管理、保育和教育管理、卫生保健管理、后勤管理、信息管理、档案管理等。接受上级教育、卫生、公安、应急管理部门和所属乡镇（街道）政府等部门的检查和指导。

第三十三条 开办者应为园长及教师专业发展提供支持和帮助，按相关法律、法规保障教职工合法权益，确保育和教育职工队伍稳定。

第六章　安全管理

第三十四条　按照《中小学幼儿园安全管理办法》（教育部令第23号）和《中小学幼儿园安全防范工作规范（试行）》的规定，建立健全各项安全管理制度，建立安全防护和检查制度，实行幼儿园园长负总责的幼儿园安全管理制度，各项安全防范措施落实到岗、责任到人。

第三十五条　严格落实幼儿园"三防"建设。幼儿园"三防"设施设备配备标准应严格按照《中小学幼儿园安全防范工作规范（试行）》执行。

第三十六条　制定重大及突发事故预防应急预案，根据《中小学幼儿园应急疏散演练指南》（教基一厅〔2014〕2号），加强对幼儿园应急疏散演练工作的指导，定期组织师生开展多种形式的安全教育和事故预防演练，增强师生自我保护的意识和能力，积极预防和妥善处置安全事故，保障幼儿及教职工安全。

第三十七条　严格遵守教育部、国家市场监督管理总局、国家卫生健康委员会制定的《学校食品安全与营养健康管理规定》，为幼儿提供卫生安全、搭配合理、营养均衡的食物。食堂严禁承包经营。

第三十八条　为幼儿提供符合国家《生活饮用水卫生标准》（GB5749-2006）的饮用水，保证儿童饮水需求和安全。

第三十九条　幼儿园原则上不使用校车接送幼儿，如需使用必须符合国家《校车管理条例》《青海省校车安全管理实施办法》《青海省校车服务方案》等相关规定。

第七章　保育和教育

第四十条　幼儿园实行保育与教育结合的原则，德、智、体、美、劳等教育要渗透到保育教育全过程，促进幼儿身心全面健康发展。

第四十一条　严格执行《托儿所、幼儿园卫生保健管理办法》（现国家卫生和计划委员会），以及其他有关卫生保健的法规、规章和制度，切实做好幼儿生理和心理卫生保健工作。

第四十二条　遵循《3-6岁儿童学习与发展指南》，关注幼儿学习与发展的整体性，尊重幼儿发展的个体差异，充分考虑幼儿的学习方式和特点，重视幼儿的学习品质，以游戏为基本活动形式，科学合理安排和组织一日活动，培育幼儿良好的卫生、生活、行为习惯和自我保护能力。

第四十三条 全面实施《青海省学前儿童普通话水平量化指导纲要》，将幼儿普通话学习融入保育和教育活动，使学前儿童在接受义务教育前，能够使用国家通用语言进行沟通交流，形成国家通用语言思维习惯，实现听懂、会说、敢说、会用。

第四十四条 根据《幼儿园工作规程》的要求，成立家长委员会，加强幼儿园与幼儿家庭的联系，共同提高幼儿园办园水平。

举办家长学校，运用多形式、多渠道向家长宣传科学育儿知识，帮助家长提高育儿能力，创设良好的家庭教育环境。

第四十五条 防止“小学化”倾向，严禁教育行政部门组织征订、统一购买各种幼儿教材、读物和教辅材料，严禁提前教授小学教育内容，严禁向幼儿布置作业，严禁以举办兴趣班、特长班和实验班为名进行各种提前学习和强化训练活动，幼儿园不得举办学前班。

第八章 经费保障

第四十六条 幼儿园所需经费由开办者依法筹措，保障幼儿园正常运转，确保育和教育职工工资待遇和社会保障政策的落实，提供房屋修缮、设施设备添置更新所需资金，保证师资培训、教研和科研等活动正常开展。

第四十七条 幼儿园应严格执行价格部门规定或认定的收费项目和标准，实行收费公示制度。

第四十八条 幼儿园应执行国家相应的财务会计制度，真实、准确和完整地反映财务收支情况，根据国家规定建立和完善内部财务管理办法。按规定编制经费预算、决算和财务报表，报送登记管理机关、业务主管单位和财政部门，并接受监督和检查。

第四十九条 幼儿膳食费应建立专户，单独核算，按成本收取，收支平衡，严禁克扣幼儿伙食。食谱公开并定期向家长公布账目。

第九章　附则

第五十条　本标准适用于青海省内各类幼儿园、小学附设学前班、学前教育巡回支教点。

第五十一条　本标准由青海省教育厅负责解释。

第五十二条　本标准自印发之日起施行，有效期至2024年4月21日。原《青海省幼儿园基本办园标准（试行)》（青教基〔2013〕44号）同时废止。

附录5 青海省幼儿教育事业基本情况（1957—2020年）

单位：人

年份／地区	幼儿园数（所）	在园幼儿数	教职工人数	幼师	生师比
1957	4	882	121	40	22.1
1965	13	2007	212	65	30.9
1980	46	15561	1053	408	38.1
1985	219	29140	1417	843	34.6
1990	203	44320	1820	1275	34.8
1995	203	72030	2694	1719	41.9
1996	192	70467	2443	1690	41.7
1997	185	73735	2947	2141	34.4
1998	192	70908	2643	1883	37.7
1999	189	66795	2784	1999	33.4
2000	201	63711	2721	2115	30.1
2001	183	67387	2646	1491	45.2
2002	215	69402	3079	1704	40.7
2003	220	74075	3243	1825	40.6
2004	240	77512	3518	1955	39.6
2005	284	82558	3978	2211	37.3
2006	317	88006	4265	2386	36.9
2007	318	88985	4384	2484	35.8
2008	374	94274	4701	2676	35.2
2009	466	101425	5356	3143	32.3
2010	599	111950	6202	3544	31.6
2011	980	134022	7334	4051	33.1

续表

年份／地区	幼儿园数（所）	在园幼儿数	教职工人数	幼师	生师比
2012	1143	153340	7243	4361	35. 2
2013	1245	166659	8047	4668	35. 7
2014	1316	174980	9340	5276	28. 4
2015	1525	184214	11711	6656	25. 2
2016	1667	199804	17092	10158	18. 3
2017	1735	207248	18703	10663	18. 3
2018	1804	214680	19851	11502	17. 8
2019	1816	214919	21208	11999	16. 9
2020	1824	227074	21675	12256	17. 4
西宁市	534	74624	9090	4463	16. 6
海东市	323	51802	3656	2221	19. 6
海北州	139	10877	1277	696	15. 5
黄南州	182	15562	1319	981	15. 1
海南州	318	22685	2057	1254	18. 1
果洛州	66	9639	481	321	29. 2
玉树州	158	23553	1780	1179	20. 2
海西州	104	18332	2015	1141	15. 9

注：生师比为独立幼儿园生师比。

附录6　海东市平安区教育局面向社会公开招聘学前教育保育和教育人员的公告

为进一步加快推动我区学前教育发展，提高幼儿园办园水平，保障适龄儿童接受“保基本、广覆盖、有质量”学前教育，根据《青海省幼儿园基本办园标准》教职工配备，决定向社会公开招聘平安区学前教育保育和教育人员，现将相关事宜通知如下。

一、招聘原则

公开、公平、公正、择优。

二、招聘岗位

招聘学前教育教师30名，保育员15名。

三、招聘条件

1. 热爱社会主义，拥护中国共产党的领导，热爱教育事业，具有较高的政治思想觉悟。

2. 有较强的事业心，责任感和敬业精神，能吃苦耐劳，服从工作分配。

3. 教师岗位持有幼儿园教师资格证书以上资质；保育员持有保育证。

4. 保育和教育人员岗位年龄在35周岁以下，经考核成绩优秀聘用保育和教育人员，根据个人或原单位缴纳社会保险年限，可适当顺延年龄。

5. 有下列情况之一的人员，不予报名：

（1）不符合招聘岗位条件要求的人员。

（2）曾因犯罪受过刑事处罚的人员。

（3）有传染病、精神疾病、重大疾病等不宜从事保育和教育岗位相关疾病和病史的。

四、招聘程序

公开招聘采取测试聘用的方式，按照发布招聘公告、现场报名和资格审查、考核、公示等程序依次进行。

（一）报名

1. 提交材料：（1）本人有效身份证件；（2）中专及以上学历毕业证书；（3）幼儿园或中小学教师资格证或保育证。

（二）考核（100分）

1. 教师教学技能考核（70分）：自行准备一堂集体教学内容进行说课，时间控制在10分钟以内。

2. 教师专业技能考核（30分）：简笔画或绘画形式创作一幅作品（10分）；电子琴弹奏曲目或演唱儿歌及红色革命歌曲（10分）：随音乐即兴表演舞蹈或自行准备音乐舞蹈（10分），以上考核时间均控制在10分钟以内。

3. 保育员抽取基本保育知识5题问答（100分）。

（三）聘用

参加考核人员由高分到低分择优聘用，经公示无异议，分配到3所幼教集团，聘用人员服从集团园具体岗位安排。聘用人员试用期一学期，试用期满且考核合格后，与幼教集团签订劳动合同。

五、工资待遇

招聘保育和教育人员工资待遇每年按12个月计发，按照承担比例缴纳职工基本养老保险城镇职工基本医疗保险、失业保险、生育保险、工伤保险五个险种。

附录7 青海省学前教育的基本情况问卷

一、访谈问卷（针对相关部门）

查找、访谈各地区有关学前教育的政策法规，解决问题：

1. 学前教育经费占总教育经费比例是多少？

2. 幼儿园数量是多少？公办幼儿园数量是多少？有财政拨款的幼儿园数量是多少？有办园许可证的幼儿园数量是多少？

3. 有独立园舍的幼儿园数量是多少？

4. 教师总体状况：在编教师人数是多少？有教师资格证的人数是多少？

5. 适龄儿童总数是多少？接受学前教育人数是多少？在园幼儿人数是多少？毛入园率是多少？

6. 影响因素：经费、师资、政策、法规、法律等。

7. 学前教育三年行动计划的执行？

（1）开始执行时间是哪一年？

（2）未来三年学前教育发展目标是什么？

（3）扩大学前教育资源的成效怎样？

（4）幼儿园教师培养培训是否安排了一批项目？

（5）幼儿园教职工编制标准是否有变化？增加编制了吗？

（6）是否加强了幼师培养培训？

（7）是否规范了小区配套幼儿园管理？

（8）是否制定了一系列政策措施提高保育和教育质量等，有哪些？

（9）是否有三年行动计划领导小组？

（10）三年行动计划期间是否新增了幼儿园？

二、调查问卷（基层调查）

学前教育机构名称：

教职工总数：（　　）在园幼儿总人数：（　　）班级总数：（　　）

项目名称	选项内容							
	A	B	C	D	E	F	G	H
学前教育的机构类型	托儿所	幼儿园	学前班					
学前教育机构(一、办学归属)	公办(选出哪办的？教育部/机关/厂矿/企事业/街道/乡镇/院校/部队)	民办(社会组织/个人办园)						
学前教育机构(二、财政拨款)	有	无						
学前教育机构(三、办园许可证)	有证	无证						
学前教育机构(四、有关制度：卫生保健制度)	门卫管理制度	安全卫生制度	食堂管理制度	保健室管理制度				
园舍场地情况(一、场地隶属：政府划拨/租用或自购)	总的占地面积	有(无)独立园舍？建筑面积？	有(无)教室？几间？	有(无)盥洗设施？	有(无)标准活动室？	户外活动场地面积	绿化面积	
园舍场地情况(二、场地资金来源)	政府投入	自筹或其他						
保育和教育设施(一)	有(无)适合幼儿的桌椅	黑板						
保育和教育设施(二)	玩具架	幼儿书架	电视	电脑	投影仪	VCD	录音机	

续表

项目名称	选项内容							
	A	B	C	D	E	F	G	H
保育和教育设施(三)	体育用品	户外大型玩具(3件以下/3件以上)	各类玩具、游戏材料	风琴、钢琴、电子琴(其他)	音乐、美工教具	文具		
保育和教育设施(四)	县、市规定教材	幼儿读物(生均?册)	教学挂图					
保育和教育设施(五)	药品柜及常见药品	茶水壶、暖瓶	毛巾、口杯	消毒设施				
教师(一、总人数?人)	事业单位在编?人	外聘?人	临时工?人					
教师(二、学历)	研究生	本科生	大专	中专	高中	初中	小学	小学以下
教师(三、职称)	高级	中级	初级	无				
教师(四、工资发放)	财政拨款	幼儿园自筹	其他	(工资标准是什么?)				
教师(五、每班配备人数)	两教一保(保育员)	一教一保(保育员)	一教					
教师(六、体检)	有健康卡	无健康卡						
教师(七、培训)	无	有(何种形式)						
教师(八、资格证)	无	有(何种形式)						
教师(九、教职工人数与幼儿人数比例)	1∶5以下	1∶5—1∶10	1∶10以上					

续表

项目名称	选项内容							
	A	B	C	D	E	F	G	H
幼儿(一、班级设置)	小小班(年龄)	小班(年龄)	中班(年龄)	大班(年龄)	混合班(蒙班等)			
幼儿(二、体检)	有健康卡	无健康卡						
幼儿(三、收费)	学费	每月伙食费	借读费					
幼儿(四、伙食)								
幼儿(五、监护人)	祖辈的隔代抚养	双亲抚养/单亲抚养	亲戚抚养					
幼儿(六、学习教材)	幼儿教材	小学教材						
幼儿(七、学习语言)	国家通用语言	英语	少数民族语言					
幼儿(八、在校时间)	全托(周一至周五)	日托(上学几点/放学几点)	寄宿制(每月上学天数)					
幼儿(九、入学时间)	3岁以下	3岁以上						
家长(一、家校联系)	家长会	入户指导	家长联系卡	开放日活动				
课程设置	查课程表							
教学目标(幼儿园教育/小学化)	知识学习	能力培养	看护					

后 记

在完成课题的过程中，越来越感受到了“十年树木，百年树人”的重要性，青海省的学前教育一直在不断发展，从农牧区到城市，越来越多的幼儿园拔地而起，看着孩子们能够坐在教室里玩耍，心中的感动颇多。

在调研的过程中去了许多幼儿园，有些幼儿园有宽敞明亮的大教室，也有一些幼儿园虽然只有简易的小房子，每个幼儿园各有各的特色，虽然条件各异，但是，里面的孩子们都一样欢快，他们喜欢自己的幼儿园。在访谈的时候收集了许多的照片，每张照片中有幼儿园教师和孩子的身影，如今重新翻阅，仿佛回到了每一所幼儿园。外出调查的日子虽然辛苦，但是，看到一张张可爱的孩子们的笑脸时，自己的心里仿佛开了花，这花是青海省学前教育蒸蒸日上的向阳花。

书稿已完成，有许多的意犹未尽，留待将来。感谢幼儿园的教师和孩子们给我们的支持，感谢参与本书编写工作的王彩霞、牛颖、刘娟、张凯慧和孙艺，感谢你们！感谢青海师范大学研究生课题建设项目（YK202311）的支持。

祁乐瑛

2023 年 11 月 6 日